ミネルバ式

最先端リーダーシップ

Adaptive Leadership

不確実な時代に成果を出し続ける
リーダーの18の思考習慣

黒川公晴
Learner's Learner代表
ミネルバ認定講師

Discover

はじめに　世界最先端の教育機関ミネルバが掲げるリーダーの資質

「過去と同じようにやっても結果が出ない」
「研修等でスキルを学んでも実際の問題には使えなかった」
「思うように部下が動かない」
「まわりを巻き込んでビジネスを動かせない」
「何が正解かわからず、意思決定に不安がある」
「目先の成果ばかりに忙しくて、長期的な課題に目を向けられない」

ＶＵＣＡ（Volatility：変動性、Uncertainty：不確実性、Complexity：複雑性、Ambiguity：曖昧性）と言われる先の見通せない環境下で、今、多くのリーダーが悩み、課題を抱えながらも、日々目の前の仕事に奮闘されているのではないでしょうか。

私が代表を務める株式会社Learner's Learnerでは、米国ミネルバが開発するリーダーシップ研修「Managing Complexity」を日本企業向けに展開しています。２０２１年の開講以来約3年間、講師として、また運営代表として、45社５００名以上の企業リーダーと学びを共にしてきました。

また、コンサルタントとしても、2018年に独立して以来、急成長のスタートアップから100年続く大企業まで、様々な組織の課題解決に取り組むリーダーに並走してきました。そこで見てきたのは、同じように悩み、試行錯誤しながらも、課題に真摯に向き合い、挑み続けるリーダーの姿です。

リーダーは、私たちが提供するプログラムを通じて、学びを深め、大きく変わっていきます。その姿を見て、私は確信したことがあります。

リーダーシップとは天賦の才でも感覚のなす業でもなく、誰もが習得可能な知恵である、と。

複雑で困難な状況であっても、自身の理想を打ち立て、仲間を新たな挑戦に巻き込む。問題の本質を見抜き、解くべき課題を見分ける。前例にとらわれない選択を行い、軽やかに行動し、成果をあげ続ける――**そんなリーダーに私たちもなることができる。**

なぜ、そう言い切れるのでしょうか。

ミネルバは、「世界が必要とする知恵を育む」というミッションのもと、2011年の設立以来「高等教育の再創造」をリードしてきました。今や「ハーバードよりも入学が難しい」等のふれこみで知られる「ミネルバ大学」はその代表的な取り組みであり、日本でもテレビや雑誌を通じて知られるようになりました。特徴として、「物理的なキャンパスを持たず、学生は世界7都市を移動しながら学ぶ学習法」「従来型の知識インプットではなく、『実践的な知恵』を重視するカリキュラム」「エビデンスベースの教授法と学びを支援する最先端のテクノロジー」などがあります。こうした功績もあり、ミネルバ大学は、WURI（The World University Rankings for Innovation）の「最も革新的な大学」ランキングで3年連続1位となっています。

そのミネルバが提供する企業向けリーダーシップ開発プログラムが「Managing Complexity」です。「適応型リーダーシップ（Adaptive Leadership）」を最大のテーマとして掲げ、ミネルバ大学と同じ教育手法とテクノロジーを活用し、「ミネルバ式」の実践的な学習の場が設計されています。エビデンスを重視し、属人的でなく、知識よりも体験や実践を重んじるため、習得し、現場で使うことができる知恵となるのです。

■「適応」という選択肢

では、ミネルバが掲げる最先端のリーダーシップ「適応型リーダーシップ」とは、何でしょうか。

まず、「適応」とは、**「人や組織、社会が、変化する環境のなかでも生き残り、成果を出し続けるために自己を変容させる営み」**です。そして「リーダーシップ」とは、**「チームや組織の目標達成に向けて、周囲に望ましい影響を与えるための力」**を意味します。

つまり、「適応型リーダーシップ」とは、そのような変容プロセスを実現するために、一人ひとりが周囲に対して発揮すべき力ということになります。

「それは当然だろう」という声が聞こえてきそうです。

というのも、「適応」という言葉自体は、組織行動学やリーダーシップ論において目新しい考え方ではありません。２００７年、私がまだ駆け出しの外交官として米国の大学院で組織開発を学んでいた頃、様々なセオリーやケーススタディにおいて何度も登場する重要なキーワードが「適応」でした。

「組織は時代への適応なくして生き残ることはできない」

「イノベーションとは組織が顧客ニーズの変化に対して適応しようとする営みそのものである」

「組織にとっての危機管理とは完璧に準備することではなく、臨機応変な適応体制を整えることである」

当時の授業や議論から残したメモを見返すだけでも、「適応」という言葉は何度も出てきます。

しかし、同時に湧いてくるのは、**「組織の適応を促すために、リーダーは具体的に何をすれば良いのか？」「適応型リーダーに必要なスキルとは何か？」**という漠然とした問いです。

そして、私のごく限られた知識・経験の範囲で知る限り、これらの問いに具体的・実践的なまとめを示してくれる書籍や理論にはこれまで出会ったことがありませんでした。

ミネルバ式リーダーシップ開発プログラムは、この問いに真正面から答えます。

そして本書は、プログラムの特徴をおさえながら、「適応型リーダーシップ」を体験いただくための実践書です。

適応型リーダーシップは、大きく10のテーマと18の思考習慣に体系化されています。思考習慣は#LO(Learning Outcomes)と呼ばれ、ハッシュタグ形式で18の異なる名前が冠されています。受講者は、10週間かけてこれらを自分のものにしていきます。

ミネルバは、「教える」ではなく「学ぶ」を最重要視します。従来型の教育のように「講師に教えてもらう」のではなく、受講者自身が授業前に課された課題に沿って必要なインプットとアウトプットをこなします。その上で、授業中は仲間とのディスカッションにすべての力を注ぎ、講師のファシリテーションのもと、それぞれが持ち帰る納得解を導き出していくのです。また、「足場式」と呼ばれるミネルバ独自のカリキュラムでは、一つひとつのテーマが回をまたいで何度も登場します。一見して異なるテーマでもつなげて理解を重ねることで、ぶつ切りの知識理解ではなく、実践性のある総合力を鍛え上げていくのです。

私が初めてこのプログラムに出会ったとき、「適応型リーダーシップ」という抽象概念を実にわかりやすく体系化した内容に、「ああ、こういうことだったのか」とまさに目から鱗の体験でした。

これまでの受講生からは、

「明日からすぐに使えるリーダーシップスキルを習得できる」

「立ち止まって物事を見極め、自分で考え抜く力が身についた」

「広い視野で課題を正確に捉えられるようになった」

「理屈で動かないチームの巻き込み方がわかった」

「働くことそのものに対する考え方が変わった」

など、私の感動体験をそのまま共有いただいたような声が多数寄せられています。


本書は、この「Managing Complexity」で私たちが伝えてきた適応型リーダーシップの要素を、読書という体験を通じてできるだけ忠実に届けようとする実験的試みです。

■本書の構成

本書の構成は次のように組み立てられています。

まず第1章では、そもそもなぜ「適応」が必要なのかという点について、時代的な背景やビジネスを取り巻く環境要素から考えます。私たちが日々向き合う課題は、適応なくしては解決できないということを目線合わせするのが目的です。

そして、個人と組織の「適応」を実現させる「適応型リーダーシップ」の全体像を理解していきます。


第1部では、適応型リーダーシップの基礎となる思考法について考えていきます。

第2章で扱うのはそのうち最も重要な「システム思考」です。日々次々と現れる問題に意識をとらわれるのではなく、局所的な視点と全体的視点をバランスよく持ちながら物事を観察する力です。これが他のあらゆるテーマにもつながってきます。

第3章のテーマは人の行動を理解することです。システムを複雑化させるのはいつも人間の存在であるからです。人の行動を促す要因は何か？　人はなぜ合理的に行動しないのか？　こうした問いをテーマに、代表的なモチベーション理論や認知バイアスについて実践的な理解を深めていきます。

第4章では自分にベクトルを向けます。自分自身の、あるいは自組織の存在意義＝パーパスについて考えながら、それがなぜ大事なのか、ビジネスにどのような影響をもたらすのかについて考えを深めます。あなた自身のパーパスについても考えていただきます。

第2部は人とチームを動かす対人知性を磨くというテーマで、さらに実践を意識しながら**「対人」「対チーム」への能力を鍛えます。**

まず**第5章は「対人知性」をテーマに、今やリーダーに必須と言われるいわゆる「こころの知能指数＝EQ」を扱います。**EQの各要素について触れながら、そのなかでも「共感」と「自己認識」の重要性や手法について解説します。自己認識は共感力と表裏一体であり、リーダーにとって重要なあらゆるスキル習得にもつながります。

第6章のキーワードは「多様性」です。ビジネスにとって多様性がなぜ重要かという基本的な理解はもちろん、多様性が発揮されるために必要な条件についても議論します。また、**リーダーとし**

てチームを動かすために、自分の「力」をどう使うべきかという点についても深掘ります。

第7章では「コミュニケーション」を扱います。日々何気なく行なっているコミュニケーションも、型を意識するだけで練度は高まります。まず前段階として相手を深く理解する必要性と手法を解説します。また、コミュニケーションを漫然と進めるのでなく、綿密な目標を設定する重要性について触れます。さらに、聞き方や話し方はどうすれば良いか？　という具体的な手法論についても踏み込んでいきます。

第3部では、「課題解決とイノベーション」というテーマで、「課題解決」「意思決定」と「Learning Agility」について議論します。

第8章で、「課題」に目を向けます。複雑な問題を解決するためには、問題を正確に定義することが最重要です。この章では、問題定義と分析の仕方を具体的なステップとともに解説します。また、「普段とは違う視点」で問題を多面的に捉え直すための手法についても紹介します。

第9章で、「課題解決」としてのイノベーションに目を向けます。イノベーションとは何か？という問いから始め、問題の本質を捉えてこれまでにない視点でソリューションを考え出すための手法としてデザイン思考を学んでいきます。また、**「イノベーションを生みやすい組織とは？」**というテーマで、リーダーとして組織運営において気をつけなければならない点について考えます。

第10章では、この複雑な環境において「正しい意思決定はない」という前提に立ち、それでも**リーダーとして「より良い意思決定を行うにはどうすれば良いか？」**という問いを扱います。具体的なツールを用いながら、重要な決断の際に考慮すべき視点を解説します。

第11章では、最後に、「適応型リーダーシップ」に通底する要素である**「Learning Agility」＝学習の俊敏性**についてお話しします。「学習する」とは一体どういうことか？　これからを生きるリーダーにとって最も重要なコンピテンシーであると私が考える「学ぶ力」について考えたいと思います。

■本書の効果的な読み方

本書を読み進めるにあたっては、ぜひ、次の点に留意いただければ幸いです。

❶時間をかけて味わうこと

「わかる」と「できる」は違います。読書で理論を理解しても、実世界で使えるようになったとは言えません。得た知識を自分自身の体験に引き寄せて考え、咀嚼し、再解釈するプロセスが重要となります。

本書は、読了まで時間がかかるように意図して設計されています。各テーマの冒頭と末尾には、ミネルバ式にならい、深い実践的思考を要する問いを準備しています。コンサル会社のケース面接のように、これらの問いに正解や「より優れている回答」はありません。あなた自身が考え、自分の体験に紐づけた答えを言語化することが、単なる知識を生きた知恵に変えるためには重要です。

❷どんな形でも実践すること

思考を深めたら、どんな形でも実践に移してみてください。学びには実践が必須であり、実践こそが「思考習慣」を形成します。本書では、各章にケースや問いを準備しています。また、あなたが職場に戻ったときに実際に使えるようになるようにヒントやツールも紹介しています。

小さな行動でもまったく問題ありません。必ずアクションにつなげてください。どうしても思いつかなければ、学んだ内容を「人に教えてみる」だけでもかまいません。とにかく何かをアウトプットしてみてください。学習方法ごとの定着率の違いを示したいわゆる「ラーニングピラミッド」でも、「誰かに教えること」と「体験すること」が上位2つの有効な学習手段であるとされています。

❸本書は専門書でないということ

最後に断っておきたいことは、本書は専門書ではないということです。全11章にわたって非常に多岐にわたる学術的分野や理論を扱っていますが、いずれもあなたの**知識を増やすためではなく、「適応型リーダーシップ」のエッセンスを日々の仕事で実践するためのもの**です。したがって、各章の内容も、それぞれの分野の代表的な考え方やセオリーを抽出してお伝えするにすぎず、たとえば第2章のシステム思考1つとっても、詳しく解説する専門書はいくつも存在しますので、興味があればぜひご自身でさらに探究してみてください。

しかし同時に、ミネルバのファカルティ（講師）を務めるようになって強く感じるのは、専門家や難しい専門書からでなくても実践的な「学び」は創ることができる、ということです。日々の困難な問題を乗り越えるための「学び」に必要なのは、的の絞れた良質なインプット、それを消化するための問い立て、そして思考と実践です。まずは本書で紹介する内容から始められることで、十分な学びが得られることを約束します。

以上の注意点に従って本書を読むことで、あなたのなかに起こる変化は大きく2つあります。

1つは、「ああ、そういうことだったのか」という腹落ちです。各理論に紐づけてあなた自身のこれまでの体験を再解釈することで、これまで「何となく」やってきたことがすべて体系立てられ、再現性が高まります。経験則で成り立っていた技術をわかりやすく言語化して教えることも可能になるでしょう。

2つ目の変化は、「こんなこともできそう」という引き出しの補強です。理論を軸に体験を紐解いていくと、「もしかしたらこんな選択肢もあったのかも」と未来に向けて思考の幅は広がっていくはずです。その幅が新たな実践を生み、また新たな経験的知恵を生み出すきっかけとなっていきます。

本書をきっかけにあなた自身の実践が変化し、その結果あなたを取り巻くチームや組織に少しでも多くの幸せが生み出されるのであれば、筆者としてこんなに嬉しいことはありません。

本書を手に取ってくださり、本当にありがとうございます。

contents

第1部 複雑なシステムをリードする思考法

第2章 システム思考

#system_decomposition
#emergent_properties
#system_thinking

第3章

ヒトを理解する行動科学

#psychological_explanation
#managing_bias

第4章

自身を知る　パーパスとバリュー

#purpose
#lead_principles

第2部 対人知性を磨く

第5章 こころの知能指数（EQ）

#relational_iq
#individual_differences
#self_awareness

第6章

チームの力学を最大化する

#power_dynamics

第7章

インパクト型コミュニケーション

#audience_awareness
#cognitive_emotional_persuasion

第3部 課題解決とイノベーション

第8章 問題と課題分析の科学

#problem_analysis
#divergent_problem_solving

第9章 デザイン思考とイノベーション

#design_thinking
#innovative_mindset

第10章

正解のない時代の意思決定と実践

#decision_selection

第11章

すべての土台となるラーニングアジリティ

第1章

不確実な世界を生き抜く個と組織の「適応」を導くリーダーシップ

?

本章を読み進める前に、あなた自身の体験に当てはめながら、次の問いに答えてみてください。

問

理想のリーダー像

■あなたにとって理想のリーダーシップとは何ですか？

■過去仕事を共にした上司で最も尊敬できる人は誰ですか？　それはなぜでしょうか？その人物のリーダーシップとどのように関係しているのでしょうか？

■本章を読み進める前に、あなたが理想として掲げるリーダーとは一体どのような像なのか、ぜひ具体的にイメージしてみてください。

CASE

大手商社に勤めるAさんは、水素関連の上流技術への投資判断を現場の立場で任されていた。世界的な「脱炭素」への圧力の高まりや政府の後押しもあり、一見して好機に見える投資領域だ。しかし製造や輸送をはじめとするサプライチェーンは業者ごとの思惑が異なり、足並みは揃わず、価格も安定しない。車メーカーをはじめとする需要サイドも未成熟のため、まったく先が読めない状況が続いている。すでに投資を開始した案件は回収の目処が立っていないが、まもなく追加投資を行うか否かの判断を下さなくてはならない。Aさんはこの案件の先行きに極めて懐疑的であるものの、会社の上層部は世論や政府の要請に敏感であり、投資継続が前提の思考に陥っている。「長いものに巻かれるべきか、自分の意思でしっかりと進めるべきか」。決断を迫られるAさんは、何をどう決断すべきか、悩んでいた。

Bさんが勤める電子機器メーカーでは、ハードウェアに頼る自社製品の「ソリューション化」を推し進め、かつ縮小する国内需要を見据えたグローバル化に対応するため、海外のソフトウェア会社を買収したばかりだった。しかしそのわずか半年後、買収先の企業から優秀な社員の離職が相次いで発生。本社より出向している現地幹部にヒアリングしたところ、「カルチャーが合わない」、「日本本社は我々現地スタッフを下に見ている」、「そもそも我々のプロダクトへの理解と敬意がない」といった不満が現地スタッフから漏らされているという。一方で日本人従業員側の言い分を聞いてみると、「現地スタッフにはまったく柔軟性がない」、「我々の仕事のやり方を受け入れる余地がまったくない」という声。出向者のモチベーションも明らかに下がっており、このままだと本社肝入りの事業計画が頓挫してしまう危険性もある。「問題の原因はどこにあるのだろうか。単に日本側の態度を変えれば問題が好転するとは思えない……」担当事業部で課長を務めるBさんは、どこから手をつけていいか、考えあぐねていた。2週間後には、現状と今後の施策について部長に報告しなければならない。

Cさんが勤める生命保険会社では、新型コロナウィルスによる各種事業への影響を受け、デジタル技術を活用した新たな形態の新規事業立ち上げに力を入れていた。Cさんはこの特別なプロジェクトのマネジャーとして、事業部横断の取り組みを率いることになった。しかし、横の連携がうまくいかない。打ち合わせをスケジュールしようにもなかなか予定が合わないし、いざブレストの会議を開いても、思ったような積極的な意見が出てこない。会社全体の売上を支える既存の事業部から優秀な若手が数名アサインされているが兼務であり、彼らは本来親元の部署での成績にしか興味がなさそうだ。プロジェクトオーナーとして専任の役員も任命されているのだが、営業上がりの役員は、「それってどう売るの？　売上は見込めそうなの？」という破壊的な質問でブレストに水を差す。「そもそもなんで新規ビジネスを立ち上げるんだっけ……」Cさんは、目的を見失いかけていた。そしてそれは他のメンバーも同様であることに気づき始めていた。

「適応」は、予測不可能な時代の生き残り戦略

■複雑な時代、複雑な問題

ミネルバのリーダーシップ開発プログラム「Managing Complexity」のなかでも、冒頭のケースであげたような課題を、非常に多くの企業リーダーから聞きます。

新型コロナウィルスの世界的な流行、生成ＡＩを始めとする技術の進化、地域紛争と原材料価格の高騰、グローバル化の加速、気候変動やそれに対する各国政府の対応、消費者行動のトレンド、働き手の多様化と価値観の変化……。挙げればきりがありませんが、10年前には、いや、数年前でさえ想像もしなかったような外部環境の変化が次々と起こり、私たちが予期しない形で生活やビジネスのあり方に影響を与えているからです。

物事の不確実性が高く、急激な変化が起こる様を表す「ＶＵＣＡ」（Volatility：変動性、Uncertainty：不確実性、Complexity：複雑性、Ambiguity：曖昧性）という言葉は、１９９０年代に軍事用語として登場し、２０１０年頃よりビジネス界でも近代の経営環境を表現する言葉として使われるようになりました。そして、こうした傾向は今後ますます加速していくでしょう。

様々な社会的・経済的変化の事例は、新型コロナウィルス然り、生成ＡＩの普及然り、誰も予測しえなかった出来事がほとんどです。ここで重要なのは、「すべてのことが予測不可能だ」というわけではなく、「予測不可能なことが常に起こりえる」ということです。

たとえば水の入ったやかんを火にかければ沸騰するというのは、物理の法則で１００％だと言い切れるでしょう。しかし、ガス栓の老朽化によって火がつかない可能性は０ではありません。あるいは、入れようとしたコーヒーが消費期限切れだったことがわかり、結局当初の目的であったコーヒーを飲むという行為が達成されない可能性もあります。屁理屈のように聞こえますが、ビジネスの世界においてもランダムな変数はあちこちに潜んでおり、それらがいつどのように相互作用して予期せぬ出来事と事業へ影響を及ぼしえるかは誰も正しくは予測できない、ということです。

そこに、「適応」が必要になる理由があります。**起きる「かもしれない」事態を「できるだけ」検討し、備えを講じ、まったく予期せぬ出来事が起きても迅速に対応する。**「予測さえできていれば……」「想定外だった……」という説明がたまに聞かれますが、これらは適応を重視する観点からは良い言い訳にはなりません。コロナ禍は、こうした適応性がいかに重要かをまさに証明する事態だったと言えます。

２０２０年初め、ほとんどの企業は戦略計画に世界規模のパンデミックによる事業への影響を見込んでいませんでした。しかし、そのなかでも素早い適応戦略に成功した企業はいくつもあります。たとえば日本国内ではシャープが、既存工場のラインをマスク生産にいち早く切り替え、異業種でありながらも感染症に苦しむ社会の要請にも応えました。国外でも、たとえばオンライン会議システムのZoom社は、世界中で高まる需要を見越してサーバー容量を迅速に拡張し、セキュリティ面の強化に注力しました。こうした適応努力によって信頼性とユーザーエクスペリエンスを大きく向上し、企業のリモートワークやオンライン授業において極めて強い地位を確立しています。

世界的な物理学者であるスティーブン・ホーキング博士は**「知性とは、変化に適応する能力である」**という言葉を残しています。重要なことは、期待したとおり・予定したとおりに物事は進まないという前提のもと、「不測」に備える土台を築いておくということだと言えるでしょう。

■「適応」しなければ、生き残れない

企業は適応しないと生き残ることができません。図1-1は、事業の典型的な成長と衰退の推移をS字曲線で示す、いわゆる「プロダクト・ライフ・サイクル（PLC）」モデルです。PLCによれば、あらゆる製品・サービスや技術は、成長の初期段階から成熟期、そして最終的な衰退期を迎えることになります（当然、成長期を迎えず廃業する事業も多く存在します）。

図 1-1 プロダクト・ライフ・サイクル

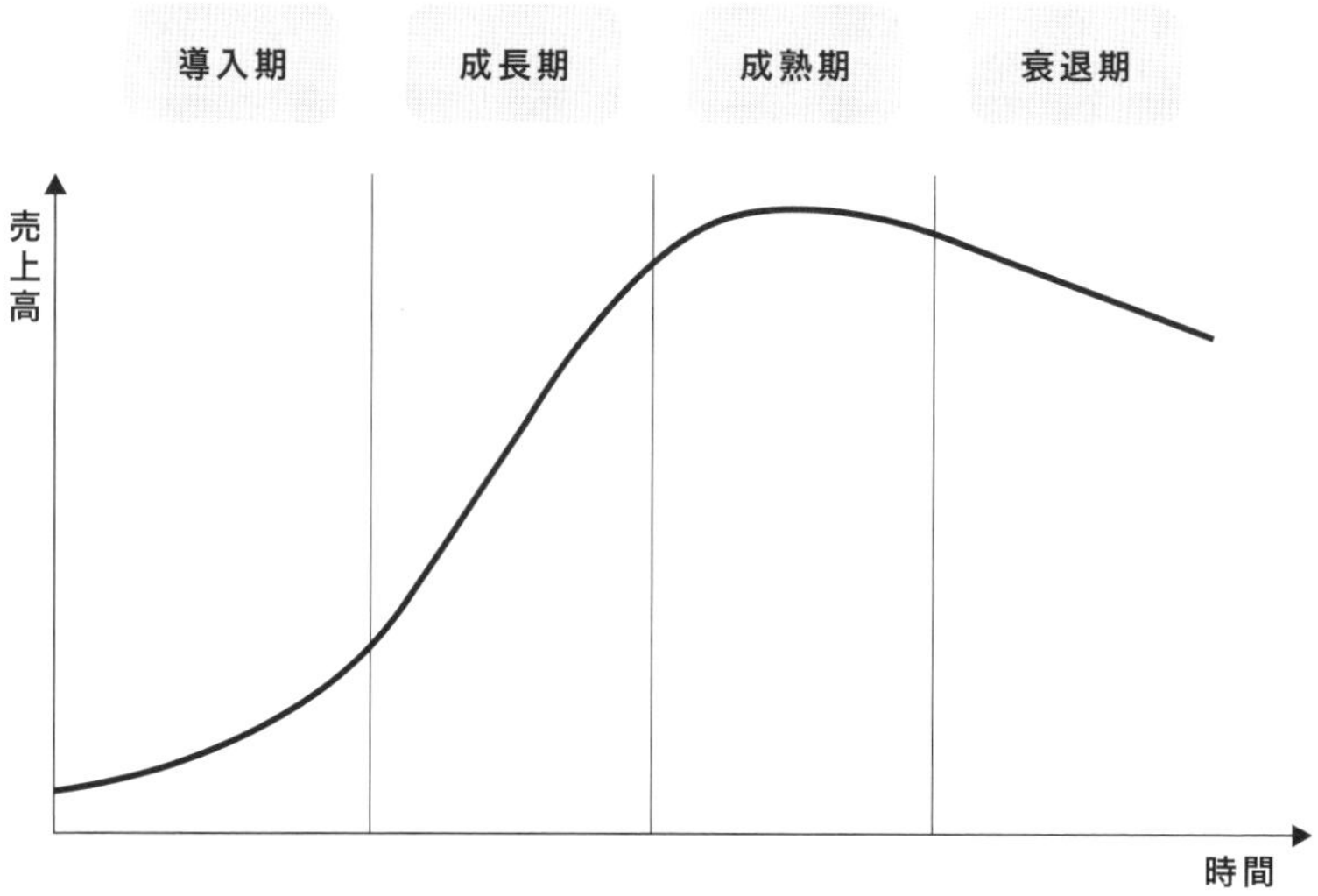

- **導入期**：製品の認知度が低く、売上は少ない。投資が必要なため利益も少ない。
- **成長期**：市場で広く受け入れられ、需要が急増し、売上が伸びる。同時に競合も増え始める。
- **成熟期**：市場の飽和や技術の陳腐化により、成長が鈍化し始める。新規顧客の獲得が難しくなり、売上の増加が頭打ちする。
- **衰退期**：売上が減少。コストは変わらないため利益も減少する。競合は淘汰され、一定の企業のみが残るか撤退する。

企業は、成長期において仮に事業が順調に伸びているときでも、やがて来る成熟期~衰退期を見据え、市場の環境変化を敏感に捉えながらコスト削減や新たな成長機会を模索するか、イノベーションによって新たなS字曲線を開始する必要があります。これに失敗した企業は数知れません。

たとえば米国のブロックバスター社は、Netflixの台頭の裏で適応に失敗し、廃業に追い込まれた有名な事例です。私が学生時代、アメリカに留学をしていた2000年代初頭、ブロックバスターは店舗型のDVDレンタルショップを米国全土に展開する業界最大手でした。レンタルDVDといえばブロックバスターで、ピーク時には9000店舗にも上る展開ぶりでしたが、Netflixをはじめとするストリーミングサービスの潮流に適時に適応することができず業績は急速に悪化、2010年に破産申請を行っています。かつてカメラとフィルムの製造販売で支配的な地位にあったコダックも有名です。1970年代にはフィルム市場の90%、カメラ市場の85%を占めた同社でしたが、デジタルカメラの普及に早期から適応することができず、技術の陳腐化に伴って2012年に倒産に追い込まれました。しかも、コダックは実はソニーよりも前に世界初のデジタルカメラの試作機を製造していたにもかかわらず、フィルム販売や写真の現像サービスで巨額を稼ぐ古いビジネスモデルから離れることができなかったと言われています。このことは、適応がいかに重要でありながら困難なチャレンジであるかを示唆していると言えるでしょう。

変化の激しい現代のビジネス環境において組織が直面する様々な問題に、どのように対応する必要があるのか。ここにも「適応」の視点を取り入れる必要があります。

ハーバード大学ケネディスクール公共政策大学院で39年間にわたりリーダーシップを教え、ハーバード卒業生の「最も影響を受けた授業」に選出されたロナルド・ハイフェッツ教授は、我々が直面する問題を、技術的問題（Technical Problem）と適応課題（Adaptive Challenge）に分けて議論しています。

問題は、「技術」だけでは解決できない

■直面する問題には、「技術的問題」と「適応課題」がある

ハイフェッツ教授によれば、**「技術的問題」とは問題自体が明確であり、それを解消するための答えや解決法も明らかであるもの**を指します。これらの問題はその分野の専門家が専門知識をもって診断し、既に確立されている解決法を授けることで基本的には解消されていきます。

これに対し**「適応課題」は、問題の所在自体が必ずしも明らかではなく、既存の方法で解決ができない複雑な問題のこと**を指します。当事者同士で対話しながら「どうもこれが問題だ」と模索していかなければなりません。また、**ただ一つの正解や既存の解決策は存在せず、かつ、その実行に際しては、当事者の考え方や価値観、習慣、優先順位等を根本的に変化させていく必要が生じます。**

たとえば、癌患者の治療について考えてみましょう。医師は専門的な診断を行い、「問題は○○部分に発生した癌である」と特定します。その上で、病状や進行具合に応じて効果が確立されている外科手術や抗がん剤治療を施していきます。これが「技術的問題」としての解決法です。

一方で、手術の結果、仮に癌自体を取り除くことができても、その後の再発防止まで含めて「治療」(=解決策)だとすれば、患者本人の食生活はじめ日々の習慣を大きく変えていく必要が出てくるでしょう。このとき、生活習慣をレビューした結果「飲酒や喫煙習慣が問題だ」と特定できたとしても、たとえば「ノンアルコール飲料を常備する」とか「禁煙外来にいく」という技術的な解決策だけでは不十分であることは容易に想像がつきます。健康に対する本人の考え方や、人生における優先順位自体を根本から見直していく必要があるのです。これが「適応課題」の最大の特徴です。

技術的問題と適応課題では、「誰がその解決を担うのか」という点においても大きく異なるとハイフェッツ教授は言います。

技術的問題の解決を担うのは、その解決法に熟達した専門家であり、先述の例では医師がこれに当たります。つまり、詳しい者に任せておけば良いのです。

一方で、適応課題においてその解決を担うのはまず当事者でなくてはなりません。またその周辺関係者もそのプロセスに直接的・間接的に深く関与します。生活習慣に関する根本的な価値観を是正していくには、当然本人の関与が最も重要となりますが、その生活を支える家族や友人、職場の関係者も当人の新たなライフスタイルに合わせて日々の過ごし方を変容させる必要が生じます。ここも技術的課題と適応課題の大きな違いと言えるでしょう。

■「人」こそが問題解決を複雑にする

今日のビジネス環境において起こる課題の多くは、技術的問題か適応課題のどちらかに明白に分類されるわけではなく、どちらも混合されているケースです。

たとえば、最近「組織のアジャイル化」という考え方が多くの企業によって導入されています。ここでいうアジャイルとは、「素早く考え、素早く決めて行動し、間違っていれば素早く修正してまた実行する」という一連の組織プロセスを表す言葉です。元はソフトウェア開発の用語でしたが、まさにVUCA時代にふさわしい組織の行動様式であるとして、近年ではこれを企業や事業運営そのものに当てはめようとする動きが広まっています。

「素早く意思決定して素早く行動に移すためには何をすれば良いか？」こうした問いに対する技術的解決として、たとえばslack等のコミュニケーションツールや生成ＡＩ等の業務効率化ツールの導入が考えられるでしょう。「スクワッド」と呼ばれるプロダクトごとの小規模チーム内に、開発・営業・販売・法務など、あらゆる機能別担当を配置するという組織構造的な処方箋も人気です。

しかしいずれも、それだけでは不十分でしょう。チームが素早く行動するためには、役割や責任に対する組織全体の考え方そのものを変えていく必要があります。「失敗しても懲罰的な扱いを受けることはない」「立場に関係なく声を上げるべき」といった**マインドセット自体の醸成も重要**になってきます。そのなかでは、メンバー同士の接し方やお互いに対する関心の払い方など、関係性の変容も求められるでしょう。ここには適応的な解決策が必要になってくるのです。

最も注意すべきポイントの一つは、「適応課題」を「技術的問題」のように扱ってはいけないということです。「副業を許可すれば組織へのロイヤリティ（忠誠心）が高まるはず」「フレックス制度を導入すれば女性も活躍できるはず」など、技術的な直線型のアプローチによって、あたかも複雑な課題が解決されていくかのような考えが見え隠れするときは、要注意です。なぜなら、**どんなに優れた技術や他組織で成功している制度も、最終的に運用するのは当事者として問題を抱えている「人」であり、この「人」こそが、問題解決のプロセスを複雑化する最大の要因**だからです。

「人」は「モノ」ではありません。様々な過去の成功・失敗体験があり、そこから形成される様々な価値観、バイアスを有しています。そして、そのような内的なメカニズムこそがそれぞれの行動に影響し、「予定」した解決策を歪めていくのです。組織が直面したことのない問題に対峙し、これまで運用したことのない手法を用いて対処していくためには、当事者のこうした内的メカニズムまで丁寧に扱う必要があります。

皮肉なことに、組織が困難な問題に直面すればするほど、「何とかしてくれ」「打開策を見つけてくれ」というような技術的解決を求めるプレッシャーはリーダーにのしかかります。そして多くの場合においてリーダーは、皆の期待とプレッシャーに応える形で、「変革」という名のもと大きな一手を打ちます。ここで当事者たちの適応行為をサポートしない形で実行が進むと、「なんか新しいことやったけど結局何も変わらなかったね」という残念な、しかしよく聞かれる結末を生んでいくわけです。

組織運営を担う当事者として、「私たちが対処しようとしている多くの課題は、技術的問題のように一筋縄ではいかず、適応を要するのだ」ということを十分に認識するのが、重要なスタートと言えるでしょう。


様々な変化は、企業にとって新たな機会と存亡の危機を同時にもたらします。組織は、集団としての学習力・適応力を高め、既存のビジネスモデルや組織運営のあり方を不断に再考し続ける必要があるのです。

それは、変化の兆しを察知するとともにその課題の本質を理解し、必要な自己変容を組織自ら遂げる能力とも言い換えられるでしょう。


そのなかでリーダーは、前例にとらわれない柔軟な思考を持たなければなりません。素早く決め、チームの適応を助けながら素早く実行し、誤っていれば素早く軌道修正する迅速性や強靭性を発揮しなくてはなりません。さらに、個人としてこうした能力を発揮するだけではなく、同僚や部下の適応行為が自発的に行われやすい土壌を作り出すために、日々影響力を行使しなければなりません。

これが本書のテーマとする「適応型リーダーシップ」です。

「適応」とは、個人・組織・社会の視点で自らを変化させていく営み

■生物学・心理学・社会科学・ビジネスの観点から「適応」を再考する

「適応（Adaptation）」とは、本来様々な視点から捉えることができる多面的な概念です。生物学、心理学、社会科学、そしてビジネスの分野で、それぞれ異なる文脈で使われています。**共通する核心は「環境の変化に適するために、自らの態様、行動、意識を含め自己を変容させていく営み」であるという点**です。私たちが今焦点を当てようとしている組織・リーダーシップ領域を含め、適応とはどのような形で行われるものなのでしょうか。簡単に見ていきましょう。

■生物学的視点の適応

生物学において適応とは、種がその生存環境において生き残り、繁栄するために、自らの特性や振る舞いを進化的に発展させる営みを指します。適応の対象には、身体的特徴（例：キリンの長い首）、行動（例：鳥の渡り行動）、または生理的メカニズム（例：砂漠に生息する動物の水分保存能力）が含まれます。ある環境において捕食者から逃れるために速く走れる個体が生き残り、その遺伝子を次世代に伝え

ることができれば、その種は全体として速く走れる特性を発展させていくことができるようになるわけです。生物学的視点から見る適応には、個そのものの生存戦術というよりは、何世代にもわたる種全体としての繁栄が色濃く反映されていると言えるでしょう。

■心理学的視点の適応

心理学では個に焦点を当てます。ここでいう適応とは、個人が社会的、あるいは心理的環境にうまく対処し、自身の健康や幸福を維持するためのプロセスや能力を意味します。とりわけ、ストレスや困難な状況に遭遇した際に、個人がどのようにそれを乗り越え、調整することができるかという点に注目します。

自らその困難を解消しなくてはならないとき、まずは問題自体を解決したり変化させたりする対処法が考えられるでしょう（心理学では「問題中心のコーピング」と呼びます）。仕事に期待されるスピードが早まったとき、業務自体を簡素化したり、あるいは時間管理やタスクの優先順位づけを行ったりすることで、自身にかかる負荷原因そのものを解決することができます。

問題自体に変化を与えることができないときは、「感情中心のコーピング」と呼ばれる手法をとることもあります。大事なプレゼンテーション前に過大な負荷がかかるとき、プレゼン機会自体をなくすことはできないので、瞑想や深呼吸によってストレス実感を内的に管理しようとするアプローチです。

他者に助けを求めることも心理学的には重要な適応行為です。たとえば職場や家族の問題に直面しているとき、仲の良い友人に打ち明け、話を聞いてもらうといった経験はあなたにもあるのではないでしょうか。このとき、問題自体は解決されないとしても、共感や理解、愛情等を通じて、感情的な負担が軽減されると思います（「情緒的サポート」）。あるいは、有益なアドバイスや情報を得て問題の解決に活用することもあるでしょう（「情報的サポート」）。相談相手によっては、金銭を含む物理的な支援を通じて問題解決への貢献を得られることもあるかと思います（「道具的サポート」）。

このように、心理学的視点で見ると、私たちは日々知らず知らずのうちに適応行為を繰り返しながら自らの健康と幸福を守ろうとしていることがわかります。

■ 社会科学的視点の適応

社会科学における適応とは、社会全体が環境の変化に適するため、生活様式や思考の枠組みそのものを変容させていくプロセスを指します。現代においてこうした変化要因には、たとえば技術の発展、人口動態のシフト、グローバリゼーションなど、広範な事象が関わっています。変化要因が何であれ、社会は、全体としてこれらの変化に適応することで、持続可能な発展を達成しようとします。

気候変動は、一般的に「緩和」と「適応」という2本の柱によって対策が行われていますが、温室効果ガスの排出削減をはじめとする「緩和」だけでは不十分であり、すでに進行している海面上昇や蓄積している温室効果ガスの影響に社会全体として備える「適応」も積極的に行っていくことが重要と言われています。

社会全体の適応を迫る外部環境の変化は、往々にして重大・深刻であり、原因と影響も複雑に絡み合いながら国や地域をまたぎます。その対応策も、一つの国や地域に閉ざされるべきものではなく、それぞれのプレイヤーが全体感を持って扱うべき問題といえます。

■ビジネスの視点

ビジネスの視点における適応とは、企業が市場の変化、消費者の需要、技術の進歩などの外部環境の変化に効果的に対応し、自己変容を遂げ、組織として生存・成長するプロセスを指します。

自己変容の対象は多岐に渡ります。事業の多角化やピボット、事業戦略の刷新、新しい技術の導入、人材育成・採用方針の転換、組織文化の変革などはその典型例でしょう。

ソニーの適応戦略は有名です。ソニーは、ウォークマンをはじめとする音響機器や家電製品で長年にわたり成功を収めてきましたが、2000年代に入るとスマートフォンの普及によりデジタルカメラ市場が縮小し始めました。この変化に適応するため、ソニーは電池事業など不採算事業の売却を進め、デジタルイメージング事業への転換を図り、特に高品質なセンサー技術に経営資源の再配分を行いました。これにより、スマートフォンやデジタルカメラ用の高性能センサー市場でのリーダーとしての地位を確立し、ビジネスの再成長を遂げたのです。さらに最近では、ソニーは従来の電子機器をはじめとするハードウェア事業から、金融やコンテンツクリエーションを含むソフトウェア事業への大きな転換に成功しています。

これまでの事業成功やそれに紐づくスキル的な執着、価値観を積極的に手放し、新たな環境変化を前向きな成長機会に転換しようとする素晴らしい適応事例と言えるでしょう。

■個人、組織、社会とつなげて「適応」を考える

ここまで、複数の視点から「適応」を考えてきましたが、これらの間に明確な線を引いて区別するのは難しく、「適応型リーダーシップ」に軸を定めて考えるとき、複数の視点をつなげて捉えることが極めて重要です。

まず個人と組織の視点をつないで見ると、**適応型リーダーシップとは、組織や企業の適応行為をより円滑に実現させるために、個々人が周囲にもたらす影響力そのもの**です（個人の適応→組織の適応）。

そして、私たち一人ひとりが発揮する適応型リーダーシップは、さらに視野を広げて捉えることができます。たとえば、企業は、社会そのものに最も大きな影響を与える集団の一つです。気候変動対策を前進させるために各企業の貢献が不可欠の役割を果たすように、企業の適応とは、ひいては社会全体の適応であり、国や国際社会が持続可能な形で生存と繁栄を遂げるためのドライバーでもあります。したがって、社会は企業の適応により大きな恩恵を受ける関係にあると言えます（組織の適応→社会の適応）。

私たちの「適応」は、生物学的・進化的な視点から見ても重要です。私たち一人ひとりが適応を意識的に実践し、その時代や環境に適する成長・生存を実現するということは、その成功を可能にした優れた人間的特性を次世代に引き継ぐということでもあります。当然、生物的進化のように何万年という長期間の話ではありません。私たちがこの時代を生き抜くために適応を繰り返し、その結果として凝縮された知識や知恵、考え方を教育という形で次世代に残していくことは、引いて見れば人間の種としての繁栄可能性を高めることにつながるはずです。

このように環境変化や適応課題に対応し、個人や組織を「適応」に導くのが「適応型リーダーシップ」なのです。

適応型リーダーシップの全体像

■リーダーシップとは「チームや組織の目標を達成するために周囲に及ぼす影響力」

リーダーシップについては、様々な研究やいわゆる人材育成事業者が答えを提供していますが、本書においては、**リーダーシップを「チームや組織の目標を達成するために周囲に及ぼす影響力」**と定義します。前提には、「自分と他者」が存在し、「目標」が設定されており、その「目標達成に向けていかにチームの前進を促すか」という視点があります。

そして、リーダーシップとは役割ではありません。決して経営幹部や管理職と呼ばれる立場にある者のみが行使すべき力ではなく、組織の目標達成を願って自身の役割を果たす想いのある人間ならば、誰しもが発揮することのできる力なのです。

これまで、ビジネス環境の変化に応じて、様々なリーダーシップのあり方が考えられてきました。そのなかで、適応型リーダーシップは最も汎用的なスタイルと言えます。

なぜなら、適応型リーダーシップは特定の状況を前提としているというよりも、ＶＵＣＡのように変化が激しく「いつどのような状況に転ずるかわからない」という状態を常に前提としているため、たとえどんなことが起こっても人・組織の学習と変容、つまり「適応」を後押しするアプローチだからです。

なんだかずるい感じもしてくるのですが、しかしそれこそが「適応」のコンセプトであり、私たちはこの時代において、「どうなっても最善の水準で対応できる」準備を作っておく必要があるのです。

■適応型リーダーに求められる能力

時代の激しい変化に対し組織は適応しなければならない。ではそれを後押しする適応型リーダーは、どのような能力を発揮する必要があるか。

この問いに対し、わかりやすく整理しているのが、ボストン・コンサルティング・グループのトーレス他が発表した「アダプティブ・リーダーシップ」です（図1-2）。

このフレームワークは、磁石の「Ｎ・Ｅ・Ｗ・Ｓ」という頭文字になぞらえて、適応型リーダーシップが有する４つの資質を定義しています。

図1-2「適応型リーダーシップ」4つの資質

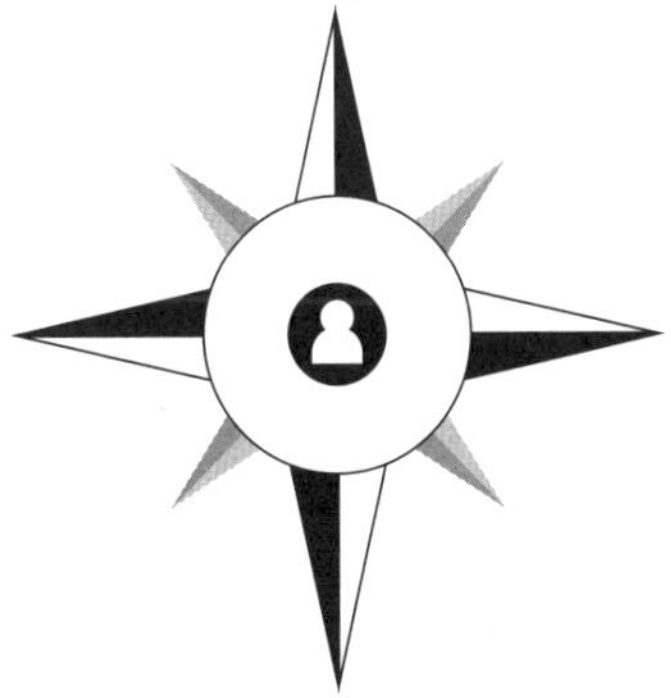

ボストン・コンサルティング・グループのトーレス他が発表した「アダプティブ・リーダーシップ」より作成

■ **ナビゲートする**（Navigate）

適応型リーダーは激しい変化のなかで不確実性を受け入れながらも、チームを導かなくてはならない。そのためにリーダーは――

・細かい指示を出したり厳密なルールを敷くのではなく、メンバー同士が自律的に協働するための環境を整備する。

・多様性を重視する。多様な意見から価値を生み出せるように、反対意見を持つメンバーも歓迎する。

・役割としての権限にこだわらない。状況に応じて自分自身の権限を分散させる。

・常に組織の現状を客観視し、本質的な課題を見抜く。

■ **共感する・共感を得る**（Empathy）

適応型リーダーは、強制ではなく共感を持って人をリードする。そのためにリーダーは――

・同僚、競合、顧客など、あらゆる他者の視点から物事を観察し、感じる。
・組織、そして自分自身のパーパス（存在意義）や価値観をメンバーと共有し、味方を得る。
・成果に対して一律・単一の報酬を与えるのではなく、部下それぞれが重んじている価値観に基づいて報いる。

■ **ウィン・ウィンを築く**（Win-Win）

適応型リーダーは、自組織の勝利だけを求めるのではなく、外部のパートナーやステークホルダーとの持続可能な関係を築く。そのためにリーダーは——

・自組織を取り巻くエコシステムに目をむける。たとえば自社の製造・販売だけでなく、そこに関わるサプライヤーや協業者がいかに影響を受けるのかを考える。
・自組織内にのみ通用する権限に頼らない。ビジョン、知識、人脈など、自分が用いるあらゆる影響力を組織という枠の外で発揮する。
・自社の売上のみを求めない。ビジネスを通じた経済合理性と社会的意義の両立を実現する。

■ **自己修正する**（Self-Correct）

未来を予測できないのであれば、適応型リーダーは自身の意思決定に固執するのではなく、状況に合わせて柔軟に軌道修正しなければならない。そのためにリーダーは——

・実験を奨励する。正確・詳細なプランを求めるのではなく、成功も失敗も含めて実践から学びとることを重視する。

- 変化の兆しを敏感に察知する。不測事態に素早く対応できるよう、常に顧客や市場の動向、チームや部下の様子に敏感であり続ける。
- 組織のアジリティ（機敏性）を高める。部下が自律的に対応できるよう、意思決定を効率化し、情報の透明性を担保し、組織の学習力を高める。

では、これらの資質は、どのように学習し、習得することができるのでしょうか。

■適応型リーダーシップを習得するための3つの視点、10のテーマ、18の思考習慣

トーレス他によってまとめられたこの「適応型リーダーシップ」を一言で言い換えれば、「**どのような状況においても大きな方向性を示しながら味方を巻き込み、次々と現れる問題を柔軟に解決して成果を導く**」リーダーシップのあり方です。

ミネルバ式リーダーシップ開発プログラム「Managing Complexity」、そして本書では、適応型リーダーシップをさらに具体的かつ習得可能な3つの視点、10のテーマ、それを構成する18の思考習慣に分類しています（図1-3）。

図1-3 適応型リーダーシップを支える18の思考習慣

第1部｜複雑なシステムをリードする思考法

■ システム思考

#system_decomposition
複雑なシステムを分解・分析する。様々な構成要素がどう相互作用しているかを分析し、問題や事象を「そうさせている」背景を理解する。

#emergent_properties
複雑なシステムにおける創発現象を特定し、その原因を明らかにする。

#system_thinking
異なるシステムの特徴を理解し、システム思考の概念・ツールを課題解決や他者との関係に役立てる。

■ ヒトを理解する行動科学

#psychological_explanation
モチベーションに影響する様々な要素が、自分や他者の行動にどのように影響するのかを分析する。

#managingbias
バイアスがいかなる心理構造やヒューリスティクスによって発生するかを理解する。
また、バイアスを低減する手法と適切なタイミングを理解する。

■ 自身を知る パーパスとバリュー

#purpose
個人やグループが掲げる存在意義、その根底にあるバリュー、
そして行動指針を言語化する、または理解し分析する。

#lead_principles
効率的なリーダーシップの原則を活用する。

第2部｜対人知性を磨く

■ こころの知能指数（EQ）

#relational_iq
対人知性と感情の俊敏性を高め、周囲との関係性を円滑に運ぶ。

#individual_differences
一人ひとりのスキル、能力、スタンス、価値観を理解し、活かす。

#self_awareness
自己を観察し、強みと弱みを理解する。パフォーマンスを妨げる行動や習慣を抑える。

■ チームの力学を最大化する

#power_dynamics
複雑系システムのなかでのチームの力学を理解する。チームを機能させるために様々な「力」を行使する。

■ インパクト型コミュニケーション

#audience_awareness
文脈と聴衆に応じ、最適な表現を用いる。

#cognitive_emotional_persuasion
人を動かすために、認知と感情それぞれに適切に働きかける。

第3部｜課題解決とイノベーション

■ 問題と課題分析の科学

#problem_analysis
理想と現状の差分を整理し、問題を理解する。問題をさらに細かく分解し、課題を特定する。阻害要因や制約条件を特定し、既存のソリューションで解決できるか見極める。

#divergent_problem_solving
新たなソリューションを創り出すために、アナロジーやヒューリスティクスを応用してクリエイティブに発想する。

■ デザイン思考とイノベーション

#design_thinking
デザイン思考の反復プロセスを実践し、製品・サービスの開発・改善を行う。

#innovative_mindset
イノベーションに重要な成功因子を理解し、イノベーティブな組織文化を醸成する。

■ 正解のない時代の意思決定と実践

#decision_selection
意思決定のフレームワークとヒューリスティクスを活用し、課題を効果的に解決する。

■ すべての土台となる
ラーニングアジリティ

たとえば、「複雑な環境をリードする思考法」の1つのテーマである「システム思考」は、「#system_decomposition」「#emergent_properties」「#system_thinking」という思考習慣からなります。

18の思考習慣は、ハッシュタグ形式で「#Learning Outcomes(LOs＝学習成果)」と総称しており、受講者は全部で18ある#LOを何度も繰り返し学びながら、最終的に自分自身の「適応型リーダーシップ」を構築していくことを目指します。

本書では、適応型リーダーシップを実践できるよう、テーマごとに解説していきます。

■ミネルバ式の学習法でリーダーシップを身につける

私たちがこの#LOのことを単なるスキルではなく、「思考習慣」と呼ぶのは、特定の場面、業務、役割でのみ活用できる局所的なツールではなく、あらゆる文脈において記憶から取り出し、応用できる汎用性の高い能力を作り上げることを重視しているからです。

「習慣」と呼ぶからには、それぞれの#LOが身に染み込むまで学びを深めなくてはなりません。

このため、図1-3のなかでは便宜上それぞれの#LOは一度しか登場しませんが、実際のプログラムでは、たとえば「システム思考」で学習した#system_decompositionが、「ヒトを理解する行動科学」でも、「チームの力学を最大化する」でも、その時々のテーマに関連づけされながらたびたび登場します。

このようにミネルバのリーダーシップ開発プログラムでは、一度学習した単元をそのまま放ったらかしにするのではなく、別の単元に紐付けながら何度も学習を上塗りしていくことで、記憶への定着を図っていきます。

また、ミネルバのプログラムは反転学習形式で行われます。反転学習とは、私たちが慣れ親しんできた「学校で先生の講義を受ける→宿題で復習する」という学習サイクルを反転させる手法です。受講者は、あらかじめ割り当てられた文献等を通じて授業前に必要なインプットと課題をすべて自分で終え、授業の時間は徹底して講師や他の受講者とのディスカッションに費やします。この中で自ら紡ぎ出す気づきや学びこそが、自身の血肉となり、文脈を超えて応用できる思考習慣へと昇華されていくのです。

このような学習体験を書籍で１００％再現することには限界があるのですが、少しでもこうしたミネルバ式の学習効果を擬似体験いただけるように、**本書では各章ごとにケースや問いを準備しています。また、あなた自身が職場に戻ったときに＃LOを実際に使ってみるためのヒントやツールも紹介しています。**

アウトプットと実践なくして学びは深まりません。あなたがせっかく費やす時間を少しでも実りあるものとするためにも、内容を読んで理解するだけでなく、ぜひこれらの問いに対する自分なりの答えを言語化したり、人に話したり、実際の業務で活用してみてください。

それではいよいよ次章より各論に踏み込みながら、「適応型リーダーシップ」の核心を学んでいきたいと思います。

まとめ

不確実な世界を生き抜く　個と組織の「適応」を導くリーダーシップ

☑パンデミック、生成AIの台頭、人材の多様化や流動性の高まりなど、ビジネスを取り巻く環境は複雑な変化とそこから生まれる様々な問題にあふれている。こうした変化はビジネス成長の機会と同時に存亡の危機をもたらす。

☑対応すべき問題には、「技術的問題」と「適応課題」があり、適応課題を技術的問題のように扱ってはいけない。

☑適応とはビジネス視点だけでなく、生物学、心理学、社会学の視点すべてを繋げて捉えることのできる概念。

☑なぜ適応が重要なのか？　答えはシンプル。①すべての変化を予測することは不可能だから。②適応しないと生き残れないから。

☑「適応型リーダーシップ」とは、チームや組織の適応行為を支え、ポジティブな影響を与える個人の思考・行動のプロセス。

☑リーダーシップとは役職者のみのものではなく、組織の成果達成に影響を及ぼし得るすべての人間が発揮すべきものである。

☑「適応型リーダーシップ」はNavigate、Empathy、Win-Win、Self-Correctの4つの資質がある。それを実践するためには、18の思考習慣を習得する必要がある。

?

本章を実践的に理解するための問い

この章で得た学びをあなた自身の実践につなげるために、次の問いに対する自分なりの考えをまとめてみてください。メモを取るなどして具体的に言語化した上で、次章に読み進むことをおすすめします。

■あなたの所属する組織や会社全体が現在直面している最も大きな問題は何ですか？ 事業に直接関わる問題と、組織やチーム運営に関わる問題を1つずつ考えてみてください。

■それらの問題は、組織を取り巻くより大きな環境におけるどのような変化の影響を受けているものだと言えそうですか？ 国際社会、経済、社会全体の価値観、技術の進歩など、外部環境の大きな潮流と接続して考えてみてください。

■それらの問題は、所属組織のそれぞれの役割や業務、お互いのコミュニケーションにどのような影響を与えていると言えそうですか？

■それらの問題は、ハイフェッツ教授の言う「技術的問題」または「適応課題」のどちらに該当するでしょうか？　あるいはその両者の組み合わせでしょうか？　この問題を解決するとしたら、どのような複合的なアプローチが考えられるでしょうか？

■トーレス他が定義する「適応型リーダーシップ」の4つの特徴のうち、あなたが最も重要だと感じるのはどれですか？　それはなぜでしょうか？　自分自身が置かれている環境や事業の状況を紐付けながら考えてみてください。

■本書が定義する「適応型リーダーシップ」18の#LOのうち、あなたが自分に最も足りていないと感じるものはどれでしょうか？　どのような場面でそう感じますか？　その#LOを習得できたなら、周囲の環境に具体的にどのような変化を作り出しますか？

第 1 部

複雑なシステムをリードする思考法

すべての土台となるラーニングアジリティ　11章

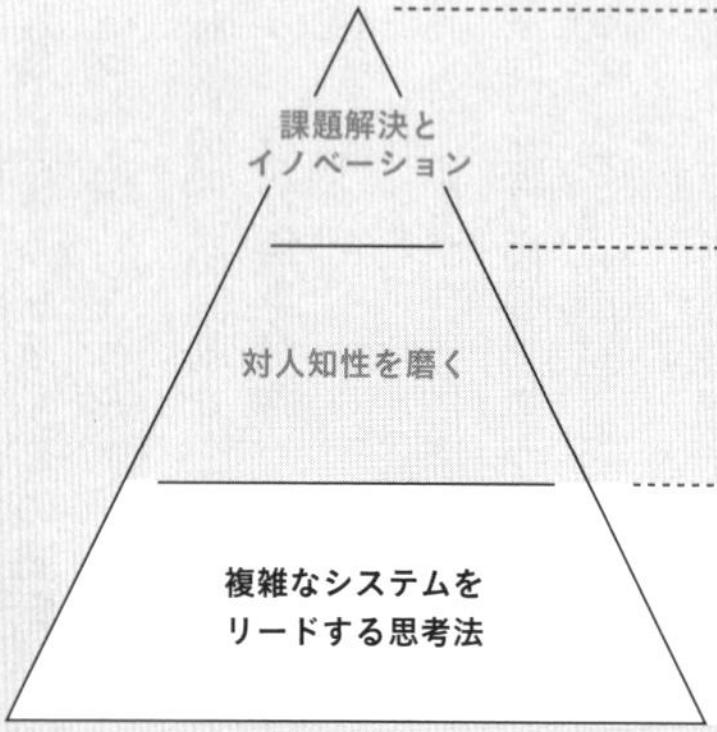

問題と課題分析の科学　8章
デザイン思考とイノベーション　9章
正解のない時代の意思決定と実践　10章

こころの知能指数（EQ）　5章
チームの力学を最大化する　6章
インパクト型コミュニケーション　7章

システム思考　2章
ヒトを理解する行動科学　3章
自身を知る　パーパスとバリュー　4章

第 2 章

システム思考

習得する #Learning_Outcomes

#system_decomposition
複雑なシステムを分解・分析する。様々な構成要素がどう相互作用しているかを分析し、問題や事象を「そうさせている」背景を理解する。

#emergent_properties
複雑なシステムにおける創発現象を特定し、その原因を明らかにする。

#system_thinking
異なるシステムの特徴を理解し、システム思考の概念・ツールを課題解決や他者との関係に役立てる。

CASE

組織にあふれる不可解な現象

次に掲げるいくつかのケースは、因果関係が必ずしも単純ではないものの、複雑な環境下ではよく起きる事例を表しています。こうした現象はなぜ起きるのでしょうか？ 本章を読み進める前に、それぞれのケースについて背景にある原因を考察し、あなたなりの分析をメモしてみてください。特に、各事例における前半と後半の事象の間にどのような出来事が重なったのか、想像の範囲でかまいませんので書き出してみてください。

①営業チームへのインセンティブ制度を導入したことで会社全体の売上が増加したが、結果的にリピーターが減少した。
②ある部署では新規事業の売上が右肩上がりで伸び続けていたにもかかわらず、1年後にはモチベーションを失って離職する者が増えた。
③組織全体で働きやすい職場環境を整える施策を実施したところ、短期的には従業員の満足度が上がったものの、半年後には目標達成率が下がり始めた。
④従業員の業務効率を上げるために新しいシステムを導入した結果、最初は作業時間が短縮されたが、組織全体では部署間での連携不足やミスが目立つようになった。

問題を「システム」として理解する

■複雑なシステムが生み出す問題

冒頭のケースのような事例は、私たちの日常でもよく起こります。子どもを塾に通わせたら成績が下がった。入念に選んだプレゼントなのになぜか相手の機嫌が悪くなった。**このように単純な因果関係では説明できない結果や、時に意図とは異なる顛末を生む現象のことを、システム思考では「創発現象（emergent properties）」と呼びます。**創発現象は何も悪い結果ばかりを指すのではありません。「副業を解禁したら会社の業績が上がった」というように、ポジティブな創発現象も時に見られます。

このような創発現象は、システムの複雑性が起こすものです。

「これをすればこうなるはずだ」「これはこれが原因のはずだ」というように、私たちはつい単純な因果関係を前提に打ち手を考えたり、問題があればその原因となっている犯人を探したりしがちです。しかし先述のケースのように、対処療法的な打ち手は思わぬ結果を招いたり、かえって事態を悪化させたりすることもあります。**システム思考は、こうした直線的な考え方を保留し、事象を取り囲む周辺を「システム」と捉え、「システムのなかでいったい何が起きているのか？」を丁寧に観察する思考法**です。それによって私たちは、局所的な問題部分にだけとらわれるのではなく、背景にある様々な要素がどう作用してこの問題につながっているのか、問題を根本的に解決するためにはどこにアプローチすれば良いのかをより理解しやすくなるのです。まさに木と森の両方を捉える視点であり、我々が日々直面する課題を正しく観察・理解するための根本的なフレームワークといえます。

適応型リーダーシップを習得する上で、「Managing Complexity」において、システム思考は最初の授業で扱うテーマであり、他の思考法の土台ともなる、最も重要なコンピテンシーとして位置づけています。

そして、この思考法を身につけるためには、まず「システムとは何か」という理解から始めていく必要があります。順を追ってシステム思考の基本的な要素を押さえていきましょう。

■「システム」とは何か

「システム」と聞いて、どんな例を思い浮かべるでしょうか？ 何か複雑な機械や装置を思い浮かべる方がいるかもしれませんし、「発電システム」や「エコシステム」など、より広範囲で境界が曖昧なものを思い浮かべる方もいるかもしれません。

本書では**システムを、「個々の要素が相互に影響し合いながら、全体として機能するまとまりや仕組み」と定義**しています。このような「システム」には、どういった例があるでしょうか？　まず単純なシステムの典型例として、次のようなものがあるでしょう。

照明スイッチ：オン／オフの2つの操作で照明の制御を行うシステム。複数の部品が組み合わされて「部屋を明るくする」という機能を果たす。

蛇口：ノブを回すことで水圧を調整するシステム。複数の部品が組み合わされて「水を供給する」機能を果たす。

車：エンジンやモーターからの動力を受けて、車輪を駆動し、道路上を移動するシステム。ブレーキ、アクセル、ステアリング等無数の部品が一体となって、「人や物を素早く目的地に移動させる」機能を果たす。

これらはすべて「システム」ではありますが、その構造は「単純なシステム」です。つまり、部品など構成要素の数は比較的少なく、それら要素間の相互作用も限られていて、「これを押せばこうなる」といったようにシステムの動きに対する予測可能性が比較的高いものを指します。電気がつかない、水圧が弱まる、車の動きが悪い等、全体の機能に不具合が生じた場合でも、問題となっている部分を特定し、修理または交換することで機能全体を保全できます。

■単純なシステムと複雑系システム

いつ何が起こるかわからない世界では、あらゆる関係者や構成要素が互いに密接につながり、様々な影響を及ぼし合っています。これからの時代で活躍するリーダーにとっては、まさにこのような複雑多岐な環境のなかで物事をいかに正しく捉え、判断を下し、周囲を巻き込みながら行動を起こしていくのかが重要な鍵となります。

組織や事業をめぐる意思決定のなかで往々にして起こる問題は、**本来は複雑であるはずのシステムを単純なシステムかのごとく扱ってしまい、直線的な原因探求と局所的な打ち手によって思わぬ副作用に見舞われること**です。

明確なロジックを示せばチームは動いてくれるのか？　ボーナスで成績優秀者を厚遇すれば業績は上がるのか？　先進的な管理システムを導入すれば営業成績は上がるのか？　これらの問いに対する答えはきっと、「そうとは限らない」です。むしろ、そのような打ち手によって思わぬ悪影響がもたらされるかもしれません。こうやって問われると冷静に答えられるのに、私たちはその場、その瞬間に立たされ、問題を目の前にすると、単純なソリューションをしばしば選びがちです。

ここで大切なことは、まず**私たちが取り組む業務や活動する場は、ほぼすべてが複雑系システムであるということ**を自覚すること。単純なシステムと複雑系システムを区別して理解することです。では、複雑系システムの特徴とは何でしょうか。

■複雑系システムを捉える

複雑系システムも単純なシステムと同じく、「個々の要素が相互に影響し合いながら、全体として機能するまとまりや仕組み」であることには変わりません。しかし、単純なシステムと比較してはるかに多くの構成要素が相互作用することによって、予測不可能な振る舞いやパターンを示すのが複雑系システムの大きな特徴です。

■特徴1：多数の構成要素が相互に作用し合う

複雑系システムでは、極めて多くの構成要素が様々な影響を互いに与え合っており、だからこそシステム全体としての予測可能性を下げるという特徴があります。このような特徴をもつシステムには、たとえば以下のものが考えられます。

- **グローバルサプライチェーン**

製造業において、原材料の調達、製品の生産、流通、販売までの過程には、数多くの人、企業、国、技術が関わります。これらの相互作用は、結果として製品の品質、コスト、供給のタイミングに影響を与え、消費者行動に大きな影響を与えます。

・SNSのエコシステム

SNSは、ユーザー、コンテンツクリエイター、広告主、プラットフォームのアルゴリズム、社会での出来事やニュースなど、様々な要素が相互作用する複雑系システムです。これらの相互作用によって、特定の情報の広がり方、トレンドの形成、インフルエンサーやフォロワーの行動、行政機関や企業による情報セキュリティ対策等に大きな影響を与えます。

■特徴2：創発現象

複雑系システムでは冒頭で述べたような創発現象が頻繁に見られます。「創発現象」とは、システム内の構成要素が相互作用することによって、単純には予測できない新たな特性やパターンがシステム全体に生じることを指します。こうした現象の要因は、個別の要素や個人による行動、あるいはその単純な足し算のみでは説明できず、互いの関係性や影響の形をつぶさに観察することが重要となります。ビジネス文脈で創発現象の卑近な事例をいくつか挙げてみます。

・組織文化の創発

たとえば、組織の縦割り化の発生。通常、個々の部門やチームはそれぞれの目標達成に集中します。しかし、これを上部からの圧力や報酬・制度などで過度に推し進めすぎると、個人の関心は目の前の業績達成に集中し、不健全な競争原理が働くとともに組織全体の目標やビジョンが共有されなくなり、縦割り化が生じます。これによって情報の共有不足、意思決定の遅れ、効率性の低下、イノベーションの抑制などが起こります。

反対に、イノベーティブな組織文化はどのようにして生まれるのでしょうか？　Googleはまさにこの点において有名ですが、単一の観点からは説明できません。そもそもの採用方針、企業の歴史、社員に自由な活動を許容する「20％ルール」を始めとする様々な人事施策、コラボレーションを生み出すような社屋の構造などの構成要素が重なり合ってあのような組織文化が生まれていると言えます。

・**株式市場**

マクロな観点で見てみると、株式市場は複雑系システムの典型であり、創発現象の宝庫です。株式市場は様々な構成要素の相互作用によって敏感に反応します。たとえば、米国内の政策金利をめぐるＦＲＢ議長のごく短い発言によって世界の株式市場が大きく反応することは、最近のニュースでも盛んに報じられています。ここだけを切り取ると、「世界の株式市場」が「ＦＲＢ議長の発言」に直線的に反応しているように見えますが当然そうではなく、各国政府の反応、お互いの動きに反応し合う投資家、予測を行う専門機関、メディア等、数えきれない構成要素が相互作用し合って株式市場の挙動につながっていることが想像できます。

■特徴３：非線形性

創発現象を生み出す複雑系システムの特徴に「非線形性」があります。非線形とは、単純に言えば「インプットを2倍にしたからといってアウトプットが2倍になるとは限らない」というシステムの性質を指します。風呂の蛇口は2倍ひねれば2倍のお湯が出てくるし、その結果風呂の湯量は2倍になる、というのは単純なシステムの線形的な挙動です。

一方で、薬の投与量を2倍にしても病気の治るスピードは2倍にはならず、給料を2倍にしたからといってチームの生産力が2倍になるとは限りません。むしろ2倍の薬投与は健康を害する恐れもあり、2倍の給料は「働かなくてもお金をもらえる」という非健全な動機につながり、仕事量が減るという創発現象もありえます。

非線形性の事例を他にも見ていきましょう。

・ソーシャルメディアの威力

SNS上の匿名による小さな発信が、プロダクトやサービスのブランドイメージを大幅に毀損し、会社の業績に大きな損害を与えるような出来事は、近年珍しくありません。パリを視察中の国会議員一行が何気なくSNS上にあげた写真によって、特定議員が謝罪・釈明に追われ、キャリア上の不利益を被ったり国会の議事進行に大きな影響を与えたりするというのは、記憶にも新しい非線形の典型例といえます。

・経済制裁の危うい効果

特定の国に対する経済制裁は、意図とは異なる、思わぬアウトプットを引き起こすことがあります。その国のトップや政治を弱体化させることを目的として行われる経済制裁ですが、結果としてその国と他の国の結託を促してしまったり、同国民の反感を煽って問題ある体制の支持者を増やしてしまったり、かえって国同士の敵対関係が深まる、というような事例はニュースで見たことがあるでしょう。

・バタフライ効果

非線形の形が特に顕著に見られる事象を、システム思考では「バタフライ効果」と呼びます。これは、気象学者エドワード・ローレンツ氏が1972年に行った講演「ブラジルの一羽の蝶の羽ばたきが、テキサスで竜巻を引き起こすか？」という問いかけに由来します。

直感ではそんなはずはないと思うのですが、同時に「気象」という複雑極まりないシステムにおいて、小さなイレギュラーな現象が大きな気象変化につながる可能性を完全に否定することもできません。実際、当時の天候予測システムで発見されたごく小さな誤差入力が、まったく異なる予測結果を出したという実体験に基づいて、ローレンツ氏はこの問いを立てたそうです。

■特徴4：自己組織化

外部からの明示的な指示や制御がなくとも、システムの構成要素が独自に相互作用し合うことで、結果として自発的に秩序ある構造や機能を形成・維持する能力を指します。多くの場合、個々の要素が局所的な情報に基づいて行動することで全体としての動きを作り、自己組織化が行われます。自然界ではこのような例が数多く見られます。

・**自然界の事例**

個々のアリが中央集権的な指導者なしに働く典型的な例です。各アリは、環境からの直接的な刺激や他のアリとの相互作用に基づいて行動します。これにより、食料の探索や巣の建設といった複雑なタスクが、中央集権的な計画なしに達成されるのです。鳥の大群がお互いにぶつからず絶妙な距離を保ちながら集団として目的地を目指すのも、自己組織化の例と言えるでしょう。

・**組織のパフォーマンス**

組織には代表や社長といった役割としてのリーダーは存在しています。しかし、こうした役割からの指示が100%そのまま実行されるかというと、そうではありません。それぞれの人間には当然ながら異なる認知システムと感情が備わっており、特定の情報・指示を主観で解釈し、独自の反応を示します。それが相互作用となって、チームの雰囲気やパフォーマンスが形成されるのです。

■ **特徴5：予測できない「ヒト」の複雑性**

第5の特徴として、**複雑系システムは完全に予測することは不可能である、という側面があります。**言い換えると、「これをやれば必ずこうなる」とは決して言えないということです。複雑系システムでは様々な構成要素が文字どおり複雑に影響を与え合うのでこれだけ聞くと、「うん、当然だよね」という気がしてきます。しかし、リーダーとしてこの点を深く自覚することがまず重要であるということは、強調してもしきれません。

たとえば、思わぬ事故や出来事でプロジェクトが大きく失敗したときにリーダーとしてどう振る舞うべきか。深く意気消沈し、何が悪かったのか、誰が悪かったのか、自分に非難の矛先が向かないようにどうやって上層部に釈明すれば良いのかといった点ばかりに思考がとらわれているリーダーは、そもそも「複雑系システムとはそういうものだ」ということを十分に自覚していないと言えるでしょう。

これから行おうとする取り組みについても同じことが言えます。特に人材開発や組織開発に関する施策は、システムの複雑さゆえに直線的な効果を約束できないことが多くあります。多くの場合これらの施策は、個人の成長や個人同士の関係性を特定の方向に後押しすることを意図して実施するものの、最後は本人の反応やグループ内の相互作用に強く影響されるからです。複雑系システムを複雑たらしめているのは、何より「ヒト」の非合理的な挙動なのです。

このとき、「この研修をやって売上が実際どう変わるんだっけ？　意味あるの？」という質問は、まさにシステムの複雑性に無自覚な見解と言えます。当然、投資対効果の観点から、施策に明確な「意図」は持たせる必要があります。しかし、組織開発の父として知られるクルト・レヴィンが説いたように、組織というのは実際に何らかの形で変化を働きかけてみないと本当に理解することはできない、という前提を同時に持つことも重要です。ただ、これは「なんでも良いからとにかく

図 2-1 創発現象を3つの視点で整理

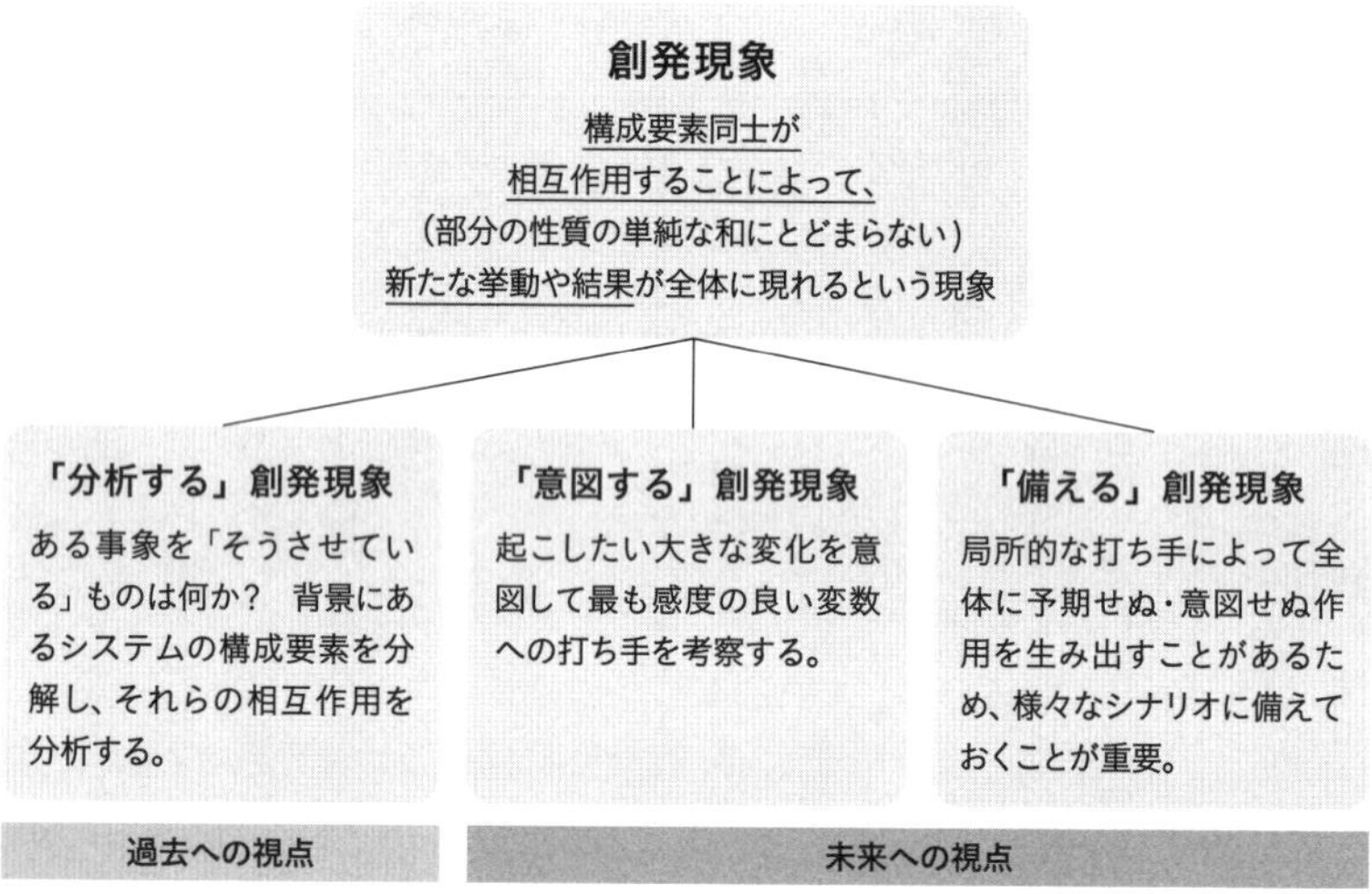
創発現象
構成要素同士が
相互作用することによって、
（部分の性質の単純な和にとどまらない）
新たな挙動や結果が全体に現れるという現象
「分析する」創発現象
ある事象を「そうさせている」ものは何か？　背景にあるシステムの構成要素を分解し、それらの相互作用を分析する。
「意図する」創発現象
起こしたい大きな変化を意図して最も感度の良い変数への打ち手を考察する。
「備える」創発現象
局所的な打ち手によって全体に予期せぬ・意図せぬ作用を生み出すことがあるため、様々なシナリオに備えておくことが重要。
過去への視点
未来への視点

やってみよう」と無鉄砲な行動を促す考え方ではありません。**明確な意図を宿らせながらも特定の介入によってシステムがどう反応するのか。思わぬ場所で思わぬ副作用は出ないか。こうした問いを何度も自問することで、「間違いを減らしていく（Become Less Wrong）」というのがシステム思考の重要な考え方**でもあります。そうすることで、いざ問題が生じた時の初動体制を築いておくことが重要なのです。

■「創発現象」の視点から過去・未来を考える

複雑系システムにおいては、様々な構成要素が相互作用し合うために因果関係が非線形であり、完全には予測ができず、その結果「創発現象」と呼ばれる事象が起きます。

私たちが仕事や人生において直面する問題のほとんどは創発現象であると言えます。また、事業イノベーションや組織改革など、意図的に起こそうとする重要な変化も「創発現象」ですし、意図に反して起こってしまう副作用も「創発現象」です。

このように、「創発現象」とは過去と未来の両面から考えることができ、図2-1のように、「分析する」「意図する」「備える」の3軸で整理することができます。

システム思考を実践する3つのステップ

では、どのようにすれば実践できるのでしょうか。システム思考の実践には3つの基本的なステップがあります。

ステップ1．システムを分解する
ステップ2．洗い出した構成要素を用いて仮説を立てる
ステップ3．打ち手を考える

一つずつ見ていきましょう。

■ステップ1．システムを分解する

複雑なシステムを正しく捉え、創発現象を分析したり、それに備えたり、意図して作り出していくためには、まずシステム自体をその構成要素単位に分解することが重要になってきます。

■ エクササイズ：「会社」を分解する

では実際にやってみましょう。「会社」を分解していくと、どのような構成要素が洗い出せるでしょうか。先に読み進める前に、手元のメモで書き出してみてください。

プロダクト、サービス、ミッション・ビジョン、戦略、役職、組織構造、業務内容、就業時間、立地、オフィス環境、備品、給料、人事評価制度、福利厚生、部署、従業員個々人……

システム思考でいう構成要素とは「ヒト」「モノ」「コト」など、あらゆる対象を含めるので、「会社」を分解すると、このようにほぼ無限に洗い出していくことができます。そして、それぞれの構成要素がお互いどのように影響を与え合っているかというのも、細かく考えていくことができるでしょう。

■ 適切な切り口で分解する

システム思考を用いてシステム分解を行う際は、「適切な切り口で分解する」ことが重要な鍵となります。適切な切り口とは、特定の問いや仮説があって初めて生まれます。引き続き「会社」を例に、次の問いについて考えてみましょう。

ある部署で、従業員のモチベーションが著しく下がっている。このとき、システムのどのような構成要素を見ていく必要があるか？（読み進める前に、一度考えてみてください）

あなた自身がこのような状況に直面することを想像してみてください。このとき、おそらくですが直感的に、その部署の業務内容、業務量、勤務形態、上司の性格、評価制度、給料やボーナス、部署の業績、離職率、各メンバーの人物像、部署内の会話量、会議の頻度といった構成要素を挙げたのではないでしょうか。「下がる従業員のモチベーション」が主題ですから、確かにこれらの要素が背景に影響している気がします。

それでは次のような状況ではどうでしょうか。

ある部署で雨漏りがひどく、業務に集中できない状況が続いている。このとき、システムのどのような構成要素を見ていく必要があるか？（読み進める前に一度考えて自分なりの答えを書き出してみてください）

問いが変わることによって、イメージするシーンがガラッと変わったのではないでしょうか。部署の部屋の構造、天井板の材質、机の配置、メンテナンスの計画表、頻度、メンテナンス業者、業者との契約書、保険関係の書類等、おそらく構成要素の切り口も変わったのではないかと思います。

これが「適切な切り口で分解する」ということです。問いによって見るべき観点が違う。明確な問題意識と仮説を持ってシステムの横顔を捉えにいくのが重要な一歩目となります。しかし、これだけでは「十分に適切」とは言えません。

たとえば仮に、最初のシナリオにおいて従業員のモチベーションが下がっている原因が、「部屋の狭さや密閉感」「空調の不具合」「衛生面での劣悪さ」といった物理的な環境要因にあるとしたらどうでしょうか？

この場合、前者の考察で洗い出した構成要素だけでは不十分であり、むしろ後者のシナリオで列挙した要素を視界に含める必要が出てきます。

システムを分解するときに気をつけるべき点が、**経験則（ヒューリスティクス）とバイアスの作用**です。「何が原因だろう？」と問われたとき、私たちは往々にしてこれまでの経験を頼りに仮説を立てていきます。そうして直感的に観察すべき点を特定し、経験と直感に沿わない諸点には注意を払わなくなってしまいます。**適切な切り口で分解するとは、こうした自分のバイアスを排除して十分な背景要素をしっかりと見にいく**ということでもあります（バイアスについては次章でくわしく見ていきます）。

■システムとは主観である

システムを分解していく際、「システムとは所詮主観である」という知的謙虚さが重要となります。

つまり、見る視点や立場によって、そもそも見えているシステムの範囲が異なるということです。たとえば先ほどのシナリオでは、その会社の社長がその問いについて考えるときと、その部署の一担当社員が考えるときでは、頭の中に自然と浮かぶシステムの範囲は、おそらくまったく異なるでしょう。しかし、どちらもシステムです。誰のために、どのようなことを伝えたくてシステム分解を行うのか。これによって捉えるべきシステムの範囲が変わってくるということを、私たちは謙虚に認識しておかなければなりません。

こうしたことは、日常でも頻繁に起きています。たとえば、時折話題となる芸能事務所の問題をめぐる世間の論考を見てみましょう。ワイドショーでは、コメンテーターはそれぞれ自分の論じやすい切り口でシステムを捉えて話していることがわかります。事務所内の力関係を強調して論じる声もあれば、芸能界全般の歴史まで視界に含める考察も見られます。また、メディアや日本社会全般の風土にまでシステム範囲を広げて評価する人もいます。これらはいずれも間違いではなく、それぞれがそれぞれの思うシステムを捉えた結果としての差異、と言えるでしょう。

問題なのは、それぞれが独善的に切り取ったシステムの範囲で「これは結局誰が悪い」といった特定の真因探求をしようとすると、攻撃と防衛反応の応酬となり、解決策が生産的な方向に進んでいかないということです。また、システムをどの範囲で捉えるかによって、打ち手そのものが変わってくるという点も、よく理解しておく必要があります。

■「できるだけ適切に」システムを捉える視点——鳥・虫・魚の目

では、できるだけ適切に、フラットな目線でシステムを分解するためにはどう考えればいいか？

このために、リーダーが持つべき視点が「鳥の目・虫の目・魚の目」です。

ここでは簡単な演習を通じてこれを理解していきましょう。

図 2-2　高速道路

まずはこちらの写真を見てください。これは何というシステムでしょうか？　そう、高速道路ですね。高速道路は、どのような機能を果たすために作られたシステムでしょうか？

おそらく多くの方が理解しているとおり、高速道路の基本的な機能は「人やモノを運ぶ車両を、早く目的地に到達させる」ことです。

では、この高速道路は、複雑系システムと言えるでしょうか？

高速道路という物理的な構築物のみを見ると、設計図があり、そのとおりに建造すれば完成するという意味において単純なシステムと呼べるかもしれません。しかし、機能を軸として捉えるとどうでしょうか？　車両を早く移動させるために存在しているにもかかわらず、様々な要因で意図とは反する創発現象が発生することもあります。

そう、「渋滞」です。高速道路というシステムは、渋滞という創発現象が生じるので、複雑系システムであるとみなすことができます。

では、渋滞はなぜ起きるのでしょうか?

ここで、「事故が起きるから」「天候が悪いから」「勤務・帰宅時間が偏っているから」というように、単一の原因を求める直線思考に陥ってはいけません。システム思考を用い、**「渋滞をそうさせている背景にどのような構成要素があるのか?」**を考えていく必要があります。

ここで、直感や経験則ではなく、冒頭のとおり3つの目を使って、とにかく様々な要素を洗い出していきたいと思います。

最初は鳥の目です。鳥の目は、大空高く舞い上がって全体を俯瞰する目です。先ほどの写真の中には写っていない範囲にまで視界を拡大し、想像力を働かせます。すると何が見えてくるでしょうか? たとえば、近隣でのイベント、他の公共交通機関、下道の混み具合、乗り降り口の配置など、写真には見えていないが渋滞に関連している「かもしれない」様々な要素が見えてくると思います。できるだけ視界を広げて見えていないものを見るのがこの目のポイントです。

次は虫の目です。虫の目はズームインの目。とにかくミクロ視点で対象を具に観察していきます。道路、車、車をすり抜けてその中にいる人間……そんな気持ちで写真をあらためて眺めると、何が見えてくるでしょうか。たとえば、道路の整備状態、車種、車の整備状況、運転手の健康状態、機嫌、急ぎ具合などが構成要素として考えられるかもしれません。普段は意識しないような細かい点にも注意を払ってみるのが虫の目のポイントです。

最後は魚の目です。魚の目は時空を行き来する目です。渋滞が起きている今と原因が起きた直近の過去だけでなく、1日、1週間、1か月、1年……と、時系に沿って視野を広げて見ていくと、何が視界に入ってくるでしょうか。たとえば道路の耐用年数、経年劣化のスピード、1日の通勤・帰宅ラッシュの時間帯、近隣でのイベント予定、一年の観光や帰省ラッシュの時期、季節による温度変化、ETCの導入率、特定の車種（EV等）の普及率など、もしかしたら渋滞に関わっているかもしれない様々なシステム構成要素が思い浮かんできます。

■ **システム思考のツール1：時系列変化グラフ**

魚の目に関連して、システム思考を実践するためのツールに、時系列変化グラフがあります。英語ではBehavior Over Time（BOT）グラフと呼ばれ、問題に関わる様々な変数の変化パターンを時系列で可視化し、それぞれの関連性を観察するためのものです。通常、横軸に時間を、縦軸に変数の値を取ります。このとき、横軸は時間・日・月・年単位どのように取ることも可能ですし、縦の値については、変数同士の関連性を特定することが主目的ですから、正確に数値化する必要は必ず

図2-3　時系列変化グラフの例

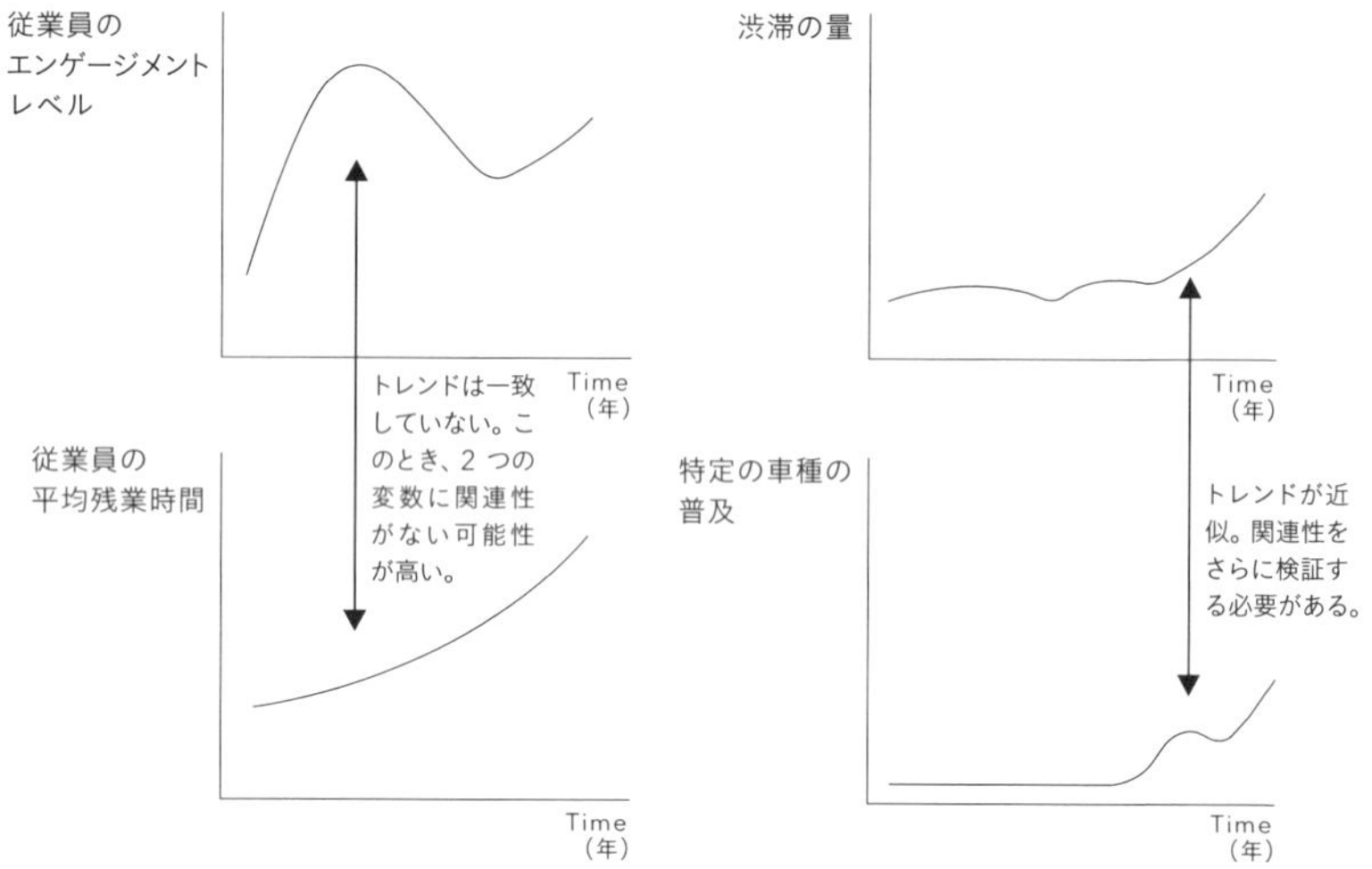

しもありません。図2－3に例を示します。

たとえば、左側の2つのグラフは、従業員のエンゲージメントについてのグラフです。調査によって、この図のようなデータが得られたとします。この図からは、「従業員のエンゲージメントレベル」と「従業員の平均残業時間」の間には関連性がそこまで強くないということがわかります。直感的には相関していそうな変数同士ですが、このように可視化することによって、問題の背景を探る際に仮説から一度外すことが可能となります。

一方で右側の2つの「渋滞の量」と「特定の車種の普及率」を示すグラフを見比べると、一定のトレンドの近似性が認められます。特定の車種の普及によって渋滞が増えるなんてことがあるのか？　と一瞬疑いたくなりますが、一度さらに深くその相互作用を検証してみる余地はありそうです。この仮説は、直感的に原因を探る直線的な思考だけでは出てきづらい着眼点であり、鳥の目によって「特定の車種」という構成要素に着目したからこそ意識できた切り口と言えるでしょう。

気をつけなければならないのは、相関関係があるからといって、直ちに直接または間接的な因果関係が生じているわけではないということです。

たとえば、ある国で「政治家のスキャンダルが増加傾向にある」という創発現象の背景を探るとします。このとき、鳥の目と魚の目を使って「SNSの普及率」という変数に着目し、BOTグラフを描くとしましょう。すると、2つの変数の変化パターンには同様の傾向がみられた。しかし、このとき直ちに「SNSが普及したから政治家のスキャンダルが増加しているのでは」と仮説立てるのは尚早です。SNSの普及によって上昇しているのは、あくまでスキャンダルが世に明らかにされる数であり、スキャンダルそのものを助長している要因とはならないのです。これは直感でも因果関係が薄弱であるとわかる例です。大切なのは、外形上の相関関係が認められたとしても、まずはその仮説を検証すべく、現地・現物・現人に当たり、一次情報を得て、さらに仮説の修正を繰り返すというプロセスです。

■ステップ2．洗い出した構成要素を用いて仮説を立てる

それではここで、これまで鳥・虫・魚の目で洗い出した様々な構成要素を一度自由につなげた上

で、どのような相互作用によって「渋滞」という創発現象に至っているのか仮説を立ててみましょう。

その日、夜には高速道路降り口近くのドームで大型のコンサートが開催される予定になっていた。近隣住民の大半は通常は電車で通勤しているが、特に夜の帰宅ラッシュ時にコンサート客で駅がごった返すのではないかと心配し、多くが自家用車での通勤を選んだ。その結果、通常はさほど多数の利用者を想定していない高速道路の利用者は一時的に急増。この時点ですでに通常より車の進みは遅くなっていた。

この地域では市の子ども政策によって保育所の数が急増しており、そのため保育園通園児を持つ世帯数も増えていた。ドライバーの多くも子を持つ親だった。親たちは、子どもの迎え時間に間に合わなければならないため運転に焦りが生じ、次第にイライラし始める。運悪く2車線の道路のうち1車線には、経年劣化による凹みが生じていた。凹みは直ちに補修されるはずだったが、20XX年から始まった建築業者への残業規制により、全国的なインフラ工事に遅れが生じていた。他のドライバーも同じような状況にあるとは露ほども思っていない親たちは苛立ちながら、少しでも早く子どもの迎えに行こうと過度な車線変更を繰り返す。これによってさらに道路全体の進みが遅れていく。

ちょうどそこにX氏の車がフラフラと走っていた。X氏が勤めるA社では、近年業績不振に陥り、営業チームへの圧力が高まっていた。営業チームを率いるX氏は、通常業務をこなしながら新たな営業戦略を立てなければならず、昼夜を通じて働き続け疲労困憊の状態にあった。注意散漫の中、突然割り込むように車線変更してきた車に後ろから衝突し、事故が発生する。その結果後続する車は停車を強いられ、数キロにわたる渋滞が生まれていった……

ここで描いたストーリーは完全に架空のものです。実際には、ある程度の事前情報や予備知識を持って、こうした背景のシナリオを描いていきます。そして、その仮説検証のために現場との行き来を繰り返しながら検討していきます。

この例を見て「渋滞の原因は何だったんですか？」と問われたら、あなたならどう答えるでしょうか？　コンサートの実施でしょうか？　そもそも悪影響を考慮せずドーム建築を進めた球団でしょうか？　A社の方針でしょうか？　あるいは、よかれと思って保育所増設を進めた役所でしょうか？　他にも、補修工事に責任を持つ建築業者、その労働規制を行う政府や国会、運転手たちの想像力のなさなど、この短いシナリオのなかでも、影響を与え合っている構成要素は数多く存在します。捉えるシステム自体をさらに拡張していけば、さらにその要素は増えていくでしょう。

つまりは、**単一の原因など存在しない、ということ**です。渋滞を起こそうとする意図を持つアクターなど存在しないのですから、「様々なヒト・コト・モノが作用し合って、たまたま渋滞という問題を創発させている」と捉えるのがせいぜい妥当です。

とにかく先入観を排除した上でシステムの構成要素を洗い出し、それらを図のようにつないでいくと、この全体像がよく見えてきます。

図2-4 渋滞を引き起こしたシステム内の相互作用

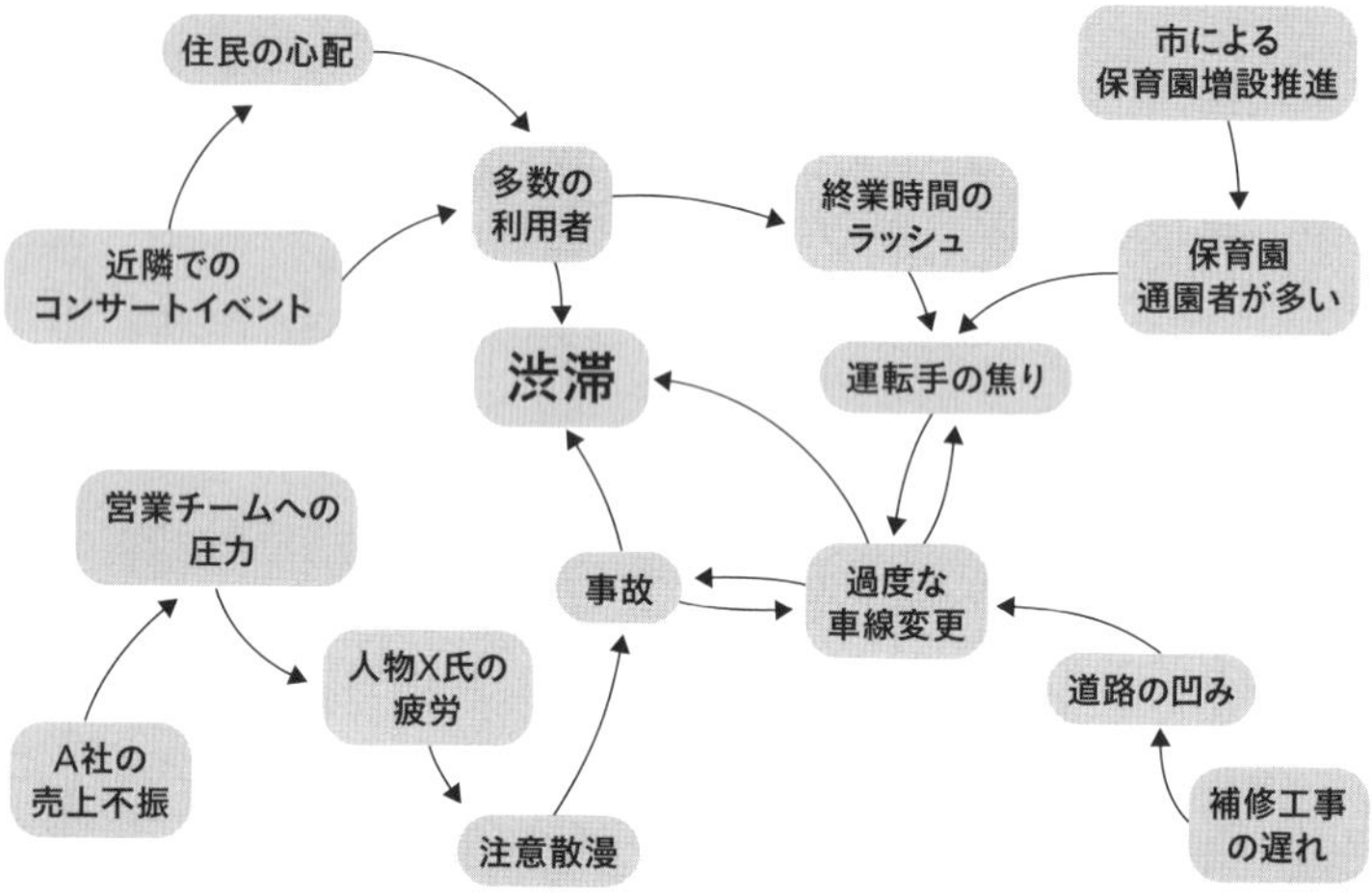

■システム思考のツール2：因果ループ図

問題の背景原因を探究し、仮説を立てるために有用なツールの一つが、因果ループ図です。

図2-4は、「渋滞」のケースを例にした因果ループ図です。システムの構成要素がそれぞれどのように相互作用し、その結果としてどのような創発現象が生まれているのかを可視化するのに役立ちます。そのため、図のなかで描かれていくストーリー自体が、検証すべき仮説となっていきます。

因果ループ図の作成にあたって、厳密には、変数は名詞のみで表現したり（例：「高速道路利用者が増える」と書くのではなく、「高速道路利用者数」のみと書く）、矢印の横には変数同士の関係を「＋」「－」で示したりする等の細かいルールがあります。一方で私は、直線的な原因思考とバイアスを排除し、システム全体に視野を広げて仮説を考えるためのツールとしては、単純にストーリー形式で構成要素をつないでいくアプローチで十分だと感じています。

因果ループ図を描く際のポイントは、背景を深く探究すること、そして、書き出した要素が他の要素にどのような作用を及ぼしているかを丁寧に描き出すことです。そのためには、「なぜこれが起きているのか？」を繰り返し問うことでその発生要因を何段階も掘り下げたり、反対に「これが起きるとどうなるのか？」を問うたりすることで直接的・間接的に起こる波及効果を探っていくことが重要となります。

■ステップ3．打ち手を考える

では、このような問題を未然に防ぐにはどうしたらよいのでしょうか？　あるいは何度も同じような形でこのような渋滞が起きているとしたら、重大な影響を及ぼしている特定の変数があるかもしれません。そのとき、どのように解決策を講じるとよいでしょうか？　打ち手を考えるというのが次の思考ステップとなります。

ここでも魔法の杖のように定型のやり方はなく、結局は「やってみないとわからない」という前提を持つ必要があります。

解決を図る上でそれぞれの要素間の相互作用、その度合いを綿密に調べ、「ここが変化すれば全体に大きく波及しそうだ」というレバレッジ・ポイントを特定しにいきます。熟慮の上実行した施策でも、その効果が実際には限られていたり、思わぬ創発現象を引き起こしたりする可能性があるということを常に念頭に置いておく必要があります。

高速道路の渋滞の例においても、「車線を増やす」「道路を増やす」という打ち手が思い浮かびます。しかし、交通工学の分野では、「道路を増やすと移動希望者が増えるので、結果として渋滞が増える、または渋滞の量は変わらない」という誘発需要の考え方が広く知られています。

意思決定者としてこのとき大切なのは、**これらの創発現象をできるだけ事前に想定し、得られる効果と比較衡量して最終判断をすること、想定のシナリオに対して対応策を整えておくこと、受け身を取りやすいように可能な限り小規模なプロトタイプから実行を開始すること**等が挙げられます。

■捉えるシステムによって打ち手は変わる

先述のとおり、システムはあくまで主観であり、人が認識するシステムの範囲は状況や立場によって異なります。これは打ち手を考えるにあたっても同じことが言えます。渋滞に関する仮説シナリオについて考えるとき、たとえば国土交通省の行政官が考える打ち手（例：高速道路利用料金の変更）、市役所が考える打ち手（例：保育所政策の改善）、地域企業が考える打ち手（例：就業時間の調整）はまったく異なってきます。

それぞれの打ち手はそれぞれ有効でしょうし、その打ち手によって影響を与える範囲も異なりますが、自分たちが一体どのスコープでこの問題を捉え、解決しようとしているのかを関係者同士で目線合わせすることは極めて重要となります。

■ 自らをシステムの一部と捉える

さらに渋滞の例では、運転手それぞれが実行できる打ち手もあるでしょう（例：他のドライバーへの配慮を意識する、通勤時間を変える、保育所と事前に相談しておく等）。これらは「渋滞を減らす」という全体の目的からすると効果に乏しいかもしれませんが、それでも確実にシステム全体の挙動に影響を与えることができる打ち手です。

私たちは往々にして、社会や組織で起きる問題を、どこか自分と切り離したように評論・批評することがあります。

飲み屋で会社の悪口を言ったり、「本当は嫌なんだけど、そういうルールだから仕方ない」と割り切ってやり続けたりするのが良い例です。こうした考えは、「この問題は自分が解決する問題ではなく、もっと『上の』誰かが責任を果たすべき問題だ」という暗黙の前提に立つ視点だと言えます。

しかし、**そんな状況で持つべき問いは、「自分がこの問題を存在させるシステムの一部に加担しているとしたら、何をしているか。あるいはしていないか」という自己への視点**だと私は常々感じています。自分自身もシステムの確かな一部であり、問題に何らかの形で加担している。だとしたら、何が違ってくるだろうか？　自分はどのようにその問題を起こしているだろうか？

そう考えた上で、**たとえ小さな影響範囲においても自分が起こせるアクションを見出し、一歩目**

を踏み出すのが優れたリーダーであり、そのような視点を他者にももたらすことができるのが、これからの時代に必要なリーダーシップスキルの一つであると思います。このような視点を持てば、気候変動といった地球規模の問題や、遠くの地域で起こる紛争でさえ自分の認知システムを拡張して捉え、主体的に考えることができるのです。

■システム思考のツール3：氷山モデル

システムで起こっている問題をより深く理解するためのもう一つのツールとして、「氷山モデル」と呼ばれるものがあります。このモデルは氷山のメタファーを用いて、氷山の大部分が水面下に隠れているように、多くの問題の根本原因や構造も表面には見えにくいという考え方を示しています。つまり、目の前で瞬間的に起こっている問題や短期的な解決策ばかりに意識を向けるのではなく、その背景にある構造や心理的な要因にまで目を向けることで、より根本的な打ち手へのヒントが得られます。「この問題、何度も起きているな」と感じるときは、このモデルに沿って問題を深掘りするといいでしょう。具体的な事例とともに簡単に解説します。

氷山モデルは大きく4つのレベルに分けられます。

1．事象（水面上）　直接目に見える事象や問題。氷山の一番上にあたり、最も目立つ部分。

2．パターン（水面直下）　繰り返し起こる事象やトレンド。水面すぐ下にあり、事象の背後にある問

図2-5 氷山モデル

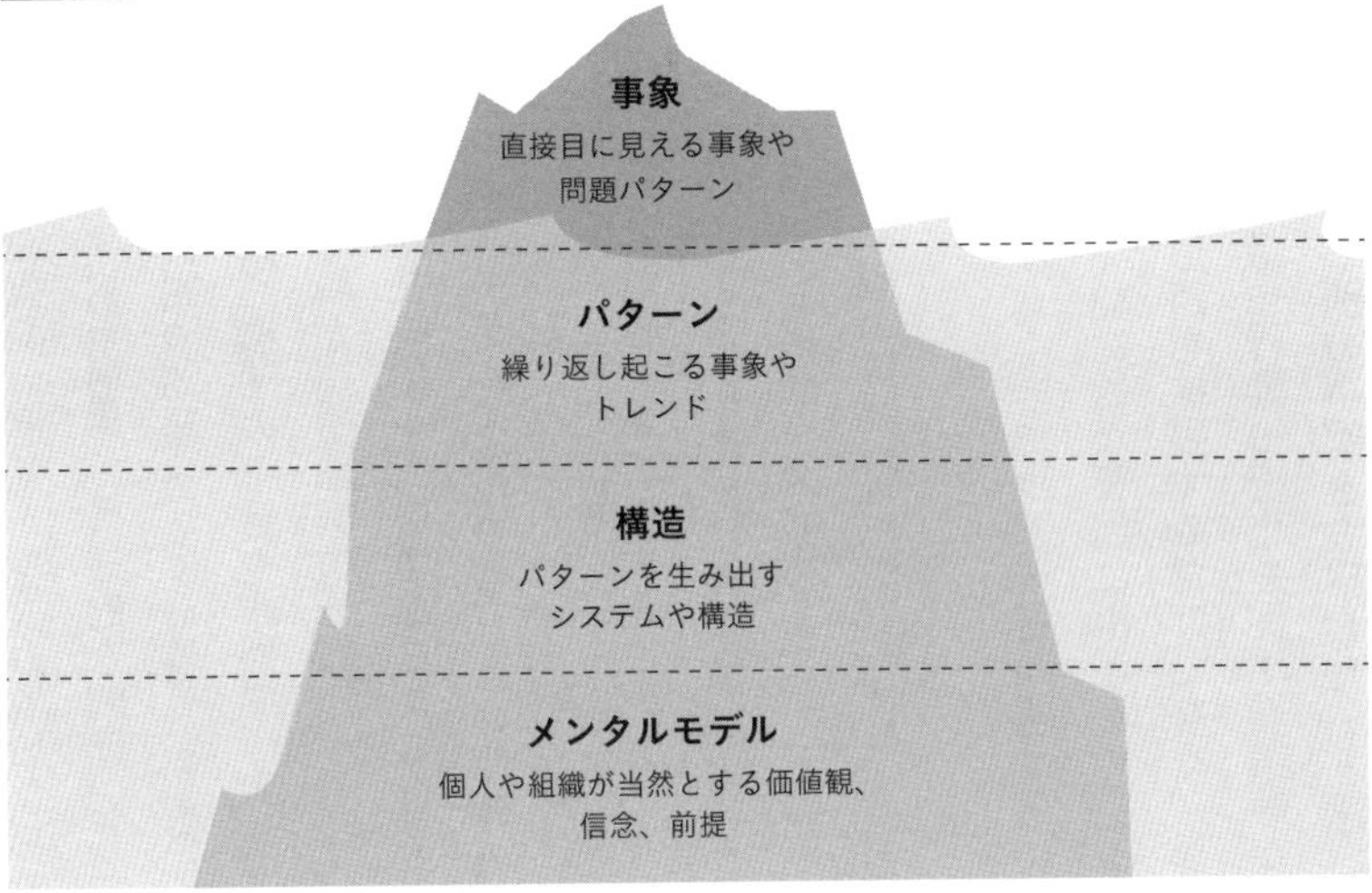

題のパターン。

3. **構造（氷山の中間層）** パターンを生み出す仕組みや構造。氷山の大部分を占め、問題を作り出す大きな原因の多くがここにあるとされる。

4. **メンタルモデル（氷山の底）** 個人や組織が当然とする価値観、信念、前提。普段は無自覚だがシステム全体の根底にあり、すべての思考や行動の基盤となる。

この考え方を当てはめると、先ほどの「渋滞」の例については、次のような考察ができるでしょう。

1. **事象（水面上）** 渋滞が多い。

2. **パターン（水面直下）** 特定の時間帯（たとえば朝の通勤時間や夕方の帰宅時間）、特定の道路、特定の曜日・季節、または特定のイベントの際に特に悪化する傾向がある。また、渋滞により公共交通機関の遅延や事故の増加などの副次的な問題が生じている。

3．**構造（氷山の中間層）**　構造的な問題として、次の4つが考えられる。

❶都市計画の問題（たとえば道路の容量不足や不適切な交通信号設計）

❷公共交通機関の不足や非効率

❸住宅地域と商業地域の分離

❹経済的な成長や人口増加による自動車保有数・道路利用の急増

4．**メンタルモデル（氷山の底）**　この問題の最も深いレベルとして、次の価値観や文化的信念が考えられる。

❶自動車中心のライフスタイル

❷「自動車が自由や成功の象徴」という文化的な信念

❸「公共交通機関は不便である」という先入観

❹都市計画の際に自動車の利便性を最優先する考え方

このようなケースでは、渋滞問題は単に道路の混雑によるものではなく、より広範な社会的、文化的、そして構造的な要因に根ざしていることが理解できます。したがって、渋滞を解消するためには、単に道路を拡張するだけでなく、都市計画の改善、公共交通機関の充実、そして市民の移動に関する意識や行動の変化を促す施策等が考えられるでしょう。

もうひとつ別の事例を考察したいと思います。職場で起きる「従業員のエンゲージメント低下」

という問題について考えるとどうでしょうか。

1. 事象（**水面上**）　従業員の生産性低下。エンゲージメントサーベイ結果の悪化。

2. パターン（**水面直下**）　事象が繰り返されるまたは悪化する傾向にある。これにより定期的なプロジェクトの失敗や遅延が発生している。

3. 構造（**氷山の中間層**）　この問題の背後に想像できる構造的な問題は次のとおり。

❶ 過度な労働時間
❷ 企業パーパスやバリューの欠如
❸ 不明瞭な報酬体系
❹ 不透明なキャリアパス

4. メンタルモデル（**氷山の底**）　問題の根底として、次のような企業文化・価値観が影響を与えているかもしれない。

❶ ハードワークを是とする暗黙の了解
❷ 従業員の個人的な成長や幸福よりも短期的な利益を優先すべきとする価値観
❸「ミクロに管理しなければ従業員は怠惰になる」という暗黙の前提

この事例では、従業員の生産性低下という表面的な問題に留まらず、より深いレベルでの原因分析を行っています。組織の制度やプロセスといった構造的な問題と、それを生み出している「なんとなく」皆が感じている暗黙値や組織文化を言語化していくことで、問題の根深さについての共通認識を育んでいくことが可能となります。

氷山モデルで分析を行うことのメリットの一つに、「解決策のレイヤーを選ぶ」という点があります。たとえば「生産性低下」という問題に対して、「人を増やす」といった「事象・パターン」レベルでの対処療法を選ぶのか、「働き方改革や報酬制度の抜本的改善」といった「構造」レベルでの打ち手をより長期的に講じていくのか、さらにはより根本にある「メンタルモデル」レベルで、「マネジャーのマインド改革を目的として研修を行っていく」のか。

採る手段によって必要となる工数(予算や期間)や効果は当然異なります。闇雲に思いつくソリューションに手を伸ばすのではなく、問題が何によって起きていて、今経営が置かれている状況においてどの打ち手を選ぶのが最も適切なのかを可視化して選択できるという意味でも、氷山モデルは有効です。

■それでも組織が変わらないと感じるときに

「とはいっても組織文化を変えていくのはなかなか大変で挫けそうになる。そんなとき、どう考えたらいいいか」

リーダーシップ研修等の場において、組織改革やカルチャー変革に日夜取り組む企業参加者から質問が寄せられます。

そんなとき、私がよく引用してお伝えする言葉が、インド独立の父マハトマ・ガンジーの次の言葉です。

あなたの行動がほとんど無意味であったとしても、それでもあなたはしなくてはならない。それは、世界を変えるためではなく、世界によって自分が変えられないようにするためである。

世界とは自分自身の認知によって形成されているとつくづく感じます。「どうせ変わらない」と諦めれば、やがてそのような世界観が自分のなかで強化され、自分が「外部環境によって規定される」存在となっていきます。

そうではなく、自分が何者で、どのような世界（システム）を理想とし、そこに向けてどのような働きかけができるのか。それを常に意識する。それだけで、自分自身を「変化を与える者」として保ち続けることができ、世界によって自分が変えられてしまうことを防ぐことができる。これは私の解釈ですが、組織開発に取り組む際の真髄も、この点にある気がしてなりません。

まとめ

システム思考

☑システムとは、「個々の要素が相互に影響し合いながら、全体として機能するまとまりや仕組み」のことを指す。

☑複雑系システムの5つの特徴は次のとおり。

- 多数の構成要素が相互に作用し合う
- 創発現象が起こる
- 事象の非線形性
- 自己組織化
- 予測ができない

☑「創発現象」とは、システム内の構成要素が相互作用することによって、単純には予測できない新たな特性やパターンがシステム全体に生じること。

☑創発現象は、「分析」、「備える」、「意図する」の3つの切り口で捉えることができる。

☑システムを分解する際には、「鳥の目」、「虫の目」、「魚の目」を意識する。

☑システムを理解する他の思考ツールとして、「時系列変化グラフ」、「因果ループ図」、「氷山モデル」等が役立つ。

?

本章を実践的に理解するための問い

この章で得た学びをあなた自身の実践につなげるために、次の問いに対する自分なりの考えをまとめてみてください。メモを取るなどして具体的に言語化した上で、次章に読み進めることをおすすめします。

- 所属する組織や職場において、何度も繰り返し起きているような問題は何ですか？
- それをシステム思考的に捉えると、その問題を「そうさせている」背景にどのようなシステムの構成要素が相互作用していますか？
- その問題を解決する際に気をつけなくてはならないシステム思考的な観点は何ですか？

具体的には、次の手順に従って考えてみてください。

❶問題を端的に表現してみてください。

❷その問題の背景に関わっていそうな構成要素を、できるだけ多く洗い出してください。その際、鳥の目・虫の目・魚の目を順番に意識して実践してください。「これが原因だ」と予断せず、「関係あるかもしれない」程度の要素も含めて洗い出してみてください。

❸それらの構成要素は、お互いにどのような形で相互作用していますか？　仮説でいいので、ループ図のような形ですべて書き出してください。

❹ループ図を描いたら、氷山モデルにも落とし込んでみてください。問題を「事象」「パターン」「構造」「メンタルモデル」に分けていくと、どのように表現できそうですか？

第 3 章

ヒトを理解する行動科学

習得する #Learning Outcomes

#psychological_explanation
モチベーションに影響する様々な要素が、自分や他者の行動にどのように影響するのかを分析する。

#managing_bias
バイアスがいかなる心理構造やヒューリスティクスによって発生するかを理解する。また、バイアスを低減する手法と適切なタイミングを理解する。

?

本章を読み進める前に、あなた自身の体験に当てはめながら、次の問いに答えてみてください。

問1

あなたの行動の源泉

■これまであなたが最も仕事に没頭し、夢中に取り組んでいたのはいつですか？　そのときのことを詳細に思い出してみてください。

■あなたがそのとき夢中になれた要因は、仕事自体の内容や目標とどのように関係していましたか？

■あなたがそのとき夢中になれた要因は、チームや業務環境とどのように関係していましたか？

■あなたがそのとき夢中になれた要因は、あなた自身の内的な価値観や情熱とどのように関係していましたか？

問2

自分の見方を客観視する

■あなたがこれまで仕事を一緒にした人物のなかで最も苦手だった人を思い浮かべてください。
■その人物を形容する言葉を思いつくだけ考えてみてください（例：軽率、不親切、不誠実等）
■その形容詞を具体的に表すようなその人物の言動を思い出してください。どれくらい鮮明に思い出せますか？
■今度は反対に、右で挙げた形容詞の真逆の言葉を思い浮かべてください（例：慎重、親切、誠実等）
■その形容詞を表しているようなその人の言動は思い出せますか？ 思い出せない場合、その人はそのような言動は一切とらない人だと言えるでしょうか？
■以上の問いに答えた上で、自分の思い込み、本当は違うけれど見ようとしていないこと、あるいは自分の物事に対する見方そのものについて、あらためて何を感じますか？自由に言葉にしてみてください。

第2章では、私たちの仕事や生活を取り巻く複雑性に対してシステム思考を用いてどのように読み解くことができるのかについて考えてきました。**システムの複雑な挙動を引き起こす最も大きな要因の一つが「ヒト」の存在です。**

冒頭の問いに答えてみて、あなたは自分自身についてどのようなことを感じたでしょうか？「夢中になれる仕事」について、人によってそれは給料や、いわゆる組織の「花形」とされる担当かもしれませんし、成長を感じられる難易度かもしれません。あるいはオフィス環境の良さを重視する人もいるでしょうし、振り返ってみると結局は一緒に働く仲間の存在に最も影響を受ける人もいるでしょう。これは人それぞれの「モチベーション」因子によって異なってくるものです。

「苦手な人」に関する問いについてはどうでしょうか。私たちは、時にネガティブな印象とともに「この人はこうだ」と決めてしまうと、それを裏付けるような相手の言動に過剰に反応するようになることがあります。

やがて、「ほらやった」「ほらまた」「やっぱりこの人は……」と、自分が相手に一度貼り付けたレッテルを立証するような行動ばかりに意識がとらわれ、自分のなかで固定された相手像を無意識に強化していくようになります。これは認知バイアスの影響によるものです。本来そのような性格だけを持つ人物ではないはずなのに、無意識のうちに「そうだ」と思わせてくれる現象にのみわざわざ注意を払ってしまうのです。

こうした認知の偏りや誤謬《ごびゅう》は、対人関係だけでなくあらゆる場面で起こりえることです。そしてそのたびに、「本当は見えていないことや自分の主張に反するエビデンスがあるかもしれない」という当然のことを意識できなくなり、狭い認知幅のなかで時に合理的ではない判断を下してしまうのです。

このように人間の認知や行動は、過去の経験を含め様々な内的要素の影響を受けます。そして、人の行動の積み重ねによって形成されるチームの挙動、さらには組織のパフォーマンスも、当然こうした人間の複雑さによって多分に影響を受け、時として予測困難な結果を生み出すのです。

このことを考えると、**「人間の行動がいかにして生み出されるのか」という根本的なメカニズムを理解しておくことはとても重要**です。前章で述べたとおり、複雑系システムを完璧に予測することは不可能です。しかし、そのなかで大きな影響を及ぼす「ヒト」ファクターについて深い理解があれば、特定の人やグループへの働きかけによって、システム全体への影響を能動的に意図することが可能になるのです。

ここからの2つの章のテーマは「人」の理解です。

まず第3章では、人の行動に作用する様々な要素について、まさに前章でも解説した「虫の目」を用いて詳しく見ていきます。その上で第4章は、複雑な環境において私たち個人や組織が行動を起こす際の拠り所となるパーパスやバリューの役割について考えていきたいと思います。

人の行動に作用する4つの要素

人の行動は常に合理的ではありません。

明らかに論理的な筋が通っているにもかかわらず、頑なに提案内容に耳を傾けてくれようとしない上司。「成功しない」と大多数がすでに感じているにもかかわらず、たたむことができずダラダラと続く開発案件。社内サーベイで不満の高まっている項目に直接対処しているにもかかわらず、なぜか上がらない従業員満足度。

私たちのまわりには、合理的・画一的には説明し難い様々な行動現象が見られます。これらは、私たちそれぞれの人間に「やりたいこと」や「避けたいこと」が存在しており、それらが状況によって異なる形で行動に影響を与えるからです。

こうした人間の行動は大きく**❶モチベーション、❷目標、❸信念、❹バイアスの4つの要素**から影響を受けています（図3－1）。

❶モチベーションは人間の行動を駆り立てる原動力のようなものです。「経済的に豊かになりたい」というモチベーションは、貯金や転職活動など、人を実際の行動に駆り立てます。

図3-1　人の行動を作るモチベーション、目標、信念、バイアスの関係性

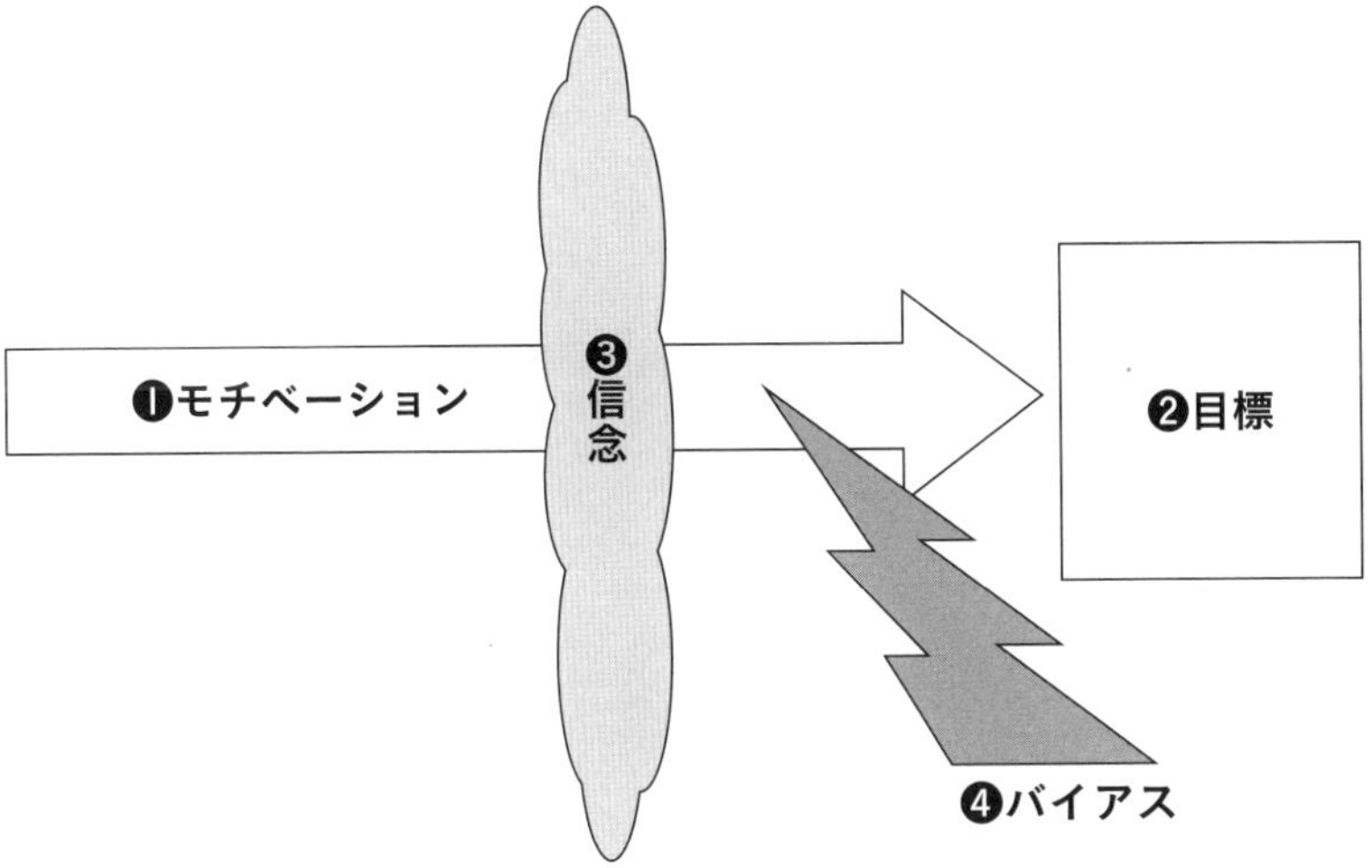

❷ 目標は、将来のある時点において実現したい状態・結果です。

「経済的に豊かになりたい」というモチベーションのもとでは、たとえば「3年後の4月までに500万円貯金残高を増やす」といった目標が立てられます。具体的かつ適切な難易度を持って立てられた目標は、その達成に向けて行動を駆り立てる、モチベーションを促す効果があります。人によってはこの目標を先に打ち立てることで、そこに至るまでのプロセスを自身の活力に変えるという人もいるでしょう。

しかし、この目標がそもそも不明確あるいは曖昧に設定されているために、行動を阻害する場合もあります。「英語が話せるようになりたい」と思っていたとしても、「どのようなレベルを目指すのか」という具体的な目標なくしては、なんとなく人にする

められた教材を集めたり、流行りの英会話スクールに通ってみたりするだけで、結局努力が続かず頓挫してしまう、というケースをよく耳にします。

「日常生活で支障のないレベルまで話せるようになりたい」「とにかく発音をネイティブ並みに鍛えたい」「営業の仕事で説得力あるプレゼンテーションをできるようになりたい」等、具体的なゴールを明確に言語化することがここでは重要となります。

❸ 信念は、行動に一定の方向性を与える、いわばフィルターのような役割を果たします。

たとえば、「経済的に豊かになりたい」というモチベーションと「3年後までに貯金残高を500万円増やす」という明確な目標があったとしても、人を騙すような行為を犯してまで金儲けをしようとしないのは、「不正はすべきでない」とか「誠実であることが大事」といった信念があるからです。

こうした信念は、多くの場合、幼少期からの様々な原体験を通じて形成されるものであり、人によって異なります。また、信念は本人が自覚しているものもあれば無自覚なものもあり、通常の人間関係のなかではわかりやすい形で表出するものではありません。したがって、相手の行動を理解したり予想したりするためには、「この人はどういう信念を持っている人なんだろう」と普段のやり取りから想像しておくのが良いでしょう。そのような眼差しを持って相手に関心を払い、日々のやり取りを意識すること自体が、相手との豊かな関係性を育む土台にもなります。

❹そして最後にバイアスがあります。**バイアスとは、認識の歪みや思考の偏りのことであり、人間の行動を非合理に歪める最大の要因**とも言えます。本来であれば目標、モチベーション、そして信念のもと、自分が理想とする結果に向かって真っ直ぐ行動を取れるはずです。

それにもかかわらず、無意識に陥る様々なバイアスによって行動が歪められ、周囲や本人も予期せぬ結果を招くことがあります。バイアスはそもそも自覚していないことがほとんどのため、厄介です。特に事業や組織について重要な意思決定を行うようなときは、自分（たち）が望まないバイアスに陥っていないかをしっかりと観察し、とろうとしている行動の根拠をあらためて検証することが重要です。

以上が行動の主な源泉となる4つの要素です。不可解な指示を繰り返す上司や、どうも馬の合わない同僚と向き合うときは、相手の挙動の背景にあるこれら4つの要素に沿って考えてみると、ある程度説明が立ちます。

その際、特に重要となるのは、モチベーションとバイアスです。モチベーションとバイアスには様々な考え方や学術的な理論が存在します。主要なものを理解した上で実際の考察を行う方が、自分や相手をよりよく理解できるはずです。次の項目ではこの2つについて特に深掘りしていきましょう。

行動を駆り立てるモチベーションの理論

人間の行動を駆り立てるモチベーションがどのように形成されるのかについては、歴史的にも様々な研究が行われてきました。中には「古典的なセオリー」とされるものもありますが、いずれの理論も今日の考え方の基礎を成すものであり、日々の様々な場面において私たち人間の行動要因を紐解くのに役立ちます。

これから主なモチベーション理論について、それぞれ解説していきます。単に知識として理解するのではなく、あなた自身の日々の振る舞いや、会社の同僚、家族とのやりとりを思い浮かべながら、これらの考え方がどのように当てはまるのかを吟味しつつ読み進めてください。

「この理論に基づくと、自分の行動の多くは〇〇から来ているな」「自分とは性格が真逆のあの人の行動は、つまりは〇〇というモチベーションが原因なんだな」といったように、その人の顔や具体的な言動を思い浮かべながら考察していきましょう。

■マズローの5段階欲求説（1943年）

マズローの欲求5段階説とは、人間の欲求を5つのピラミッド上の階層に分類し、人間は最下層

図3-2　マズローの5段階欲求説

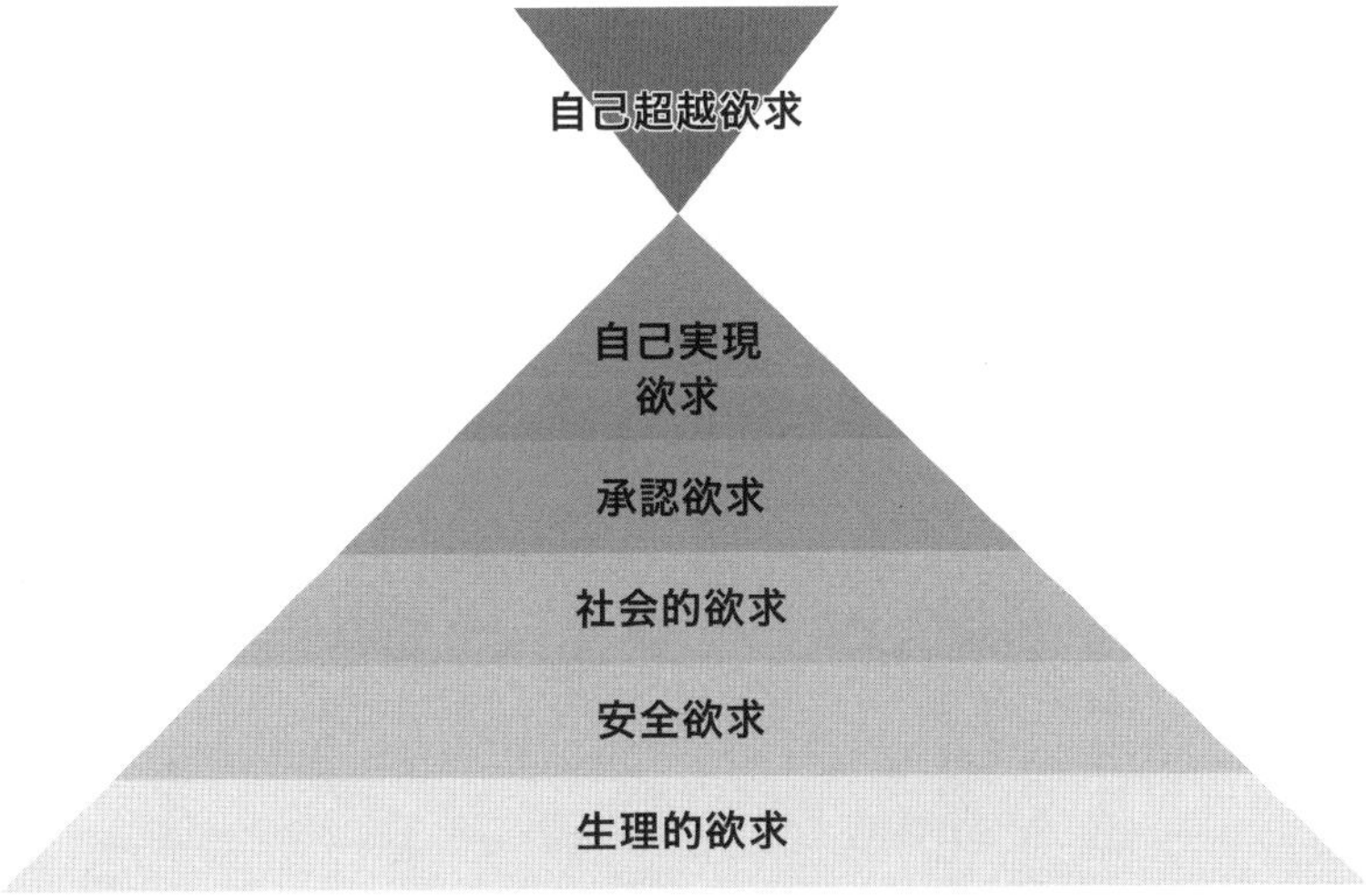

の欲求から順に満たそうとすると説明する理論です。

第1段階　生理的欲求

人間が生存する上で不可欠なものを得るための欲求を指します。空気、水、食料、睡眠、衣類など、まさに衣食住に直接関係するニーズがここに含まれます。

第2段階　安全欲求

心身ともに健康で、経済的にも安心して暮らせる状態を望む欲求を指します。マズローは、その人にとっての安全性の欲求が満たされることでようやく次の社会的欲求を望むフェーズに移行するとしています。

第3段階　社会的欲求

社会的欲求とは「愛と帰属に対する欲求」で

す。集団に属したい、仲間を得たい、家族や友人などから愛され、受け入れられたいというニーズを指します。自分と関わる他者の存在を前提としており、たとえば家族、友人、上司・同僚、地域社会、共通の趣味等を持つグループなどがこの対象となります。

第4段階　承認欲求

承認欲求は、他者からの「尊敬」や「承認」を求める段階です。組織や社会での昇進や出世を求める気持ちも、この承認欲求に含まれます。マズローはこの承認欲求をさらに低位と高位の承認欲求に分類して議論しています。前者は「他者から認められたい、褒められたい」という欲求であるのに対し、後者は「自分自身を認めたい、自信を持ちたい」という欲求を指します。低位のみで満足を感じる人もいれば、高位にこだわるいわゆる「自分に厳しいタイプ」の人もいるでしょう。

第5段階　自己実現欲求

第1～4のすべての欲求が満たされた上で到達するのが自己実現欲求です。これは、自分自身の人生観や価値観に基づいて自分らしくありたいと願う欲求です。「この分野を極めたい」「どこでも働ける英語能力を身につけたい」などは、この自己実現欲求に当てはまるでしょう。

第6段階　自己超越欲求

マズローは「欲求の5段階説」で広く知られていますが、実は晩年に6段階目となる「自己超越の欲求」についても提唱しています。自己超越の欲求は、自己のエゴを超え周囲の世界や社会そのものを良くしたいと理想を求める欲求です。「世界から貧困を無くしたい」「日本の教育を変革したい」等はこの典型例で、震災被害者に対して寄付を送る行為も、こうした欲求からくると解釈できるでしょう。

マズローの理論は現代でも十分に通じる部分が多く、私たちの行動のほとんどをこの5、または6分類で整理することが可能です。しかし多くの批判が指摘するように、マズローの欲求段階は必ずしも「下から上に順番に」満たされていくものではありません。生活さえままならない貧困層にある子どもが「将来、学校の先生になりたい」という自己実現欲求を抱くことは当然あるでしょう。あるいは「日本を変えたい」という自己超越の想いで当選した政治家が、いつの間にか経済的・社会的地位に固執したりその達成手段として汚職に手を染めたりすることもあるでしょう。

■ハーズバーグの二要因理論（1959年）

アメリカの臨床心理学者フレデリック・ハーズバーグは、より職場文脈に寄せたモチベーション理論を展開しました。ハーズバーグ曰く、職場におけるモチベーションというのは「何かを満たせば上がり、それが不足すると下がる」というものではなく、**そもそも「満足度を高める要因」と「満足度を下げる要因」が別々に存在している**、という前提にあります。

図3-3 マズローの5段階欲求説とハーズバーグの二要因理論の関係性

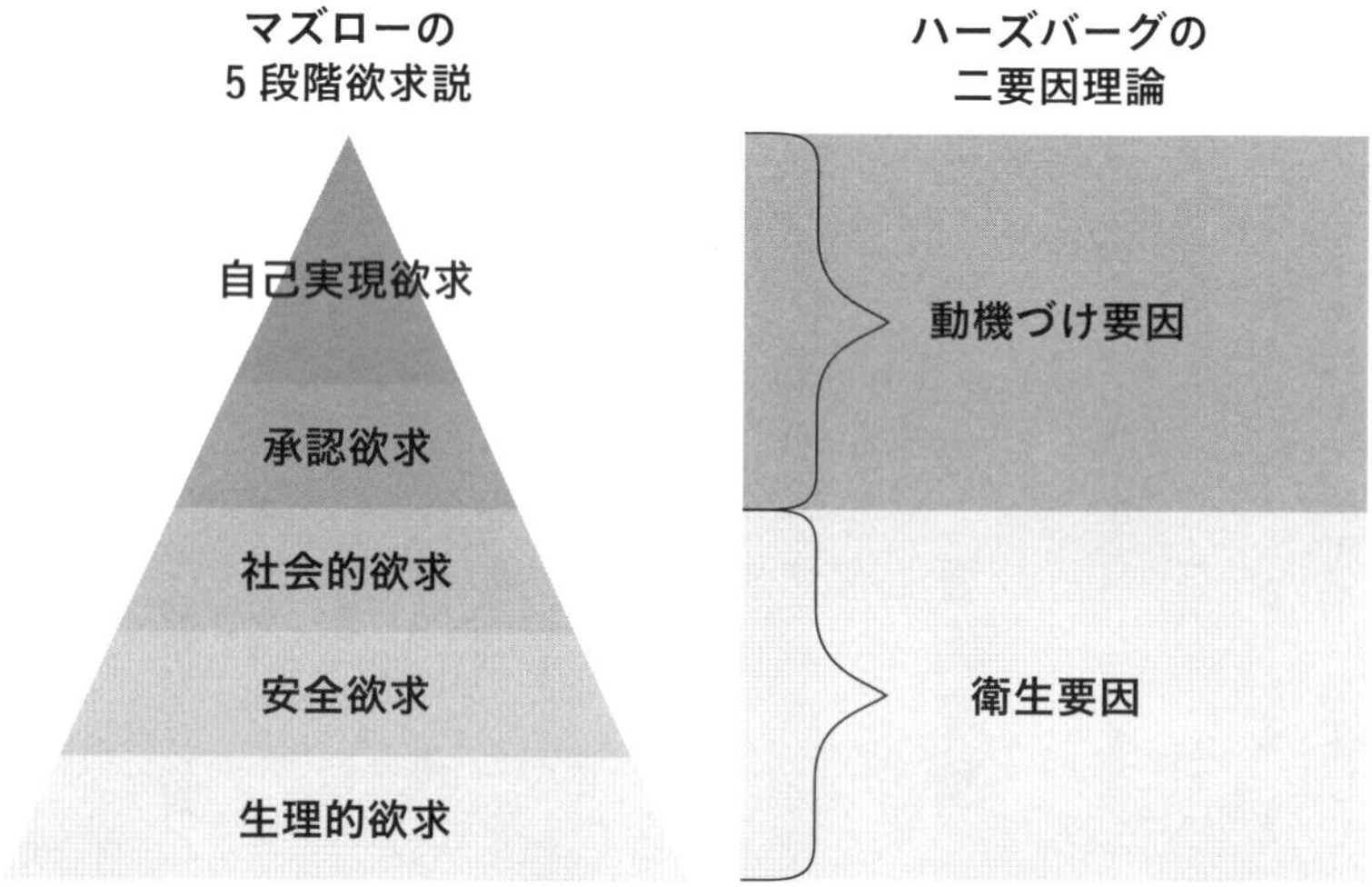

彼が200名の技術者と会計士に対して実施した調査によれば、仕事に満足を感じているとき人の関心は、仕事そのものに向いており、仕事に不満を感じるときは自分たちの作業関係に向く傾向があるといいます。ハーズバーグはこれらを動機づけ要因、衛生要因と名づけ、次のように説明しました。

・動機づけ要因

仕事の満足度を高めるのは「達成」「承認」「仕事そのもの」「責任」「昇進」などの要因であり、これらが満たされると満足度は高まるがこれらが欠けているからといって不満足を引き起こすものではない。マズローの欲求段階説でいうと「承認欲求」や「自己実現欲求」に該当する。

・衛生要因

仕事の不満を高めるのは「管理体制」「給与」

「対人関係」「労働条件」「職場環境」など仕事の周辺に関わる項目。これらが不足すると職務不満足を引き起こすが、満たしたからといって直ちに満足感を高めるわけではなく、「不満の予防」として扱われるべき要素。マズローの欲求段階説で言えば、これらは「生理的欲求」や「安全欲求」「社会的欲求」に近い。

ハーズバーグの理論は当然、「個々人の価値観まではこの理論で考慮しきれない」「売上など物事が好調のときは、自然とその仕事の良い側面に関心がいくのでは」といった批判の余地を残しますが、この二要因のレンズは、私たちが日々目にしている会社の人事施策や組織開発施策を観察する際にも役立ちます。

たとえば、ジョブ型制度や社内公募制度といった施策は動機づけ要因に基づくものであるのに対し、フレックス制度を整えたり男性の育休を義務化したりするのは、衛生要因に貢献するものと言えるでしょう。こうした整理は**「働きがいのある会社」と「働きやすい会社」の違い**とも言えます。

もしあなたが組織やチーム運営を任される立場にあるのであれば、職務環境をいくら整えて「働きやすい」職場を作ったとしても、本当に魅力ある仕事で人材を惹きつけ続ける「働きがいのある会社」になるとは限らない、という可能性を念頭に置いておくことが重要です。

■マクレガーのX理論・Y理論（1960年）

アメリカの心理学者ダグラス・マクレガーのX理論とY理論は、マネジメントのあるべき姿について2つの異なる視点から論じています。

X理論では、従業員は本質的に怠惰であり、マネジメントは管理や報酬・罰則を通じて従業員を働かさなくてはならないとします。これに対して**Y理論では、従業員は本来的に自己実現や成長のために働く存在であり、機会や目標、責任を明確に設定することで自発的な貢献を促すべきである**とします。

一見するとX理論は機械的な人間観に基づく旧時代的な管理方法であり、Y理論は現代の労働環境や組織文化により適した考え方であるかのような印象を受けます。しかし、両理論とも現代の人材管理施策の前提として様々な場面で見ることができます。

たとえば、労務管理のあり方は企業によって特色が異なります。コロナ禍以降、多くの企業がリモートワークを導入しました。中には従業員の勤怠管理を確実に実行するために、厳しい監視システムを導入した企業もあります。これは、「従業員は監視しなければ怠ける」というX理論的な考え方に基づく施策であるとも言えるでしょう。

一方で、Googleの「20％ルール」のように従業員の勤務時間の一部を自己裁量で扱えるようにしたり、そもそもの働く場所や時間自体を完全に従業員に委ねたりする企業も増えてきています。これらは、従業員は自律性と責任感のもと、それぞれのやり方で業務を遂行するであろうというY理論的な考え方に基づく手法と言えます。

あなたの職場はどうでしょうか。意思決定プロセス、資源配分、労務管理、人材育成など、具体的な制度や実践を思い浮かべながら、X・Y理論のどちらが比較的色濃く反映されている職場か、一度考えてみてください。また、それらの制度や実践は企業全体に対して一律に実施されているものでしょうか。あるいは部署によって運用に差異はあるでしょうか。それらの制度は、組織や従業員の本来の考え方やカルチャーとどれぐらいマッチしているでしょうか。

■デシとライアンの自己決定理論（1985年）

自己決定理論は、アメリカの心理学者であるエドワード・デシとリチャード・ライアンによって提唱された概念です。この理論は、人間のモチベーションを外発的動機と内発的動機に大きく分け、モチベーションの源泉が外発から内発にどのように移行するかを段階的に説明しています。

外発的動機づけとは、報酬や評価、罰則や強制などの、外部からの働きかけによって得られるものを行動の原動力とすることです。多くの場合、売上額など明確な目標を与え、その成否によって様々な形で報酬や罰則を与えることで実行されます。

これに対し**内発的動機づけとは、その行為や対象自体に興味、やりがい、好奇心や喜びなど、自分自身を内側から動かす要因を見出す動機づけの手法**です。

一般的に、報酬を嫌がったり罰則を欲したりする従業員はいないので、外発的動機は短期的な効果を生み出しやすいとされています。しかし高コストで、長続きしにくく、従業員の幸福度や創造性を減じるリスクもあります。内発的動機のメリットは、その行動自体に動機づけがされているので、持続的かつ高い集中力が発揮され、質の高い行動を自ら取りやすくなります。反対にデメリットは、内発的動機の源泉は人によって異なるので、意図してデザインすることが難しい、効果がすぐに出にくいといった点が挙げられます。

最近では「内発的動機こそ大事」だという主張をよく聞きます。これはおそらく、変化の激しい環境のなかで従業員一人ひとりが自律的に働き、創造性高くイノベーションを生み出し続けなければいけないという時代の要請にも関係しているのでしょう。しかし、**組織として日々、大小含む様々な目標を達成しなくてはならないことを考えると、外発的動機づけが有効に働く場面も当然あります。**結局はリーダーとして、この2つをうまく使い分けることが重要であると言えます。

デシとライアンは、この外発的動機づけから、内発的動機づけの段階を次のように説明しています（図3－4）。

第1段階：無動機づけ

動機づけのない状態。自分の意思がなく、内部からも外部からも行動を促す要因がない。

第2段階：外発的動機づけ（外的調整）

図3-4　デシとライアンの自己決定理論

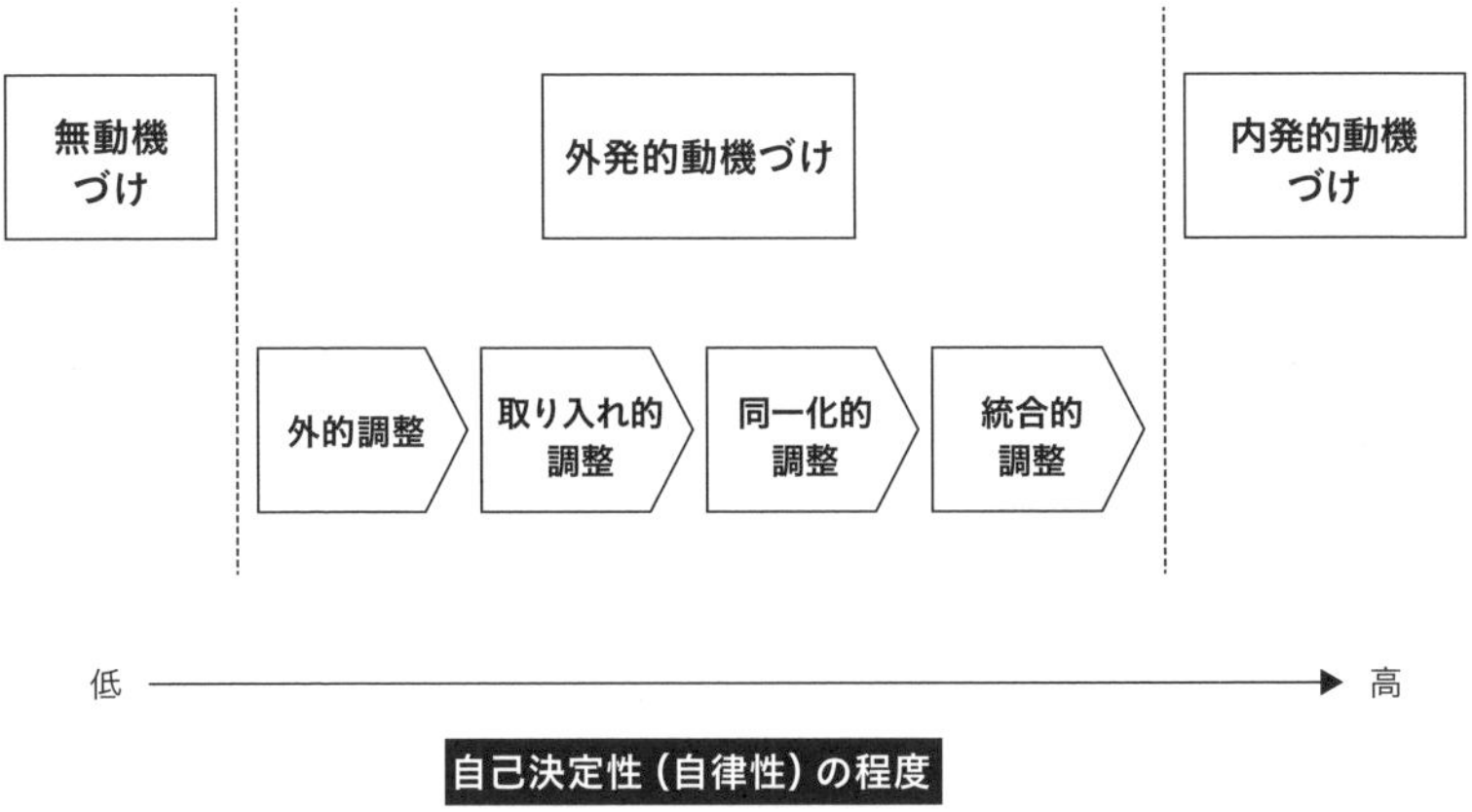

外部からの罰を避けるため、あるいは何らかの報酬を得るために指示に従っている状態。

第3段階：外発的動機づけ（取り入れ的調整）

人から尊重されたい、恥をかきたくないといった自己発信の動機が少し存在するものの、その起点は引き続き外発的である状態（外的な基準を自己の中に取り入れているに過ぎない状態）。

第4段階：外発的動機づけ（同一化的調整）

外的要因の影響を受けつつも、自分が起こす行動に自ら必要性や重要性を見出している状態（試験に合格するためにがんばって勉強する等）。

第5段階：外発的動機づけ（統合的調整）

周囲の期待や要求に応えるためだけでなく、行動と自分の価値観・考えが一致している状態（将来の夢を叶えるために受験勉強する等）。

第6段階：内発的動機づけ

自分の意思で自発的に行動している。行動に楽しみややりがいを感じており、やる気に満ちている状態。

デシとライアンはさらに、外発的動機づけで始めた行動であっても、時間をかけて内発的動機づけに移行することは可能であるとして、その際、次の3つの要素を高める必要があると解説しています。

- **自律性**（Autonomy）：**自分の行動を自分で選択・コントロールできていると感じられる度合い。**業務の遂行方法を自分で決めたり、意思決定のプロセスに直接・間接的に関わったりすることで育むことができる。
- **有能感**（Competence）：**自分には能力があり、困難を乗り越える能力があると感じられる度合い。**明確な目標設定や小さな成功体験の積み重ねによって育むことができる。
- **関係性**（Relatedness）：**周囲の人間に関心を持ち、周囲から自分に関心を持たれていると感じられる度合い。**チームビルディング活動や、日々の対話の時間を増やすことで育むことができる。

自己決定理論に基づいてあなた自身や同僚の行動を振り返ってみてください。どのようなことに気づくでしょうか。

日々の業務への取り組みは、外発的動機、内発的動機のどちらにより強く紐づけられているでしょうか。自立性・有能性・関係性の3軸を活用しながら、自身や同僚の内発的動機を高めるために、具体的に何ができそうでしょうか。大切なポイントは、外発的動機が悪、内発的動機が善ということではなく、今自分（たち）がどのような動機づけによって日々行動しており、それが自分（たち）のパフォーマンスや職務幸福度に対してどのような影響を及ぼしているかをできるだけ把握しておくということです。

■バンデューラの自己効力感理論（1977年）

ここまでの理論からもわかるとおり、「自分には目標を達成できる能力がある」という実感である自己効力感は、モチベーションを高め、行動を促す要因として重要な役割を果たしています。反対に自己効力感（Self-efficacy）が低ければ、諦めやすい、チャレンジしない、言い訳が多くなる、「行動しても無駄」という学習性無力感に陥り無気力になる、といったデメリットが生じます。

この自己効力感という概念は、心理学者であるアルバート・バンデューラが提唱したものです。バンデューラによれば、自己効力感を高めるためのアプローチは大きく次の4つあります。あなた自身やあなたの同僚の自己効力感を今よりさらに高め、自律的な組織を作るには、どのアプローチが今最も必要でしょうか？　あるいは、あなたがこれまで自信ややる気を高めてきた経験とこれらのアプローチはどのように紐づくでしょうか？　考えながら読んでみてください。

・達成体験

自ら目標を達成する経験を積み重ねることで、自己効力感を高めます。目標を細かく分解して小さな達成体験を実感できるよう意図的にデザインすることが重要です。日々の目標管理や上司・部下の1on1でどのような工夫が可能でしょうか。

・代理的体験

自分が伸ばしたい能力や達成したい目標において、すでにうまくいっている人を見つけて観察することで、「自分も頑張ろう」「自分にもできそう」と代理実感を構築する手法です。メンター制度などはこれを意図して設計するといいでしょう。

・言語的説得

他者からの声掛けや評価によって自己効力感を高める方法です。達成できていることを含めポジティブな側面に焦点を当て、「あなたならできる」「私ならできる」という認識を高めることが重要です。上司・部下の関係ではもちろん、同僚同士横の関係でこのような会話を増やすためにはどんなことができそうでしょうか。

・生理的・情動的喚起

寝不足やストレスを感じているときには新たなチャレンジにも気力が向かわないように、心理的・身体的な体調を整えて自己管理しておくことで、苦しい場面でも行動を起こす準備を整えておく手法です。食事、睡眠、運動をパフォーマンスの一部として捉えるマインドが重要です。

■フォッグモデル（2007年）

最後に、最近の理論についても紹介しましょう。スタンフォード大学行動デザイン研究所所長のBJ・フォッグ教授が提唱した「B=MAP」モデル、通称フォッグモデルです。

消費者行動研究の分野でも非常に有名な理論であり、インスタグラムの共同創設者であるマイク・クリーガーもフォッグ教授の講義を受け、このモデルをサービスデザインに役立てたと言われています。フォッグモデルは、人間の行動を引き起こす要素を次の公式で表します。

B（Behavior）＝M（Motivation）×A（Ability）×P（Prompt）
行動＝モチベーション×能力×きっかけ

フォッグモデルによれば、人が何らかの行動を起こすためには、そもそも「それをしたい」と十分に感じていること（Motivation）、そしてその行動を実際に実行するための能力または「やりやすさ」（Ability）が重要となります。さらにここに必要なのが「きっかけ」（Prompt）です。行動を起こすための内的・外的な後押しが必要となるのです。

それぞれの要素について考える上でいくつかポイントがあります。

■ **B（Behavior）＝行動**

まず行動は、**具体的な行動でなければなりません**。たとえば「痩せたい」というのは結果であって行動ではありません。「5kg痩せたい」というのも具体的ではありますが、行動を示す言葉ではありません。「1日1回30分の運動をする」「週に1度5km走る」等が具体的な行動と言えます。

■ **M（Motivation）＝動機**

動機づけは様々なアプローチが考えられます。「痩せて好きな洋服を着ておしゃれしたい」「健康になりたい」、あるいは運動ができたら自分へのご褒美を設けるなど、人によって自分の動機を高める方法は異なるでしょう。逆に言えば、そもそも自分が「まったくしたくない」と感じていることに対して行動を起こすのは至難であるということです。

多くの人は、行動を変えようとするとき、このモチベーションの管理に意識を注ぎます。一方でフォッグ教授は、モチベーションと同じぐらい重要なのが能力（Ability）ときっかけ（Prompt）であると言います。

■ **A（Ability）＝能力**

仮にモチベーションがあっても、その実行が難しければ行動には至りません。また、モチベーションがずっと続くことは考えにくいので、**どのようなときでもその行動が「やりやすい」ことが重要**です。「Ability」とは、行動を起こす能力だけではなく、このやりやすさも含意しています。

たとえば次の観点です。

- 時間をかけずにできるか？　すぐ実行できるか？
- お金はかからないか？　気軽に支払える金額か？
- かかる手間は許容範囲か？　遠くまで移動したりする必要はないか？
- 認知的な負担はかかりすぎないか？　あまり考えずにできることか？
- 世の中の常識や個人の信条に反することではないか？

実際に運動する「能力」があったとしても、ジムまで足を伸ばすのと自宅で筋トレをするのではかかる時間や手間、お金も大きく違ってきます。ジムに行くための準備や服装を考えるのも認知的な負担をかけるでしょう。行動を促すためには、自分にとって許容可能な範囲での「やりやすさ」を設定することが特に重要となります。

このとき、一度設定した行動に十分な「やりやすさ」が感じられない場合は、その行動を変えて難易度を下げたり、あるいは実行可能なレベルになるまで細かく分解したりするといいでしょう。「1日1時間英語を勉強する」というのが難しければ、勉強時間を短くして難易度を下げたり、あるいは「参考書を開く」など細かい複数の目標に分解し、達成実感を得られやすい仕掛けを作っておいたりすることもできます。実際、フォッグ教授はこうした「最小習慣」(Tiny Habit) の考え方を推奨しており、小さくとも実行しやすい行動を掲げるのが習慣化のために有効だとしています。

行動の難易度に「高・中・低」の3段階を設けておくのもいいでしょう。特に習慣化を目指すときは、いつもモチベーション高く100%の自分を維持することは不可能だとして、「調子がいいときはここまで」「調子が悪いときはせめてこれだけ」という行動を、あらかじめ自分自身で決めておく。そうすることで、どのような形であっても継続はするという環境を整えておくことができます。

■P (Prompt) ＝きっかけ

あらゆる行動にはきっかけがあります。たとえば食事をとるのは「空腹を感じる」という身体的なきっかけや、時計を見たら12時過ぎだったという外部刺激をきっかけとする場合もあります。何気なくスマートフォンを触ってしまうのは「スマホが近くにある」「スマホの電源が入っている」というきっかけによって引き起こされていることもあります。控えたい行動にはきっかけが生じないように工夫をし(たとえば、スマホの電源を切る)、促したい行動にはそれに直結するようなきっかけを意図的にデザインすることが重要です。

たとえば、B=MAPの方程式に当てはめて「普段はやらないけど、最近やってみた行動」について考えてみましょう。その行動は、どのように分解できるでしょうか。あるいは、「本当はやめたいけど、ついついとってしまう行動」について考えたとき、MAPはどのように作用しているでしょうか。

面白いのは、この方程式が示すように、**行動とはモチベーションによってのみ引き起こされるわけではない**ということです。健康になりたいというモチベーションのもと、「お酒を止めたい」と思っていても、コンビニ等で簡単に手に入るというAbilityの高さ（＝行動の「やりやすさ」）や、職場からの帰宅時にコンビニに寄るというPromptの存在が、必ずしも望まない行動へと人を誘う作用があるのです。モチベーションは、時に「意志の強さ・弱さ」という言葉に変換されて用いられます。しかし、本人の意志以外の部分で影響している要素を考慮に入れれば、自分や他者の行動を望ましい方向に変えていくヒントになるかもしれません。

■ 行動を習慣に変える

B=MAPの法則には、行動をさらに一段階進めて習慣に変えるためのキーワードがあります。それは「Shine」、日本語に言い換えるならば「祝福する」ことです。

普段私がリーダーシッププログラム等を企業向けに提供するなかで、「いやあ、私なんて、まだまだ……」といった声が受講者の方から時折聞こえます。本人は謙遜のつもりかもしれませんが、これは私たち人間が物事のポジティブな側面よりも、ネガティブな側面に注意を向けがちであるというネガティビティ・バイアスによるものでもあります。そして、特定の行動に対するネガティブな気持ちは、その行動の習慣化につながりにくいのは容易に想像できるかと思います。

ここで大事なのは「前進を祝福する」という意識です。フォッグ教授も行動の習慣化においてはこの祝福＝Shineの重要性を非常に強調しています。「よし！」「やった！」「すごいぞ！」と自分を褒める、そのご褒美になるようなものを準備しておく、あるいは仲間同士でお互いの前進を称え合う機会を意図的に設けるなど、やり方や工夫は様々あるでしょう。

プロダクトやサービスをデザインする際もこの考え方は応用可能です。たとえば英会話学習アプリなどは、少しの作業を終えただけで祝福を演出するページに切り替わったり、ボーナスポイントが発行されたりします。これも「報酬」による行動の促進を意図していると考えられます。

重要なのは**「成功体験」よりも「成功体感」**です。このように自分自身の体感やマインドを意図的に望ましい方向に差し向けることもセルフ・リーダーシップの重要な要素だと言えるでしょう。

■ 意図と謙虚さが大事

当然、理論を理論として理解すること自体は重要ではありません。

しかし、**私たちはあまりに多くのケースにおいて、感覚的に、あるいは自分の過去の経験に基づいて「こうすれば相手や従業員は動くはずだ」と行動に働きかけようとします。**

自分に対しても他者に対しても、なぜこのやり方で行動を促そうとしているのかという明確な意図、つまり理論に裏づけられた目的が重要です。意図があるからこそ明確な働きかけが可能となり、その結果についても振り返りがしやすくなります。

同時に、万人やどの組織にも通用するモチベーション理論というものはありません。先述のGoogleで有名となった「20％ルール」も、当然これがうまく機能する組織・しない組織があるでしょう。同じ組織によっても事業環境や様々な状況によって効果の度合いは変わってきます。自分以外の誰かの行動を変えようとするとき、私たちはそのこと自体のいわば「おこがましさ」を認識し、相手の置かれている立場や内面の動きを丁寧に、謙虚に観察・理解することが大切なのです。

認知の歪み、バイアスを理解する

人が常に純粋なモチベーションや合理的な目標によってのみ行動するのであれば、人の理解というものはさほど複雑なものとはならないでしょう。日々向き合う業務や課題もある程度、合理的に予測可能なものとなるはずです。しかし、そうはならない。つまり、システムが複雑化する大きな要因の一つに、バイアスの存在があるのです。

バイアスとは、一言で言えば認知の歪みです。私たちが世界をどう認知するかは、統一的ではありません。その状況において何に関心を向け、何に気づき、何を記憶するかに左右されます。認知バイアスはまさにこうしたプロセスのなかで意識的・無意識的に発動し、他者や物事に対して行う評価・判断、意思決定に様々な形で影響を及ぼします。

このような認知のずれが重なることによって、職場やプライベートにおける人間関係の不和、あるいは明らかに合理的でない意思決定や行動が促され、組織全体に悪影響を及ぼすのです。

一方で、バイアスとは人間にとって不可避の認知現象でもあります。ノーベル経済学賞を受賞したダニエル・カーネマンは、人間の脳による認知機能を「直感的で早い思考」を行うシステム1と、「論理的で遅い思考」を行うシステム2に分類しました。

システム2は正確、慎重、精緻な思考を可能にします。一方で、すべての情報処理をこのシステム2で行ってしまうのはあまりに脳への負荷が大きいので、基本的には使おうと意識しないと発動しません。そこで役に立つのがシステム1です。覚え慣れた九九を暗唱したり、通い慣れた道をほぼ何も考えずに運転できたりするのは、このシステム1が認知負荷を下げるよう自動処理を行うからです。

システム1は簡単で、労力を要さず、ほぼ自動的に発動するため、本来であればシステム2で処理すべきような複雑な判断や意思決定も、慎重さを欠いているときは、システム1が「それらしく」下す判断に強い影響を受けます。これがバイアスの働きです。

人間の脳の構造上、バイアスが起きるのは避けられません。ではどうしたらいいのでしょうか。**最善・最初の打ち手は、バイアスの存在と影響を普段から理解しておく**ことです。

ここでは、最も代表的かつ日常的に発生頻度の高い種類のバイアスを見ていきましょう。その原理となっているバイアスの本質的な作用を捉えた上で、過去の自分の意思決定や、職場の上司・同僚の具体的な行動を想像しながら読み進めてください。

■確証バイアス(Confirmation Bias)

例題

あなたは、最近発売となった新型スマートフォンについてのレビューを読んでいます。このスマートフォンは、その長いバッテリー寿命で高い評価を受けているという内容です。あなたはこのメーカーの数世代前の旧型を利用しており、かねてからバッテリーの持ちがよいスマートフォンを探していたため、この商品に強い興味を持ちます。

数日後、あなたは友人がこの新型スマートフォンを購入したと聞きます。しかし、友人はバッテリーの持ちについて不満を持っており、期待よりもずっと早くバッテリーが切れると言っています。また別の友人は、確かにバッテリーの持ちはよいかも知れないが、値段がそれに見合っていないと否定的な見方を示しています。

その翌週、あなたは別のレビュー記事を読みます。この記事では、新型スマートフォンのバッテリー寿命が競合他社のモデルと比べても優れていると再び評価されています。

あなたが実際にこの状況に置かれた場合、次に何を考え、どのような行動を起こしそうでしょうか。直感的に想像してみてください。

確証バイアスとは、**自分が「良い」または「正しい」と信じる事柄を支持してくれるような情報**

に過大な注意を払い、反対または矛盾する証拠を無視または軽視する傾向のことを指します。

この事例において、あなたが「友人の主張は少数ユーザーの一意見にすぎず、これだけ世の中でこのバッテリーの優位性について紹介されているのだから、やはり優れた商品に違いない」と、新型スマートフォンを購入するのであれば、確証バイアスの影響を受けているかもしれません。

つまり、「このスマートフォンのバッテリー持ちはよいはずだ」と思い込んでいたり、あるいは「新しいスマートフォンがそろそろ欲しい、今度の新型は買うべきだ」と決めつけていたりすると、**その思いを肯定してくれる記事やレビューばかり過大に評価してしまう**のです。

確証バイアスの存在を意識できていれば、一度立ち止まって、他にも取り得る選択肢に注意を向けることができます。たとえば、バッテリーの持ちの悪さを批評するレビュー記事をあえて検索して読んでみたり、他社製品の技術スペックと客観的に比較してみたりできるでしょう。あるいは、「自分は本当にバッテリーの持ちのよさを求めているのか」を再検討してみたり、実際にどれくらいの持続性が必要なのかを普段の使用頻度からシミュレーションしてみたりすることも可能でしょう。

確証バイアスは、人間関係においても頻発するため注意が必要です。

本章の冒頭の問いにもう一度目を向けてみてください。たとえば、職場の上司とどうも相性が悪く、「〇〇課長は利己的で、いつも自分の保身ばかりを考えている」という印象を強固に持っていたとします。

このとき、**上司のすべての行動が常に「利己的」かつ「保身的」であるとは限りません。**人は往々にして「ほらまた」「やっぱり」「この人は変わらないな、結局」と、自分がその対象に貼ったレッテルを肯定するような行動ばかりに「わざわざ」目を向け、自分の中にある「その人像」を無意識に強化する傾向があります。

これは自己に対してもそうです。「私はいつも前向きに考える人間です」という自己レッテルをあまりに強固に貼り過ぎていると、そうでない自分を許せなくなります。状況に関係なく、とにかく「前向き」と思われる行動を自分に強いて、後ろ向きな自分の感情や思考に無意識に蓋をするため、自己認識と実際の行動に不一致が生じて精神的に磨耗したりする場合があります。私はこれを**「自分らしさの罠」**と呼んでいますが、ここにも確証性バイアスが影響していると言えるでしょう。

■損失回避バイアス（Loss Aversion Bias）

例題

ここに1枚のコインがあります。このコインを投げて、表が出たら1500円をもらえます。ただし裏が出たら1000円支払わなければなりません。もちろん、あなたにはこのゲームに参加するかどうかを選択する権利があります。

直感で考えてみてください。あなたならこのゲームに参加するでしょうか？

一度、冷静に期待値の計算をしてみましょう。コインの裏表が出る確率は50％ずつなので、次のような比較検討となります。

参加しない場合の期待値：0円
参加する場合の期待値：1500×50％－1000×50％＝250円

このようにして見ると、合理的に考えて参加した方が得であるということがわかると思います。にもかかわらず、多くの人はこの問いに対して「参加しない」と直感的に答えます。ここには人間の損失回避バイアスが関わっています。

損失回避バイアスは、「得る喜び」と「失う悲しみ」を比べたとき、後者の方が強く感じるという人間の特性のことを指します。したがって、人間は多くの意思決定において「損しない方」を選びがちであるというのがこのバイアスの特徴です。

このことはビジネスの様々な場面で意図的に利用されています。たとえば保険商材などはその典型例です。病気や怪我のときに発生する様々な損失を想起させることで、それを避けるための選択（つまり、保険を購入すること）を促します。他にも「期間限定価格」というプロモーションや、「今買わないと損しますよ」といった営業も、この損失回避バイアスを活用した商法だと言えるでしょう。

教育投資や事業投資など、不確実性の高い将来の利得を意図して現在の損失を選択しなければならないときは、特にこのバイアスに陥りやすいと言えます。

他のバイアスもそうですが、**損失回避バイアスに陥るとき、私たちは他の「もっともらしい」理屈をつけて損失を回避しようとしがち**です。このとき、「本当にそれが理由なのか？」「単に目先の損をしたくないだけではないか？」と自分に問えるかが重要になります。また、**今の自分にとって許容可能な範囲の損失は何か**ということを、客観的に言語化してみるのも有効な手立てになるでしょう。

■生存者バイアス（Survivorship Bias）

例題

あなたは、A国の空軍所属の技師です。あなたのミッションは、航空機の装甲部分（機体の表面）を強化して耐久性を向上するというものです。図3-5はこれまで戦地から帰還した航空機のダメージ状況をデータ化したものであり、斑点は敵国軍からの攻撃を受けた箇所を示しています。

作業時間が限られているなかで、あなたはまずどの箇所から強化作業を始めますか？

多くの人はこの問いに対し、両翼やコックピット部分に当たる「斑点が集中している箇所」から

図3-5 帰還した飛行機の損傷部分

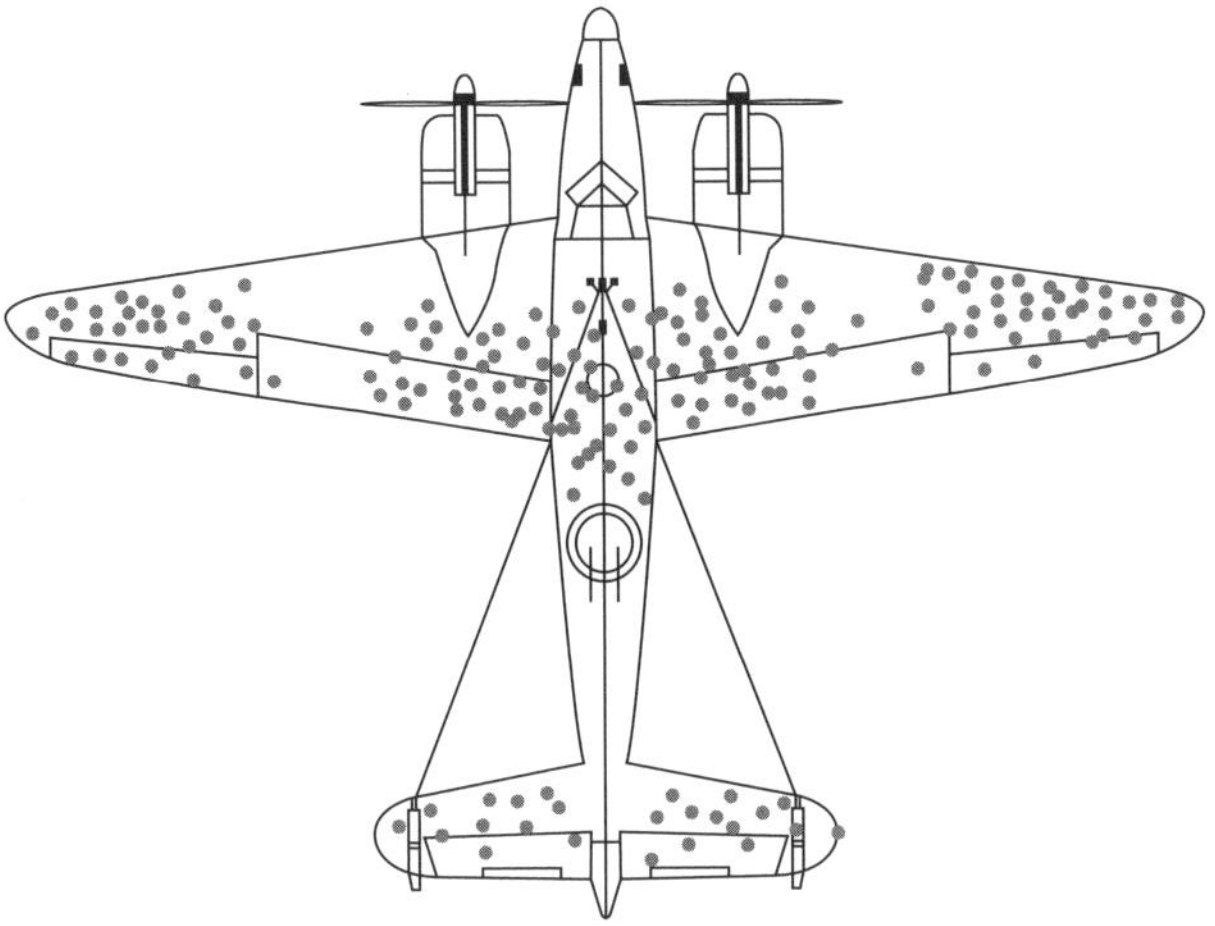

https://commons.wikimedia.org/wiki/File:Survivorship-bias.svg をもとに作成

作業すると回答します。しかし立ち止まって冷静に考えてみると、図は最終的に生存して帰還した航空機をデータ化したものなので、斑点の箇所は、「敵軍から撃たれても飛行に支障はない箇所」だということができます。反対に、帰還できず墜落してしまった航空機は、斑点以外の箇所に攻撃を受けたのではないかという推察が成り立ちます。したがって優先的に強化すべきは後者の斑点がない部分だということになります。

　順を追って一つずつ考察していくと、このように正しい推論を行うことは可能ですが、多くの人が直感的に誤った回答をしてしまう背景には、生存者バイアスが関わっています。

　生存者バイアスとは、分析や判断を行う際に生き残った事例やデータのみを考慮し、失敗した事例や消え去ったデータを無視することによって生じる誤解や誤った結論を指します。

スタートアップ業界でよく引き合いに出される成功事例（たとえば、シリコンバレーの大成功を収めたテクノロジー企業など）は、生存者バイアスを引き起こしやすい典型的な例です。これらの企業は、数え切れないほどのスタートアップの中のごく一部に過ぎません。そのほとんどは失敗し、今は誰にも知られない企業ばかりです。それにもかかわらず、経済的にも成功した企業や起業家の話ばかりが取り沙汰されるため、「成功したいならスタートアップに行くべき」などといった印象が拡散することになります。

事業開発分野でも同様のことが言えます。新製品やサービスが市場で成功する例だけを分析して、何が成功の要因だったのかを学ぶことも多いでしょう。しかし、市場で失敗し、忘れ去られた製品の教訓を無視すると、同じ失敗を繰り返す可能性があります。成功事例だけでなく、失敗事例からも学ぶことが重要です。

生存者バイアスは人材育成の分野でも影響します。たとえば、次世代リーダーを育成しようとすると、既存の経営幹部やエリート社員に人事がヒアリングを行い、彼等に共通して見られる特性やスキルを抜き出してそれを再現しようと教育プログラムを企画することが考えられるでしょう。しかし、「リーダーのポジションまで昇進できなかった人は、なぜできなかったのか？」を同時に分析しなくては、スキル研修のみ行っても意図した効果が得られない可能性があります。

何かをベンチマークするとき、他者の成功や他の企業戦略を模倣しようとするとき、見落としている「失敗事例」はなかったか、一度立ち止まって考えてみることが重要です。

■利用可能性ヒューリスティック（Availability Heuristic）

例題

次のうち、国内で最も数が多い順に並べてください。直感で答えてください。

A：コンビニ　B：歯科医院　C：美容院

この例題に対し下調べなしで答えようとするとき、Aが多いと考える人が多いのではないでしょうか？

実際の数は、Aコンビニ（5・7万店舗）、B歯科医院（6・7万軒）、C美容院（26万軒）であり、C→B→Aの順となります。

多くの回答者が直感でAを最多とイメージするのは、自身のコンビニ利用を最も取り出しやすい記憶として想起するからです。このことを、利用可能性ヒューリスティックと言います。

ヒューリスティックとは、一言でいうと「思考の簡略化」です。脳のシステム2のように、人間はすべての情報を逐一、丁寧に分析していると処理が追いつかなくなります。そのため、多くの場合、情報の細部を捨象し、**経験則等に基づいて簡易的に判断しようとします。**ヒューリスティックは私たちが物事を素早く効率的に判断するために必要な機能ですが、時としてバイアス、すなわち認知の歪みを生むこともあります。

ヒューリスティックのうち、**利用可能性ヒューリスティックは、自身の記憶の中から思い出しやすい情報を優先して判断の基準にしようとする認知の作用**です。このヒューリスティックは様々な場面で表出します。

たとえば、薬局で洗濯用洗剤を購入するとき、あなたはどのように商品を選ぶでしょうか。成分や効果を確かめて購入するときもあるかもしれませんが、CMで何度も目にする商品をなんとなく選ぶときもあると思います。CMは、耳に残りやすいキャッチフレーズや演出を潜在記憶に定着させることで、商品を選ぶ際に利用可能性ヒューリスティックを促す効果があります。他にも、いじめに関する報道を立て続けに目にすることで「日本の学校ではいじめが増えている」というイメージを持ったり、過去に一度大きな失敗を犯した社員だからという印象で、その社員の総合的な評価を下し、配属を判断したりするのも、この利用可能性ヒューリスティックが関わっていると言えるでしょう。

判断ミスがあったとしても自分や他者に大きな影響のない意思決定ならかまいません。しかし、そうでない場合は、**下そうとしている判断の根拠を一度列挙した上で、それらが自分の記憶や印象の影響を受けていないかを客観的に検討してみる**といいでしょう。

■埋没費用効果（Sunk-cost fallacy）

例題

あなたは、とあるアーティストのコンサートに友人と行くことにしました。数か月前にチケットを購入し、チケット代として一人あたり1万円を支払いました。

コンサートの当日がやってきて、あなたは準備をして出かけようとしています。しかし、そのときになって、あなたはそのコンサートに行く気がまったくしないことに気づきました。気の合う友人とは久々に会って会話や音楽を楽しみたいものの、体は疲れており、家でゆっくりしたいと感じています。

そのとき、友人から「だったらお気に入りのピザを注文して家で映画でも見ながらゆっくり話さないか」という提案があります。この提案を聞いて、あなたはそれがとても魅力的だと感じました。しかし、あなたはすでにチケット代に1万円を支払っており、この代金は戻ってきません。このとき、あなたはどうしますか？

埋没費用効果とは、もう戻ってくることのない過去のコストを理由に、未来に対して必ずしも合理的でない判断を行ってしまうバイアスのことを指します。

この例で言えば、現時点での自分のニーズや将来的に期待される満足度に従うと、家でゆっくりと友人との再会を楽しむ方が合理的な選択肢と言えます。一方、「1万円支払ったから」という理由で無理にでもコンサートに行こうと考える人も少なくないでしょう。回収できない、あるいは回収できる見込みが少ないと理解しているにもかかわらず、それに引っ張られて意思決定するケースは、個人や組織でもよく見られます。

たとえば、メーカー企業が新たな技術の開発に数年間と数億円の資金を費やした後、市場調査でその技術に対する需要が想定よりも大幅に低いということがわかったとします。このとき合理的には「損切り」をして別のプロジェクトに投資を振り分ける判断を検討すべきです。それにもかかわらず、むしろさらに多くの資金が投じられ、プロジェクトが生きながらえるという事例は珍しくありません。背景には、プロジェクト責任者として「自分の評価を失いたくない」「株主の信頼を失いたくない」といった損失回避バイアスに加え、回収できないこれまでの投資に引っ張られる埋没費用効果の影響も同時に受けていると見ることができるでしょう。

埋没費用効果に対処するためには、**現状の見直しを頻繁に行うことがまず重要です**。想定と現状がどれだけ乖離しているか、この乖離がさらに開きそうなのか、リカバーできるものなのかといった点で普段から問い直しを行う必要があります。また、投資を継続する、つまり「損を上塗りする」ことで、周辺の関係者や、「損切りすれば追求できる他の機会」にどのような影響を及ぼしていくのかを冷静に検討してみることも重要です。

■バイアスに対処するには日頃から備える

ここまで、あなた自身のこれまでの体験や職場での関係者を思い浮かべながら、どれだけ結びつけて考えることができたでしょうか。

バイアスに効果的に対処するためには、**まずそのバイアスの存在と具体的な作用について前提知識を得ておくことが最も重要**です。その上で、自分自身のバイアスに気づくのはなかなか難しいので、まずは他人の行動や意思決定を観察しながら、そこに潜んでいるバイアスの存在を特定するという実践を繰り返していく。また、これまでの自分の意思決定での失敗や、人間関係に関するトラブルの経験などを棚卸して、自分が陥りやすいバイアスについて普段から理解を深めておく。そうしたことにより、似たような局面に置かれたとき「またこのパターンがきたな」と自分を客観視するきっかけを作ることができるでしょう。

それでも人間なので、時間、業務的、あるいは人間関係のプレッシャーのもとで、自分自身のバイアスに気づくことは非常に難しいでしょう。自分や自組織にとって重要な意思決定を行う際にはなおさらです。このとき、自分一人の思考範囲には限界があるので、**自分に適切な指摘を行ってくれる仲間の存在、つまり適切なフィードバックの基盤を自分の周りや組織の中に築いておくことが**

できるかが極めて重要になります。耳の痛い声であっても、忖度なくしっかりと届け合うことを奨励する関係性の土壌は、不確実性の高いビジネス環境において組織が学習と適応を不断に継続する上で、不可欠であるといえます。

■人はコントロールできないという前提を持つ

「上司のバイアスをどうしたらいいか」「部署のXさんの考え方をどうやったら変えられるか」といった悩みもよく聞きます。特定個人の言動が組織のパフォーマンスを明らかに阻害しているのであれば、リーダーとして、当人の行動を望ましい方向に導くために、あらゆる手を尽くすのが当然重要です。

　しかし、結局は他人を自分の思い通りコントロールすることなどできません。バイアス一つとっても、それが個人の言動を強固に支配するのは、その人自身が人生という複雑極まりない旅路を成功・失敗を重ねながら懸命に生きてきた証であり、それを否定したり無理やり変えたりすることなど、本来おこがましい話です。

　これは「自分は自分、人は人」という身も蓋もない諦めを主張しているのではありません。**リーダーとして、当人やチームのために最善を尽くすのが重要ですが、最後は「相手を変える」という点に執着して、大局観を失ってしまわないようにすること**もまた重要だということです。

　ではどう考えたら良いか。複雑なシステムを複雑たらしめている人の行動は、最終的にはコントロールできないのだとしたら、**唯一確からしい拠り所となるのは、自分自身**です。環境の変化に左右されず、「自分（自組織）が何をなすものなのか」「何を大事にすべきなのか」という確固たる軸を持ち、仮に失敗したとしても揺るぎのない判断を助けてくれるのが、リーダーとしてのパーパスやバリューと呼ばれるものです。次の章では自分自身を深く理解するためのこれらの要素について、詳しく解説していきたいと思います。

まとめ

ヒトを理解する行動科学

☑システムを複雑にするのは人。

☑人の行動は、モチベーション、目標、信念、バイアスといった内的な要素から主に形成される。

☑本章で紹介したモチベーション理論は次のとおり。

- マズローの5段階欲求説
- ハーズバーグの二要因理論
- マクレガーのX理論・Y理論
- デシとライアンの自己決定理論
- バンデューラの自己効力感理論
- フォッグモデル

☑本章で紹介したバイアスの種類は次のとおり。

- 確証バイアス
- 損失回避バイアス
- 生存者バイアス
- 利用可能性ヒューリスティック
- 埋没費用効果

バイアスに対処するためには、①そのバイアスの存在と作用について前提理解を得ておくこと、②他者の言動を観察してバイアスの影響を特定し、その上で「自分はどうか」と顧みること、③自分が陥りやすいバイアスのパターンを理解しておくこと、④自分に適切な指摘をくれる仲間とそのための関係性を普段から耕しておくこと等が挙げられる。

☑ 複雑かつ不確実性の高いシステムにおいて、他者の行動を完全に予測したりコントロールしたりすることは不可能。しかし自分自身の判断・価値観の軸は定めることができる。

?

本章を実践的に理解するための問い

この章で得た学びをあなた自身の実践につなげるために、次の問いに対する自分なりの考えをまとめてみてください。メモを取るなどして具体的に言語化した上で、次章に読み進むことをおすすめします。

■過去あなたが成し遂げた大きな功績を思い浮かべてください。そのときあなたが持っていた目標、モチベーション、信念は何だったでしょうか。

■マズローの欲求6段階で見ると、現在のあなたの行動はどの段階の欲求に最も強く根ざしていると言えますか？　そのことは、あなた自身が目指すリーダー像にどれぐらい近いですか？

■あなたの職場におけるマネジメント施策や組織観は、マクレガーのいうX理論、Y理論のどちらを強く反映していると言えますか？　そうなっているのはなぜでしょうか？

■自己決定理論に基づいて考えたとき、あなた自身、6段階中どのレベルで自分自身の職務に取り組んでいると言えますか？　その段階をさらに高めるためにあなた自身ができそうなことはありますか？

■あなたは自分の自己効力感をどのように評価しますか？　それは、これまでの人生でどのように形成されてきましたか？　現在のあなたの仕事や新たなチャレンジへの向き合い方にどのような影響を与えていると感じますか？

■今あなたが習慣化したいと考えている行動を一つ決めてください。フォッグモデルに従って、B=MAPを言語化すると、どのように自分自身の行動を促すことができそうですか？

■あなた自身が最も陥りやすいバイアスは何でしょうか？　それはどのような場面において最も強く現れますか？　あなた自身がそれに気づき対処するために、普段から心がけておけることは何でしょうか？

■本章ではバイアスを回避すべきものとして論じてきましたが、逆に成果を達成するためにバイアスの作用が重要となるケースは考えられるでしょうか？

第4章

自身を知る　パーパスとバリュー

習得する #Learning Outcomes

#purpose
個人やグループが掲げる存在意義、その根底にあるバリュー、そして行動指針を言語化する、または理解し分析する。

#lead_principles
効果的なリーダーシップの原則を活用する。

苦渋の決断

サステナビリティ・インクは、「革新的な技術で持続可能な未来を創造し、地球上のすべての生命とその繁栄を支援する」というパーパスのもと、再生可能エネルギーシステム、持続可能な農業技術、そして環境に優しい消費者製品を開発・提供している。また、会社が日々の活動において遵守する価値観（バリューズ）として、次のバリュー・ステートメントを定めている。

Be Innovative　：常に革新的な技術とアイデアを追求しよう。
Be Transparent　：良い面も悪い面も、すべてのステークホルダーと積極的に共有しよう。
Be Collaborative：地球上の生命の繁栄に貢献するために、どのようなステークホルダーとも協力を惜しまない。
Be Responsible　：私たちの行動が環境に与える影響について深い自覚と責任感を持ち続けよう。

Dさんは、新たな再生可能エネルギープロジェクトの提案を検討している。このプロジェクトは、実現すれば長期的には持続可能かつクリーンなエネルギー源を大規模に提供することがわかっており、かつ市場の需要も十分に見込まれている。一方で、懸念もある。この技術の開発のためには、ある希少金属が大量に必要であり、その採掘に伴い特定の地域の生態系に深刻な影響を与え、短期的に大きな環境負荷を生み出す可能性があるのだ。

思い返せばDさんは、この会社が掲げるパーパスに心から共感し、5年前に中途入社した。入社当初から多くの実績を収め、売上の面でも多大な貢献を収めてきた。創業者を含む周囲の深い信頼を勝ち取り、大きな事業を任されるようになった。このプロジェクトは間違いなく会社の未来を左右する極めて重要な事業投資であり、成功すれば彼女は会社のさらに重要なポストに抜擢されることになるだろう。しかし、彼女はこれを推進すべきか悩んでいる。彼女は、自身の中に湧き起こる様々な声に耳を傾けている。

〝この技術はまさに我が社のバリューが求める革新技術。しかも長期的には私たちのパーパスである地球環境の保全につながるはず。でも、短期的に生まれる環境負荷をどこまで受け入れたら良いのだろう……〟

〝この事業が成功すれば、会社の売上規模も大幅に拡大する。そうすれば、会社のパーパスを実現するための余剰資金も確保できるはず。VCからも売上拡大と事業安定化のプレッシャーが高まっているし、そろそろ応えなければいけない……〟

〝もしかしたら開発プロセスの話は、対外的に公表しなくて済むかもしれない。採掘現場周辺の住民に対してだけ、個別に説明して理解を得られないだろうか。〟

Dさんはどうすべきか？

システムを複雑にする最大要因のひとつはヒトの存在であり、リーダーとして舵取りをするためには、ヒトの行動が形成される仕組みを理解しておくことが重要です。しかし、他人の考えや行動を完全にコントロールしきることはできません。不確実な状況のなかでも最終的な拠り所となりえるのは自分（たち）自身です。

これが、本章でお話しするパーパスやバリューの役割です。

冒頭のケースにおいて、Dさんはプロジェクトの事業性と会社のパーパスの関係をどのように接続して考えるべきでしょうか。自分自身のパーパスや価値観（バリュー）はどのように整理して考えるべきでしょうか。あなたが同じ立場に置かれたとしたら、どのように判断するでしょうか。ケースでも実感できるとおり、**パーパスがあるからといってあらゆる意思決定が単純化されたり、問題自体が容易になったりするわけではありません。**むしろ、ビジネスにおいて日々起きる問題の多くはこのケースのように複雑であり、白黒はっきりしているわけではないでしょう。

しかし、**組織の存在意義としてのパーパスや、多様なメンバーを繋ぎ止めるバリューがしっかりと定着していれば、難題に直面したときでも、正解らしい正解がないときでも、個人や組織として腹落ち感のある意思決定をスムーズに行うことができるようになります。**

本章では、このパーパスについて、前半部分では組織レベルでのパーパスについて、後半では個人レベルでのパーパスについて、解説していきたいと思います。

組織における「パーパス」とは何か

■組織の存在意義としての「パーパス」

ここ数年の潮流として、企業の成功を決定づける要素として「パーパス」の重要性がますます注目されています。しかし、パーパスとは具体的に何を意味し、どのような効果をもたらしてくれるのでしょうか？

企業や組織の「パーパス」は、よく「存在意義」と和訳されます。この組織が、なんのために世に存在しているのか。我々が世界に対して果たすべき使命は何か。これをわかりやすく、力強い言葉で表現するのがパーパスです。

企業のパーパスが注目され始めたのは、米国トップ企業CEO約190名で形成される団体「ビジネス・ラウンドテーブル」が、2019年に「企業のパーパスに関する宣言」を発表した頃からです。この宣言は、長年の間企業経営の中心にあった「株主資本主義（shareholder capitalism）」から、すべての利害関係者を重視する「ステークホルダー資本主義（stakeholder capitalism）」への転換を提唱したことで注目を集めました。具体的には、次の5点について会員企業のコミットメントを約束しています。

- 期待に応える、またはそれ以上の価値を顧客に提供すること
- 従業員に投資すること（公平な報酬、教育、多様性・公平性・包括性への投資）
- サプライヤーと公平に、かつ倫理観を持って取引すること
- 地域コミュニティを支援し、持続可能なビジネスを通じて環境を保護すること
- 株主に対し長期的な価値を還元すること

この宣言からもわかるとおり、**パーパスは、単なる利益追求を超えた、企業や組織が存在する意義、そして社会に対して果たすべき役割と責任を重視するもの**です。顧客に対してどのような価値を提供するのか、従業員にとってどのような存在であり続けるのか。そして、社会全体に対してどのように貢献するのかを簡潔に定義します。パーパスは同時に、企業固有のアイデンティティの表現でもあります。したがって、パーパスは組織の方針、戦略、カルチャーを導く土台となります。

■パーパス経営を求める社会的な背景

パーパスはなぜ最近になってこれほど注目されるようになったのでしょうか？　背景には、社会

全体で見られるいくつかの潮流があります。

■ＶＵＣＡ時代への対応

本書の大前提となっているＶＵＣＡ時代の到来があります。企業はその環境下で、複数のプロジェクトを走らせ、イノベーションを起こし続けなければならなくなりました。そのプロセスも当然一筋縄ではいかず、絶えず発生する想定外の問題に対応しなくてはなりません。意思決定に遅れが生じ、部署間での方向性がずれてしまうと、従業員のエンゲージメントや組織の競争力自体が損なわれてしまう恐れがあります。**パーパスは、「なぜ今この取り組みをやるのか」という意義・意味合い（Why）を提供する役割を果たします。**これにより、それぞれの部署が置かれている立場や扱う課題が違っていても、決めるべきこと、行うべきことを素早く特定し、**集団としてそこに意義を見出すための土台として機能する**のです。

■グローバリゼーションと組織・人材の多様化

終身雇用を前提に同じ会社に勤め続け、国内市場向けに「高水準の製品を均一に素早く届ける」というモデルが中心だった頃は、従業員一人ひとりが同じ方向性を共有し、足並みを揃えるという考え方が当然でした。したがって、パーパスの必要性はさほど高くありませんでした。

しかし現在、人口減少とともに内需が減少するなかで、外国人労働力の採用・育成は急務であり、外国市場の開拓は日本企業にとって死活問題です。さらに、中途採用や副業解禁などが進むにつれて、働き手の多様性も急速に高まっています。そのようななかでパーパスは、**背景や価値観が異なる従業員の連帯を高め、全体として進むべき方向性を示すいわば北極星のような役割**を果たします。

■持続可能性への意識の高まり

気候変動、資源の枯渇、生物多様性の喪失といった環境問題は、企業活動を超えた社会全体が直面する最も困難な課題の一つです。SDGs（持続可能な開発目標）やESG（Environment（環境）、Social（社会）、Governance（統治））は、当然のように聞かれる言葉になりました。企業がその経済活動を通じて社会的課題を解決し、その結果として自社の成長と価値向上を実現していくべきであるという考え方が、主流になりつつあります。

その背景には、**消費者の意識の変化**もあります。特に若い世代を中心に、製品やサービスを選ぶ際にその企業の社会的・環境的な配慮や倫理的な姿勢を重要な判断基準とする購買行動が目立つようになってきました。企業が明確なパーパスを掲げ、自社が果たす社会的な意義を明確に示すことがますます求められているのです。

■パーパス経営の実現が企業活動にもたらす5つのメリット

社会的な要請に応えるという文脈を超えて、パーパス経営を実現することは企業活動にとっても大きなメリットをもたらします。

■**従業員の満足度とエンゲージメントの向上**

自社のパーパスに対する従業員の共感度と従業員のモチベーションには相関関係があるとされています。就職の際にその会社のパーパスを重視するという人も増えており、企業にとってパーパスは、優秀な人材を惹きつけ維持するための重要な役割を担っているといえます。

■**従業員の自律性を促す**

「自ら考え、自ら動く人材を増やしたい」という課題は、私自身、多くの企業人事や組織の幹部から相談を受けるテーマです。パーパスは組織にとって最も大上段の方向性と判断基準を示すものであるため、パーパスが明確であればあるほど、従業員がそれに沿って自ら考え、取り組みを推進するための後押しとなります。

■**イノベーションを促進する**

力強く明確なパーパスは、組織が現状に満足することなく、その実現に向けて変化を遂げようとする力を生みます。また、変化には組織内部の抵抗や困難がつきものですが、「パーパスを実現するため」という大義が、変化を推進する従業員に決意と胆力をもたらします。

パーパスのこうした働きは、事業開発や組織改革を含む様々な形でのイノベーションを推進する上で、非常に重要です。実際、パーパスが明確に理解されている企業ほど、イノベーションや変化創出に成功しているという相関関係を示す調査結果もあります。

■経営の一貫性を確保し、意思決定の質を高める

明確なパーパスにより、様々な意思決定に一貫性が宿ります。一見して異なる経営判断や事業案が推進される場合であっても、リーダーがパーパスに沿ってそれぞれの取り組みの意味合いをしっかりと説明することで、従業員の間に信頼と安心を醸成することができます。また、短期的な収益性や損失に過度に惑わされることなく、経営も従業員も納得する形で実行に向かうことができます。

■ブランディングを通じて自社を差別化する

たとえ同程度の品質・性能で類似の製品を提供する競合他社が存在していたとしても、力強いパーパスは企業に独自のアイデンティティを与え、市場での差別化を可能にします。組織論やリーダーシップ開発で有名なサイモン・シネックが著書『Whyから始めよ』のなかでApple社等を引き合いに出しながら説明しているとおり、優れた企業ほど、売るモノ（What）や品質（How）ではなく、自分たちの存在意義や社会に果たす使命（Why）によって消費者の心を掴む傾向があります。

■ミッション、ビジョン、バリューとの違い

では、パーパスは、ビジョンやミッションとどう違うのでしょうか。似たような言葉も多くあり、それぞれの定義の仕方などは文献によって異なります。ここでは、次のように整理していきます（図4-1）。

■パーパスとはWhyに答えるもの

パーパスとは、企業の存在意義であり、究極的な目的です。この組織は何のために存在するのか。なぜこの事業を行うのか。それによって社会にどのようなインパクトをもたらすのか。**最も根源的なWhyに答えるのがこのパーパスの役割**です。パタゴニアは「我が故郷地球を救うためにビジネスを行う」というパーパスを掲げています。日本ではソニーグループ株式会社が、「クリエイティビティとテクノロジーの力で、世界を感動で満たす。」というステートメントを「存在意義（Purpose）」として掲げています。

■ミッションとはWhatに答えるもの

ミッションは、パーパスを実現するための事業や戦略を一言で表すものです。つまり、**「我々は何をするのか？」というWhatに答えるもの**であり、企業によっては、経済活動を行う領域や事業

図4-1 パーパス、ミッション、ビジョン、バリューの関係性

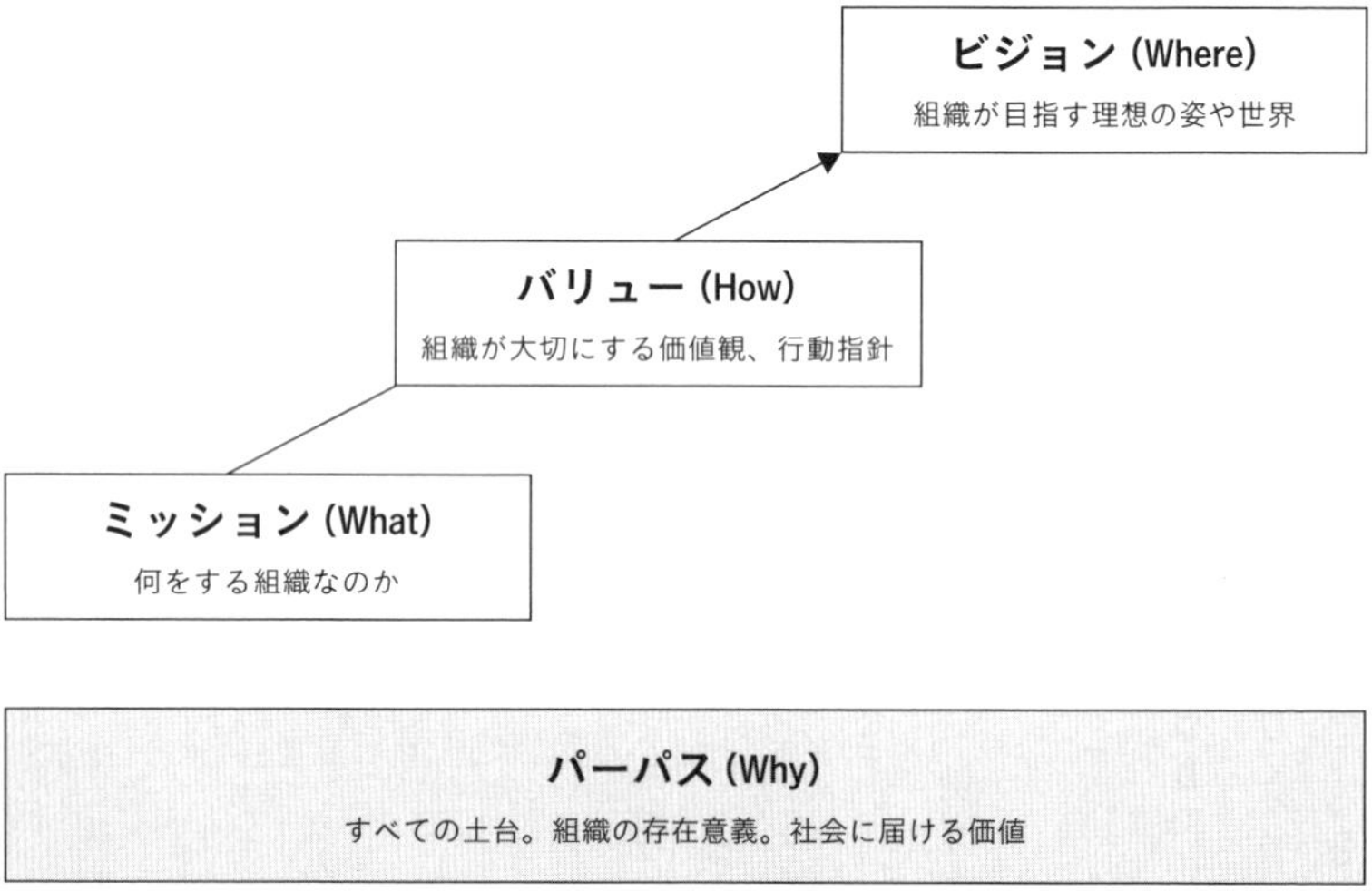

内容に直接に触れる例もあります。

パーパスはミッションと比較して、社会とのつながりや社会への貢献をより明確に含んでいると説明されることもあります。しかし、実際にはこの線引きも曖昧です。企業によっては「ミッション」と冠しながらも社会への貢献や使命感を色濃く表現している例もあります。ユニクロのファーストリテイリンググループは、自社のミッションとして「本当に良い服、今までにない新しい価値を持つ服を創造し、世界中のあらゆる人々に、良い服を着る喜び、幸せ、満足を提供します」「独自の企業活動を通じて人々の暮らしの充実に貢献し、社会との調和ある発展を目指します」という2文をミッション・ステートメントとし、これを、「ファーストリテイリンググループが何のためにこの世に存在し、企業活動を通じて世の中に何をもたらそうとするのかを示す理念です」と位置付けています。同社にパーパス・ステートメン

トは存在せず、まさにミッションをパーパス的に活用していると言えます。

■ビジョンはWhereに答えるもの

ビジョンとは、**組織が自分たちのパーパスを実践する先にどのような状態を目指すのか、どこに向かうのか、自分たちが求める世界の理想像は何かというWhereを定義**します。

ビジョンが見据える期間は組織によって様々です。究極的に目指すべき世界観を表現するビジョンステートメントがあれば、「2030年ビジョン」のように5年程度の中期的な目標を描く場合もあります。日立製作所は、「日立は、社会が直面する課題にイノベーションで応えます。優れたチームワークとグローバル市場での豊富な経験によって、活気あふれる世界をめざします」というビジョンを掲げています。会社が最終的に創り上げたい世界観だけでなく、どのようなアプローチでそれを成し遂げるのか、従業員たちがどうありたいのかについても触れています。

■バリューはHowを定める指針

バリューは、**組織がパーパスやミッションを実践し、ビジョンに向けて前進していくなかで大切にしたい価値観**です。当然、ビジョンを達成するにはどのような手段をとっても良いということではなく、組織として、従業員の日々の行動や判断に求める基準や軸のことを指します。多くのバリュー・ステートメントは、比較的抽象度の高い表現を用いています。三井物産は、「変革を行動で」「多様性を力に」「個から成長を」「真摯に誠実に」の4つからなるバリュー・ステートメントを掲げています。加えて、それぞれのバリューについて説明文で補足しており、具体的に何を意味するのかの解像度を高めています。さらに、企業によってはバリューをもう一段細かく分解し、「行動指針（Guiding Principles）」や「Dos and Don'ts」等として、従業員に求められる行動の具体的な理想例を書き下している例もあります。

■一貫性が大事

ここまで、パーパスとは何なのか、ミッション・ビジョン・バリューとの違いは何かについて解説してきました。組織の骨格とも言えるこれらの要素は、会社によって運用の仕方は様々で、ミッションとパーパスの定義など、その捉え方自体に差が見られることも珍しくありません。

大事なことは、自組織が掲げているこれらの理念的言語の間にしっかりとした一貫性が確保されているということです。つまり、**「このパーパス（ミッション）を実践する先にこのビジョンが達成される」「このビジョンを実現するためには、チームとしてこのバリューを日々体現しなければならない」「このバリューを日々実践した先にこのビジョンが実現される」**というように、すべての言葉の間に連続性が確保されているからこそ、リーダーから従業員に向けたメッセージにも力が宿ります。さらには、会社として定める評価制度やワークプロセスに対しても従業員からの信頼を得やすくなるのです。

優れたパーパスを創るには、どうすればいいのか

■優れたパーパスの特徴

同じ「パーパス」と銘打っていても、従業員や消費者の共感を生み、自組織を競合他社と差別化するステートメントもあれば、そうでない内容のものもあります。

ここでは、キングス・カレッジ・ロンドンの教授であるベイリーがハーバード・ビジネス・レビュー誌で解説している内容を中心に、優れたパーパス・ステートメントの特徴について考えていきます。あなたの組織や会社全体が掲げるパーパスがこれらの特徴を押さえているか、一つひとつ味わいながら考えてみてください。

▪社会的意義

優れたパーパス・ステートメントは、人類や社会が抱えている何らかの課題に具体的な焦点を当て、その解決に向けて組織がどのように貢献するのか、明確かつ簡潔に表現しています。たとえば、味の素株式会社では、自社の存在意義を「食と健康の課題解決」だとして、「アミノ酸の働き

で食習慣や高齢化に伴う食と健康の課題を解決し、人々のウェルネスを共創します」と策定しています（現在は「アミノサイエンス®で人・社会・地球のWell-beingに貢献します」というパーパスを掲げています）。食と健康という社会への具体的な接続点と、アミノ酸という味の素ならではのアプローチを簡潔に表現した秀逸なパーパス・ステートメントだと言えます。

■ 自分たちらしさ

パーパスは、何もないところからもっともらしい言葉を並べていけば完成するというものではありません。**自分たちがこれまでも大事にしてきた価値観やすでに持っている世界観を味わい、その根幹部分を抽出し、表現するもの**です。だからこそ、味わい深い「自分達らしさ」が滲み出るもので、それが顧客や従業員を惹きつけるのです。東京海上ホールディングスのパーパスは、１８７９年の創業期から変わっていないと言います。「お客様や地域社会の〝いざ〟をお守りすること」というシンプルかつ力強いステートメントには、創業以来本業となっている保健事業に対する強い誇りも感じられます。

私が以前、パーパス策定を支援したとあるスタートアップでは、事業と組織規模が急速に成長を遂げるなかで、「私たちらしさとは一体何か」という問いからパーパス作りを行っていきました。代表を含め、創業期から苦楽を共にしてきた幹部メンバーの言葉を丁寧に紡ぎ出しながら、最終的にステートメントの形に明文化していきました。それを社員向けに発表する社長の目には大きな涙が浮かび、その言葉に聞き入るメンバーの目からも涙がこぼれていました。その場にいる誰もが、会社の歩んできた歴史に想いを馳せ、「あの頃」から自分たちが大事にしてきたこと、成し遂げてきたこと、そして自分たちの純粋な想いを再発見し、組織の核心に改めて心から共鳴する瞬間でした。この場面は、今でも鮮明に記憶に残っています。

■人を惹きつける表現であること

広く知られている企業パーパスのほとんどは、**その表現において力強く魅力的で、人の心を惹きつけ記憶に残ります。**ソフトバンクグループのパーパスは、「情報革命で人々を幸せに」です。簡潔で覚えやすく、「革命」という非常に力強い言葉が印象的です。かといって大袈裟ではなく、インターネットの将来性にいち早く目をつけ、無謀とも言われた大胆な投資を幾度となく行ってきた同グループだからこそ、「本当にそう信じている」という信念が伝わってくるステートメントでもあります。

■パーパス策定にあたって押さえておくべきこと

それでは実際にパーパスをどう策定すれば良いのでしょうか？　残念ながらこの問いに対してただ一つの正解はありません。組織の規模や事業の置かれている状況によってアプローチは違います。メソッドもさまざま提案されています。

しかし、パーパスを策定するプロセスのなかで押さえておくべき点はいくつかあります。これらをどのような順番・アプローチで実施していくべきかについては、ぜひご自身の組織メンバーと対話しながら検討していきましょう。

■パーパスを策定する理由を明確にする

パーパスを策定するプロセスのなかで**何よりも重要なのが、「なぜやるのか」という明確な動機**です。「他の会社がやっているから」「関係者の要請があるから」といった理由で、それらしいキャッチコピーを作り、発表しても**「そもそも何のためにやるのか」が社内で共有されていなければ、期待される効果は生み出されません。**むしろ、「上層部がきれいごとばっかり言ってるな」「また似たようなもの作ったな」「どうせ何も変わらないよ」等と社員の間で懐疑心が広がり、組織への信頼と忠誠心はかえって下がってしまうでしょう。

以下の問いは、関係者間でパーパス策定に向けた動機を確認する上で補助的な役割を果たしてくれます。プロジェクトを走らせる前に、あるいは外部専門家に相談を持ち込む前に、これらの点について議論を深めておくと良いでしょう。

- なぜパーパスが必要なのか？　それによって何を最も変えたいのか？
- 誰に、具体的にどのような変化を届けたいのか？
- そのためになぜパーパスが必要なのか？　他の手段ではいけないのか？

- 今、このタイミングでパーパスを策定することの意味合いは？
- パーパスが不在であることによってどのような実害が生じているのか？
- パーパスを創り上げていくプロセスのなかで生み出したい副次的な効果はあるか？

■現行のビジョンやバリューとの関係を整理する

パーパス策定の検討を開始したら、自社にすでに似たようなステートメントがないか確認しておきましょう。たいていの組織には、ミッションやビジョンがステートメントとして、すでに言語化されているかと思います。

理念、キャッチフレーズ、コーポレートメッセージなど、様々なタイトルをつけられているものもあります。すでにある言葉との重複や矛盾は、これらを実践に移していく従業員の混乱を招きかねません。既存のステートメントの有無を確認したら、以下の問いに答えながら、整理しておくようにしましょう。

- 「これから創ろうとしているパーパスと既に社内にあるステートメントとの違いは何か？」と問われたら、何と答えるか？
- すでに社内にあるステートメントをブラッシュアップ、または浸透させることで目的を達成できないか？
- すでにあるステートメントはどのように実践されているか？　十分に浸透しているか？　浸透し

ていないとしたらそれはなぜか？　今回の取り組みが同じ失敗を繰り返さないようにするために何に気をつける必要があるか？

- すでにあるステートメントができた経緯は何か？　誰を巻き込んで作られていったのか？
- 今回パーパスを策定するにあたり、既存のステートメントを改変する必要はありそうか？　そもそも手をつけて良さそうか？
- （特定の子会社、事業部、事業についてのパーパスを策定しようとする場合）本社や全社的に採用されているステートメントとどのように整合するか？

また、パーパス・ステートメントが最終的に固まったら、今度はそれを最上位に位置付けた上で、既存のステートメントに修正が必要かを吟味していくこととなります。

そのため、既存の他のステートメントがある場合は、修正の可能性について組織内の同意を取り付けておくことが重要です。定義上、**パーパスは組織にとっての「究極の目的」であり「存在意義」そのものなので、パーパスがありながらそれに一部矛盾するビジョンやバリューがあるという状態は、混乱と不信を生む最も大きな原因の一つとなるため、要注意です。**

■ **トップを巻き込む**

パーパスの策定は、組織の核となる目的や価値観を再発見・再構築する営みでもあります。そのため、その責任者または創始者たる組織のトップのコミットメントなくしては実現不可能です。

パーパスを策定するにあたって、必ずその組織・事業範囲の最高責任者の賛同をあらかじめ得ておくようにしましょう。「なぜやるのか」というメッセージは、トップから関係者に対して発信してもらう必要があります。

■パーパスの素材となるストーリーを発見する

パーパス策定はゼロから創作するものではなく、すでにあるものを再発見していく過程です。したがって、これまでの事業や組織の運営に直接・間接的に携わってきた関係者の体験をあらためて紐解いていくことが重要となります。

実際の策定作業に関わるのは幹部職以上の限られたメンバーかもしれませんが、その過程では、現場職員、顧客、サプライヤー、外部パートナー等、あらゆるステークホルダーにヒアリングを実施し、組織の歴史やそこに込められた想いについて、様々な角度から理解を深めていく必要があります。その過程では、次の問いを検討してみるといいでしょう。

内部の関係者に対しての問い

- これまでの仕事において、あなたが最も喜びを感じた瞬間は何か？　そこには誰がいて、どのような関わり合いがあったか？
- 私たちらしさとは何か？　それはどのような瞬間に現れるか？
- どのようなときに組織のことを最も誇らしく感じるか？　どのような仲間のことを最も誇らしく

感じるか？

- この組織は、誰にどのような価値を届けてきたのか？　その結果、彼等の人生にどのような影響を与えてきたか？
- 私たちが存在することで社会が良くなっているとしたら、どのように？　私たちの仕事を最も喜んでくれる人は誰か？
- 私たちがまだ生かしきれていない、この組織の可能性は何か？　どこにその兆しを感じるか？
- 私たちは世界にとってなくてはならない存在である。それはなぜか？

外部の関係者に対しての問い

- この組織と関わり合うなかで最も大きな喜びを感じた体験は？　誰とどのようなやりとりがあったか？
- あなたの目から見てこの組織の最大の魅力は？　それは具体的にどのようなシーンで感じるか？
- あなたの目から見てこの組織のメンバーは、どのような特徴と魅力があるか？
- この組織に眠るさらなる可能性があるとしたら、それは何か？

これらの問いは人の感情や想いなど、心理的な深層部分に触れていく問いでもあります。せっかく準備した問いでも、相手が発言を躊躇して当たり障りのない答えしか出てこなければ、パーパスの核心に迫ることは難しくなります。ワークショップやインタビュー等の形式で探求していく場合でも、いきなりこれらの問いから扱うのではなく、まずはアイスブレイクや話しやすいテーマから入ることで、より本音を語りやすい雰囲気を作っていくことを心がけるようにしましょう。

■キーエッセンスを抽出し、明文化する

組織が大事にしてきた価値観、社会に果たしてきた貢献、メンバーが仕事のなかで抱いてきた喜びや誇りを紐解いた後は、策定チームの仕事になります。ここまで洗い出した数々のストーリーを眺めながら、特に重要と思われるエッセンスやキーワードを抽出していきます。

抽出の方法は様々です。少人数であれば時間をかけて対話しながら、「やっぱり私たちはこれだよね」と心に響くフレーズや単語を選びとっていってもいいでしょう。人数がもう少し多い場合は投票形式でそれぞれが最も共感する又は心に響く言葉を選び、得票の濃淡を見ながら絞っていくというアプローチもあります。

こうして抽出された主要なキーワードをさらに発展させたり少し表現を変えたりしながら、お互いをつなぎ合わせ、最終的には文章として完結するパーパス・ステートメントの形に統合していきます。この最後のステップでは、先述の「優れたパーパス・ステートメントの特徴」がしっかりと確保されているかを確認していきます。それぞれの論点について、以下の問いに答えていくといいでしょう。

社会とのつながりが感じられるか

- 私たちが扱う社会課題やその領域は明確に伝わってくるか？
- その課題にどのようなアプローチで取り組むのかは明確か？

自分たちらしさが感じられるか

- 当たり障りのない、どの会社でも言えそうな社会貢献を掲げていないか？
- 組織の現行の事業やカルチャーに対して突拍子のない要素になっていないか？
- 無理をしていないか？　「ないもの」ではなく「すでにあるもの」を表現できているか？
- 無理してかたくしたりカジュアルにし過ぎたりしていないか？
- これまでの自分たちだけでなく、これからの自分たちも表現できているか？

人を惹きつける表現になっているか

- どの言葉に最もこだわりを込めているか？　その言葉はなぜ私たちにとって特別なのか？
- その言葉によって何を語ろうとしているのか？　浮かんでくる映像は？
- 社内の共感は得られそうか？
- 社外に対してどのように発信していけそうか？

エッセンスを抽出し、パーパスを明文化していくプロセスにおいて最も大事なことは、できるだ

け全員の声を聴くということです。特に策定作業に直接参加しているメンバーは、今後パーパスを組織内に普及していくためのいわばアンバサダー的役割が期待される存在です。したがって、策定の段階から彼等のコミットメントを高めておくことが極めて重要であり、そのためには、彼等の率直な意見を場に持ち出してもらい、深く耳を傾けるプロセスを心がけましょう。

当然、作業のなかで出てきたすべての声を最終的なアウトプットに直接反映することなど不可能です。しかし、**それぞれの声が場に持ち出され、それが対話に影響を与えていく過程にこそ意味があります。**最終的に採用される表現が異なるものであっても、「その中に自分の声が反映されている」という実感が、その後完成したステートメントを普及していこうという力に変わっていくのです。

■パーパスを話す

完成したパーパス・ステートメントは、それだけではただの言葉に過ぎません。

パーパスを効果的に浸透・実装していくための第一歩は、トップがそれを発信し続けるということです。様々な組織に私が関わるなかでの実感は、トップが言っていることの半分も実際には伝わっていないということです。パーパスを策定したいと思った背景や理由、その過程での出来事、自身のパーパスと組織のパーパスの関係等について、機会があるたびにしつこいほどに話す。それを続ける。非常に地道ではありますが、最初にやるべきこととして極めて重要な取り組みです。

■パーパスを実践する

当然、話すだけでは不十分です。トップや幹部が新しいパーパスの重要性についていくら語ろうとも、実践が伴っていなければ言葉は引き続き言葉に過ぎません。むしろ、パーパスでは、耳障りの良い想いや社会的意義について語っているにもかかわらず、実際の事業運営や従業員への扱いがそれに矛盾するような形で実践されていれば、逆効果です。顧客や従業員の信頼は離れていくでしょう。

そのような事態になれば、パーパスなどむしろ策定しない方がマシだと言えます。組織の究極的な目的であり、存在意義であるパーパスは、**あらゆる実践に落とし込まれてこそ命が吹き込まれます**。組織のビジョン、中長期計画、事業戦略などは新たなパーパスに沿って見直す必要があります。抽象的な表現になりがちなパーパスを日々の業務に反映させていくためには、組織のバリューや行動指針に落とし込んでいくことも重要です。

また、実行力を持たせるという意味では、これらを評価制度や上司・部下の1on1アジェンダにも組み込んでいくことも可能です。「パーパス・アワード」等の表彰の仕組みも、インセンティブを持たせてパーパスの実行力を高めようとする取り組みの一つです。

■従業員それぞれのパーパスと紐づける

最後に重要なことは、組織のパーパスが従業員一人ひとりとどのように接続されるかという視点です。よく「従業員エンゲージメント」といった言葉が使われますが、**「エンゲージメントが高い」**

図4-2 組織と個人のパーパスの接続がエンゲージメントを高める

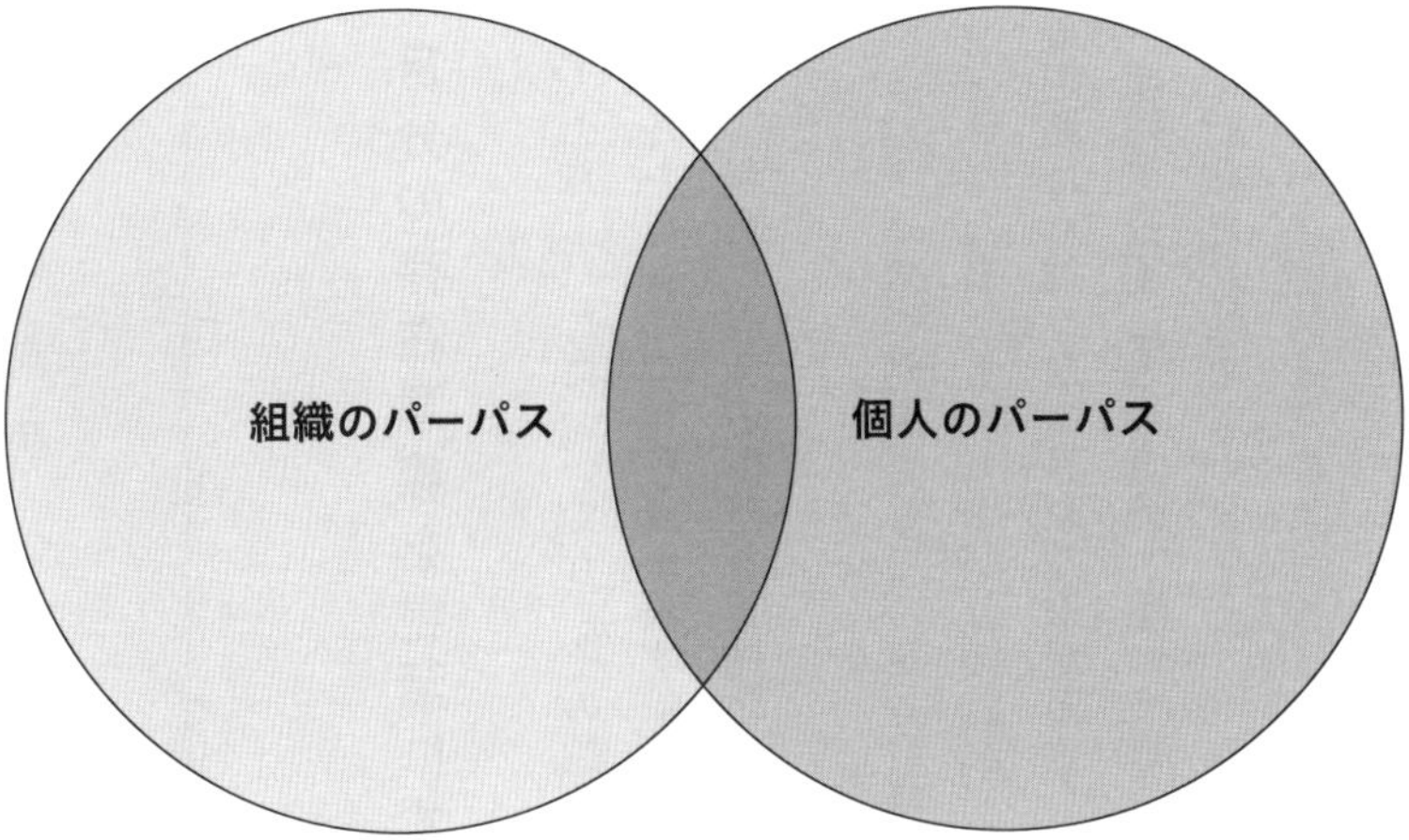

状態とはつまり、「組織のパーパスを通じて自分個人のパーパスやバリューが満たされるという本人の実感があり、そのため、組織のパーパスに対する貢献欲求が自然と湧いてくる」状態であると言い換えることができます。

この状態を生み出すためには、組織のパーパスの意義や重要性を一方的に押し付けるだけでは不十分であり、組織のパーパスを言語化するのと同様に従業員一人ひとりの個人的なパーパスを明らかにしていくステップが必要となります。

それでは個人のパーパスは、どのようにして明らかにすることができるのか？　本章の最後の論点として、次の項で解説していきます。

あなた自身のパーパスを創る

■自分の存在意義を言葉にする

個人のパーパスについても、その意味合いや役割は組織のパーパスと基本的には同じです。つまり、**あなた自身の存在意義を表す言葉であり、あなた自身が仕事に取り組む意味、他者と関わる際の指針、世界に与える影響を言語化するもの**です。

マイパーパスの効果として、自分自身のパーパスに沿って生きることで、オキシトシンやセロトニンといった幸せホルモンが分泌され、ストレス耐性が高まる、パフォーマンスが向上する、予期せぬ困難にも強くなる等の効果があるなどと言われています。また、一人ひとりの潜在性を引き出し、組織で働くことの意義を感じてもらうためにも、パーパス策定の支援は組織やリーダーの役割として認識され始めています。

組織のパーパスと同様に、マイパーパスの創り方に正解はありません。しかし、マイパーパス・ステートメントを作成するに当たって、押さえておくべきポイントはいくつかあります。パーパス経営の専門家であるニック・クレイグがハーバード・ビジネス・レビュー誌において紹介している内容を土台にしながら、多くのマイパーパス・ステートメントに共通する特徴をいくつか紹介します。

- パーパスは、肩書や役職とは関係ない。仕事、家族、趣味、人間関係など、人生のあらゆる場面において一貫して通じるべきもの。
- パーパスは、あなたらしさそのもの。他の誰でもない、唯一無二の自分が表現されていなくてはならない。「なりたい自分」ではなく、人生、生活、仕事を通じてあなたの中に生き続けてきたものであり、発掘するもの。
- パーパスは、人生に意味と勇気を与えてくれるもの。パーパスが明らかになることで、これまでの出来事がまったく違った形でつながり、意味を見出せるようになる。これから起こる困難に、決断の勇気と指針を与えてくれる。
- パーパスは、「しなければならない」という義務感ではなく、「こうせずにはいられない」と心から湧き出るもの。だからこそ仕事や日々の生活に、好奇心やひらめき、そして前向きな活力を与えてくれる。
- パーパスは自分だけに閉じるのではなく、そんなあなたを通じて社会にどんな影響をもたらしていくのか。あなたと世界のつながりを意図するもの。

これらの基準を念頭に置きながら、実際にあなた自身のパーパス・ステートメントを作成してみましょう。以下の問いに答えながら、まずは湧いてくる言葉を自由に書き出し、最終的には自分自身が最もしっくりくる表現で文章にしてみてください。組織のパーパスと同じように、覚えやすく、かつ力強い言葉で、自分を含めて見る人の心を惹きつける表現にすることが大事です。

自身の過去や想いを深いレベルで振り返られるように、落ち着いて考えられる静かな環境で作業してください。あるいは信頼し合うパートナー、友人、同僚と対話しながら探究していきましょう。

❶あなたが子どもの頃、「これが良い・悪い」と周囲から規定されるよりも前に、愛してやまなかったことは何ですか？　具体的なシーンを思い浮かべながら、そのときの気持ちも描写してください。

❷これまでの人生で最も困難な経験を2つ思い浮かべてください。それらの出来事は今のあなたをどのように形作っていますか？

❸今、あなたが心から夢中になることは何ですか？　仕事・プライベートの両方で思い浮かべてみてください。それはつまり、あなたのどんな欲求を満たしているということですか？

❹そんなあなたという人間を生き続けることで、周囲にどのような影響を与えられそうですか？

❺以上の問いに答えた上で、あなたのパーパス・ステートメントを書き出してください。

次の項に読み進める前に、以上の問いに沿ってあなた自身のパーパスの要素を言語化しておきましょう。

■パーパスに良し悪しはない

あなたらしいパーパス・ステートメントは書けたでしょうか？　パーパスの理論は、理屈として頭では理解できても、自分で一度書いてみるまでは実感とともに自身のリーダーシップに活かすことは難しいものです。ぜひ一度ご自身のパーパスを作成してみましょう。

パーパスに良いも悪いもありません。あなた自身の全人格をもって「これこそ、自分だ」と納得のいく内容であれば、それが正解です。人によっては、「この国の教育を革新し、すべての子どもの可能性を解き放つ」というように、特定の分野や取り組みに焦点を当てることもあるでしょう。あるいは「迷路を楽しむ。常に、仲間と。」といったように、自分にだけわかる表現で、かつ特定の分野に絞ることなく人生のあらゆるシーンを通じて適用可能なパーパスにたどり着く人もいます。

■パーパスは変えていい

「パーパスは自分の中に常にあり続けるものであり、立場や置かれた状況によって決して変わることはない」という考えもあります。しかし私は、**パーパスは変わっていい、むしろ人生の様々なステージを通じて変わっていくべきもの**だと思います。

様々な経験を経ることで視野が広がり、また、能力面でも自分にできることは増えていくでしょう。そうすれば、自分が世界に対して与える影響の質や範囲も変わってきます。また、経験を積み重ねるなかで、より具体的な分野や領域に関心が強まり、それによってマイパーパスの表現も具体化されていくかもしれません。「決して変わることがない」と考えると、なかなか筆が進みにくくなります。また変わるかもしれないけど一度書いてみようというぐらいの気持ちで、まずは自分のパーパスに向き合う時間をとってみましょう。

■大事にしている価値観から考えてみる

そうはいっても、自分のパーパスを言語化するのは難しいという方もいるかもしれません。そんな方にまずおすすめしたいのが、自分自身のバリューを明らかにすることです。

個人のバリューも組織のバリューと意味合いは同じです。つまり、**「自分自身が大事にしている価値観」を表す言葉であり、あなたのこれまでの様々な人生経験を通じて形成されてきたもの**です。

普段あまり意識することはないかもしれませんが、自分自身のバリューを明らかにすることで、日々の一つひとつの行動や意思決定に対して意図が宿るようになります。なんとなく流されるのではなく、この仕事の仕方、このコミュニケーションの進め方、この決断は、自分自身のバリューに沿っているのか？　という問いを自分自身で立てられるようになります。**この「自己決定」の感覚がモチベーションにつながります。**

■大事にしている価値観（ニーズ・バリュー）を明らかにするフレームワーク

自分自身のバリューを知る上で、アメリカの心理学者マーシャル・ローゼンバーグが提唱したNon-Violent Communication（NVC）というフレームワークを紹介します。本来、NVCは人間関係を平和的に育むためのコミュニケーションの手法ですが、同時に、「自分は何を求めているのか」という人間の根源的な欲求や価値観を掘り下げるための内省的なツールとしても活用されます。具体的には、次の構造で考えていきます（図4-3）。

❶**観察**：人は常に、様々な出来事を観察し、その時々の判断で思考・行動に従事している。
❷**感情**：思考・行動の奥底で、人は何らかの感情を感じている。
❸**ニーズ**：ニーズとは根源的な欲求や価値観。バリュー。感情のさらに奥に眠っているもの。感情はこのニーズが満たされるとき、または満たされないときに湧き起こり、その結果、思考・行動に影響する。

身近な具体例を用いて説明しましょう。

Aさんは、昨夜友人たちが、自分抜きで食事に出かけたことをその翌朝知ります。別の知人を通じて、その友人たちが自分のいないなかで楽しく飲み明かしたことを伝え聞くのです。Aさんはこう思います。

「なぜ自分を誘わなかったのか。そもそも自分のことは思い出しもしなかったのだろうか。あるいは思い出した上で『誘わないでおこう』という話になったのか。そもそも昨日の昼には別件で連絡を取り合ったじゃないか。そのとき誘えたはずなのに……信じられない！」

そしてその数週間後、Aさんは同じメンバーから食事の誘いを受けます。しかし、前回誘われなかったことをまだ根に持っているAさんは、嘘をついて次のように連絡を返します。

「ごめん、仕事が立て込んでいて今日は参加できそうにない。また次回！」

このAさんの行動をNVCのフレームワークで紐解き、ニーズを探ってみます。

まずAさんが最終的にとった行動は、「嘘をついて誘いを断る」というものでした。その前段階には、物事を「観察」した結果、いろいろな思考も経ています。食事会に誘われなかったのは偶然か故意か。その日の日中に連絡し合っているのに。人のことをこんな気持ちにさせるなんて信じられない——というように。

図4-3 NVCの概念図

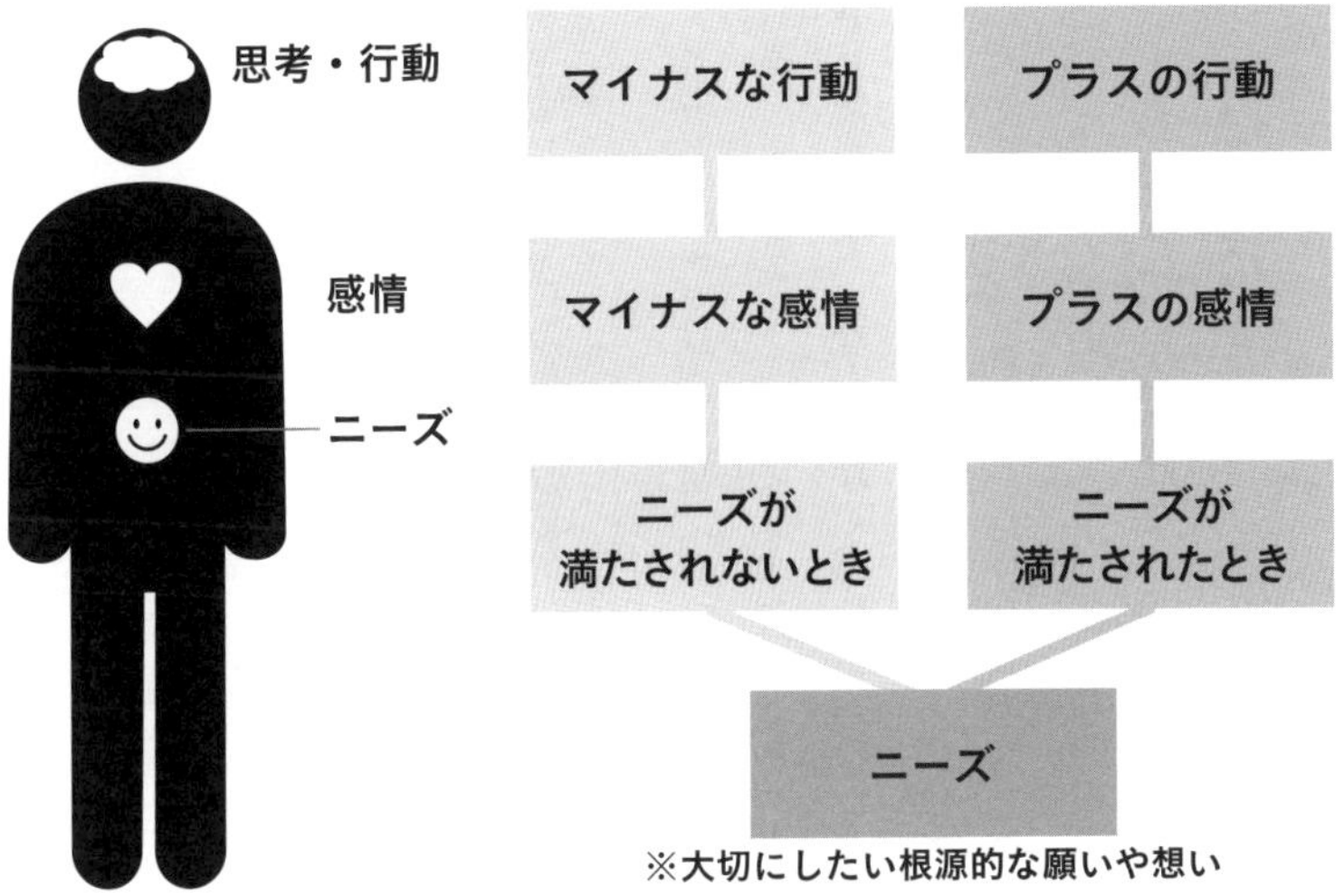

次に、「感情」を見ていきましょう。

Aさんが抱いている感情は何でしょうか？ Aさん自身は反射的な思考に駆られているため自分の感情に気づいていないかもしれません。おそらく、悲しい、寂しい、怒りといった感情を抱いているのでしょう。Aさんはなぜ悲しく、寂しく、怒っているのでしょうか？ それは友人が食事に誘わなかったからだと思うかもしれません。実際にAさんに尋ねても、そう答えるかもしれません。

しかしNVCの考え方では、**自分の感情の責任を他者に求めません。自分の感情の責任は自分にしかない**のです。なぜか。それは、**感情とは自分のニーズをきっかけにして生まれていると考える**からです。

ここでAさんが持つべき問いは、「自分のこの悲しみは、自分のどこから来ているのか？」「こんなに悲しいということは、自分の中にどんなニーズがあるのだろう？」ということです。

そうしてようやく、Aさんは自分の中に存在する「つながりを大切にしたい」や「大切な人と大切な時間を共にしたい」というニーズに気づくのです。

しかしここで、もうひとつ別の重要なことにも気づきます。それは、Aさんの心の奥底にある「つながり」というニーズと、Aさんが最終的にとった「嘘をついて誘いを断る」という行動が真逆だということです。なぜでしょうか？

それは**Aさんが自身のニーズに無自覚だから**です。なんとなく違和感を抱きながらも、そのときの情動に任せて反射・反応的な行動をとってしまっているのです。

こうしたことは、日常においてよく起こることでもあります。友人や家族とのいざこざがあったとき、仕事が思うように進まないとき、上司から理不尽に叱られたとき。**私たちは、自分の感情にさえ無自覚で、なんとなく感じる「むしゃくしゃ」や「もやもや」と、反射的に湧いてくる理屈と思考によって、本来の自分のニーズに沿わない行動をとってしまいがち**です。

だからこそ、普段から自分のニーズに気づいておくことが大事なのです。ここで言う「ニーズ」とは、あなた自身の「バリュー」に当たります。

ニーズはただ一つではなく、様々に存在します。簡単なエクササイズを紹介しますので、自分の中にはどのようなニーズが存在するのか、ぜひ普段から言語化しておきましょう。

■ニーズを知るエクササイズ　ステップ1：出来事を振り返る

以下のいずれかの問いから、ご自身の出来事を振り返ってください。湧いてくるままにそのときのシーンを思い出し、整理せず書き起こしてください。あるいは、家族や友人、同僚等、信頼できる仲間がいれば、口頭で話を聞いてもらってください。

- 仕事を通して、結構大変だな、辛いな、なかなか思い通りにならないなと繰り返し起こる不本意な現実は何ですか？
- あなたが本当に夢中でイキイキとしていた、最高の仕事の体験は何ですか？　そのときの様子をそのままありありと語ってください。

■ニーズを知るエクササイズ　ステップ2：感情を自覚する

あなたが、そのときに感じている感情は何ですか？　思いつくだけ書き出してください。聴き手がいる場合は、聴き手から「あなたの感情」をフィードバックしてもらってください。フィードバックしてもらうときは、「悲しみはありますか？」「もどかしさはありますか？」というように、「感情」＋「ありますか？」という問い形式で渡してもらいましょう。

あなた自身、その感情が自分の中にあるのかを丁寧に味わいながら、「あります」「ありません」「すごくあります」等と答えてください。あくまでその感情が自分の中にあるのか否かだけにフォーカスしてください。

感情の語彙がなかなか思いつかない人は、NVCのホームページで紹介されている「感情のリスト」を参照しましょう。特に社会人になると、「仕事に感情を持ち込むな」と言われるように、私たちは普段から感情をできるだけ意識しないようにする傾向にあります。そういう方にとっては、このリストを見るだけで、感情を表す表現の多さに驚きを覚えるでしょう。(https://NVC-japan.net/data/Feeling&Needs+intention.pdf)

■ニーズを知るエクササイズ　ステップ3：ニーズを明らかにする

最後は、「この感情が湧いてくるのは、自分の中にどんなニーズがあるからなのか？」という問いで内省する時間です。聴き手がいる場合は、聴き手からあなた自身のニーズを自由にフィードバックしてもらってください。このとき、もらったフィードバックに対し「いや自分にそんなニーズはない」等と否定してはいけません。他者にそのように届いている時点で、それはすでに真実です。**一旦「あるかもしれない」と受け取ってみましょう。**

NVCのホームページで代表的なニーズのリストを参照できますので、自分の言葉で思いつかない方は、まずここから選んでみましょう。(https://NVC-japan.net/data/Feeling&Needs+intention.pdf)

自分で選ぶにせよ、聴き手からフィードバックをもらうにせよ、1つのエピソードから10前後のニーズを明らかにできます。また、面白いことに、ステップ1のどちらの問いから掘り下げても、比較的同じようなニーズにたどり着きます。ポジティブ、ネガティブ問わず自分の感情が大きく揺れるときは、たいてい自分にとって大切にしているニーズが、その根底にあるということです。

■ニーズとパーパスとのつながりを感じる

ニーズは、あなたが根源的に大切にしている価値観（バリュー）そのものです。

複数並んだ自分のニーズを眺めていると、しっくりくるものや新鮮に感じるものなど、自分のなかでも濃淡は出るはずです。「今の自分にとって人生のテーマ」とも言える強いニーズもあれば、特定のエピソードのみに紐づくニーズもあるでしょう。

自身のニーズが複数明らかになったら、まずは自分にとって最も大事だと感じるものを3つ選んでみてください（例：「つながり」、「遊び」、「成長」など）。次に、自身のパーパスとそれらのニーズがどのようにつながっているか、味わってみてください。

組織のパーパス・ビジョン・バリューについて、一貫性が大事でした。個人についても同様です。自分自身のバリュー（ニーズ）の体現が、いかにマイパーパスの実現につながっているのか。この接続がしっかりできているほど、自身の決断や行動に納得のいく選択ができるようになるはずです。

■自己観察が他者への共感につながる

自分自身のパーパスやニーズを明らかにする作業は、自分自身に純粋な関心を向ける営みでもあります。そのなかで、「あぁ、自分は悲しかったんだな」「意外とこんなことを大事にしているんだな」というような発見も得られるでしょう。

この自己観察こそが、適応型リーダーシップの一要素、「共感」への第一歩です。自分自身の内的なメカニズムに純粋な関心を向けて観察を行えるからこそ、目の前にいる相手に対しても「この人の中にも同じようなメカニズムが働いているんだな」という関心、そして共感を抱くことができるのだと私は思います。この自己観察↓他者共感というシンプルな構造への理解がないままに、「傾聴テクニック」のようなスキルのみを磨いても、適応型リーダーとしての深い共感力にはつながりません。普段から自分の中に湧き起こる感情を敏感に察知し、そのさらに奥底にある自分自身のバリューに気づく訓練を積んでおくことが重要になります。

私はいつも、「自己観察こそが、リーダーシップの一丁目一番地」であると様々な場面でお伝えしています。

まとめ

自身を知る　パーパスとバリュー

☑組織のパーパスとは、その組織の存在意義そのもの。ミッション・ビジョン・バリューとは区別されるが、一貫性が重要。

☑パーパス経営を実現することで、社員のエンゲージメントと自立性の向上、イノベーションの促進、経営判断の一貫性確保、意思決定の質向上、ブランディングを通じた自社の差別化といったメリットがある。

☑パーパスに良い・悪いはない。自分たちらしさを最もよく表現し、組織メンバーが腹落ちする言葉となっていることが重要。

☑個人のパーパスも組織のパーパスと同じく、自身の活力の源泉となり、複雑で困難な状況においても決断と行動を導いてくれる拠り所となる。

☑マイパーパスと同様に重要なのがバリュー。感情をきっかけにして自身のバリューを観察することができる。その先にあるのが他者への共感。

?

本章を実践的に理解するための問い

この章で得た学びをあなた自身の実践に繋げるために、次の問いに対する自分なりの考えをまとめてみてください。メモを取るなどして具体的に言語化した上で、次章に読み進めることをおすすめします。

組織・事業のパーパス

■ あなたの会社や組織全体のパーパスは何ですか？ そのパーパスは組織内でどれだけ浸透しているでしょうか？ そのパーパスが作られた経緯や背景について、あなたはどれだけ理解していますか？

■ あなたが所属する部署、または担当しているプロダクト・サービスのパーパスは何ですか？ まだなければ、仲間と話してみる機会を設けてください。

個人のパーパス・バリュー

■ あなたのパーパスと組織のミッション／パーパスはどのように交差しますか？ あな

たのパーパスと今任されている役割はどのように交差しますか？　「やること」の表層ではなく、本質的なレベルで接続できる点を模索してみてください。

- あなたのニーズ（バリュー）のうち、「やっぱり自分にはこれだ」と思うものを一つ心に決めてください。そのニーズを、現在の自分の業務のなかで最大限表現するとしたら、具体的にどのような実践に移せそうですか？
- そのニーズを体現するために、日々の自分の行動のなかで手放すべきもの、止めるべきものがあるとしたら、それは何ですか？
- 先の2つについて、自分が最もしっくりこないニーズを選んで同じように考えてみてください。あなたにどのような可能性を新たに開いてくれるでしょうか。

第 2 部

対人知性を磨く

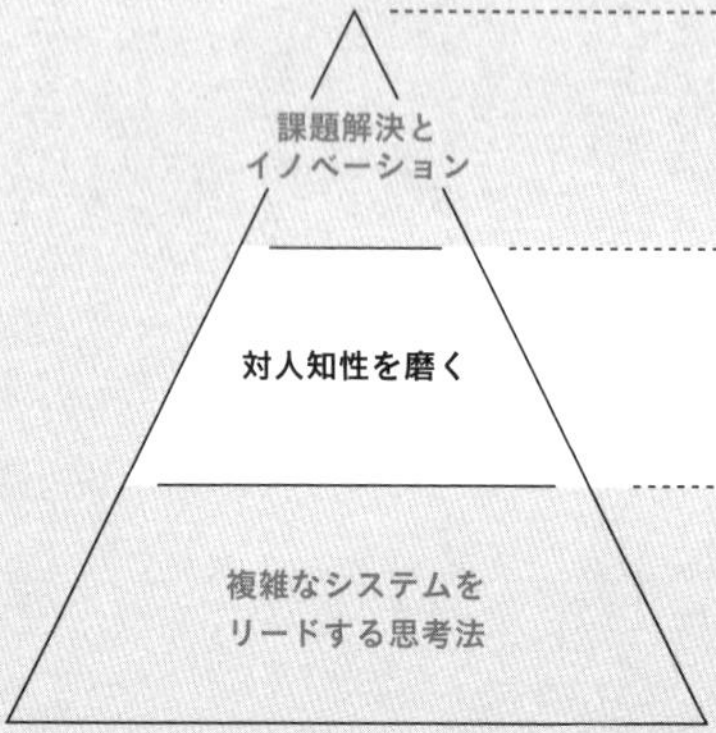

第5章

こころの知能指数（EQ）

習得する #Learning Outcomes

#relational_iq
対人知性と感情の俊敏性を高め、周囲との関係性を円滑に運ぶ。

#individual_differences
一人ひとりのスキル、能力、スタンス、価値観を理解し、活かす。

#self_awareness
自己を観察し、強みと弱みを理解する。パフォーマンスを妨げる行動や習慣を抑える。

?

本章を読み進める前に、あなた自身の体験に当てはめながら、次の問いに答えてみてください。

問

感情の動きを捉えよう

あなたが今の職場において、他者との関係ややりとりのなかで最も**感情が揺れ動いた体験**を振り返ってみてください。まず1〜2分ほどで、記憶の限りその時の情景を思い浮かべ、その後、次の問いに順に答えてください。答えはメモ等に書き出すことをおすすめします。

■ あなたの他に誰がいましたか？　相手はあなたにどんな言葉や態度を示してましたか？
■ あなたはそのときどんな気持ちでしたか？　その結果、どんな言動をとりましたか？
■ その結果、相手はどんな反応を示しましたか？
■ 相手はどんな感情だったたと思いますか？　相手の心の中にはどんな声が湧いていたと思いますか？　相手はあなたのことをどのように見ていたと思いますか？
■ 相手は何を求めていたのでしょうか？　あなたは何を求めていたのでしょうか？

■あなたのそのときの感情は、あなたのパフォーマンスや行動にどのような影響を与えたと思いますか？

■周囲はどうでしょう？　第三者から見てあなた自身はどのように映っていたと思いますか？　あなたは周囲に対しどのような影響を与えていたと思いますか？

以上を振り返った上で、あなたが新たに気づいたこと、発見したことを言葉にして書き出してください。

普段何気なく流れていく他者とのやりとりや、瞬間的に起こる感情的な衝突も、こうしてじっくりと振り返ってみると様々な発見があります。

前章では、他者共感の土台となる自己観察力やパーパスについて考えてきました。本章では、それらを対人関係において、具体的にどう発揮すべきかについて考えていきます。

学力テストやＩＱテストで計測できる能力を認知能力と呼ぶのに対し、**自己を律して目標に向けて取り組んだり、他者との円滑な関係を築いたりするための様々な能力を総称して非認知能力と呼びます。**非認知能力は近年注目されており、非認知能力の教育が将来の平均賃金に影響を与えるといった研究や、企業が新たに採用する経営幹部には業界知識や専門性よりも協調性をはじめとする非認知能力を求めているという調査結果もあります。

ＯＥＣＤ（経済協力開発機構）では、こうした一連のスキルを「社会情動的スキル」として提唱し、さらに、社会情動的スキルを高めることによって、知識の獲得やアウトプットを行うための認知的能力が高められると提起しています。

非認知能力は主に、**自律性や自己認識といった対自己の能力と、協調性や共感性といった対他者に関する能力の2つに大別**されます。アメリカの心理学者ピーター・サロベイとジョン・メイヤーは、こうしたスキルを「**EQ（Emotional intelligence Quotient　こころの知能指数）**」として世に初めて提唱し、その後、同じくアメリカの心理学者であるダニエル・ゴールマンが自身の著書で取り上げたことで、今や世界的に知られる言葉となりました。

対人知性の根幹となるEQ

ゴールマンは、**EQを1．自己認識**（Self-awareness）**2．共感性**（Empathy）**3．自己抑制**（Self-regulation）**4．動機づけ**（Motivation）**5．ソーシャルスキル**（Social skills）**の5つに分類**し、業績優秀な経営幹部と平均的な経営幹部とを比較調査すると、能力差のほぼ9割の要因はＩＱではなくＥＱにあることを主張しました。

一般にリーダーのＥＱが高いと、メンバー間の信頼が高まり、情報共有や相互学習が促進されることで成果につながりやすくなると言われています。

■1．自己認識（Self-awareness）

ＥＱにおいてまず考えていくのは自己認識です。自己認識を深めることで、リーダーとしての振る舞いにより統制が取れるようになります。また、他者からのフィードバックを素直に受け入れやすくなります。結果として、自己信頼、他者との信頼関係、より良いコミュニケーション、より良い意思決定につながっていくのです。

自己認識については、組織心理学者であるターシャ・ユーリックの研究も示唆に富みます。ユー

図5-1　内面的自己認識と外面的自己認識の4象限

低い←内面的自己認識→高い	低い←外面的自己認識→高い	
高い	**内省者 (Introspectors)** 自分が何者であるか、よくわかっている。だが、他者からの意見を受けて自分の見方を疑ってみたり、盲点を探してみるということをしない。これにより、人間関係が損なわれたり、成功に限界が生じたりすることがある。	**認識者 (Aware)** 自分が何者であるか、何を成し遂げたいかを理解しており、他者の意見も求め重視する。リーダーはこのレベルに至ると、自己認識の真の恩恵を実感し始める。
低い	**探究者 (Seekers)** 自分が何者であるか、自己の信念、部下からどう見られているのか、十分に理解できていない。その結果、自分のパフォーマンスや人間関係に行き詰まりや苛立ちを感じることがある。	**八方美人 (Pleasers)** 他者にこう見られたいと意識するあまり、自分にとって重要なことを見落とすことがある。そのうちに、自分にとって重要な成功や充実につながらない選択を行うようになる。

リックの調査によれば、ほとんどの人が「十分に自己認識ができている」と考えている一方で、それを実際に高い水準で行っている人は全体の15%程度に過ぎないとされています。ユーリックによれば、自己認識は内面的自己認識と外面的自己認識の2つから構成されます（図5－1）。**内面的自己認識とは、自分の価値観や他者への影響を自分自身で理解している度合いです。一方で外的自己認識とは、他者から見た自分像をどれだけ理解しているかです。**この2種類の自己認識を高い・低いで整理すると、自己認識の4つの原型（内省者、探究者、認識者、八方美人）として理解できます。

ゴールマンのEQの概念と合わせると、内面的自己認識を高めることで、より良い自己抑制と動機づけにつながり、外面的自己認識を高めることで、共感性とソーシャル・スキルの強化につながることになります。

あなた自身はどうでしょうか？　つい周囲に合わせがちで自分の軸に自信がないという人は「八方美人型」かもしれません。「他者から耳の痛いフィードバックをされるとつい反論したくなる」という方は「内省者型」かもしれません。重要なことは、自分の自己認識力の程度をさらに自己認識し、内的・外的両面からバランス良く育むことです。

■2.共感性（Empathy）

リーダーの共感性は組織がパフォーマンスを高めるために極めて重要な素地となります。

メンバーは、共感性の高いリーダーと接することで「声を聞いてもらった」「サポートされている」「自分の考えが尊重されている」という実感を持つことができ、結果としてチーム内で多様な意見が活発に交わされ、組織として複雑な問題にも共に対処しやすくなります。

共感性はまた、イノベーションの源泉とも言われます。なぜならイノベーションは、本質的には顧客のニーズに共感することから生み出される営みだからです。このことについて、かつて業績不振に陥っていたマイクロソフト社をV字回復させたことで知られるサティア・ナデラCEOが、次のように述べています。

すべての人は生まれつき、他者の立場に立ち、彼らの視点で物事を見る基本的な能力、すなわち共感力を備えている。これこそがデザイン思考の核心だ。『イノベーションとは、市場のなかにある、具体化も充足もされていないニーズを満たすことだ』と言われるが、これは究極的には、具体化も充足もされていない人々のニーズ、あるいは、人々の集まりである組織のニーズを満たすことにほかならない。また、単なる共感ではなく、深い共感をもつ必要がある。私の考えでは、すべてのイノベーションの源泉は、すべての人が備えるもっとも人間的な性質、すなわち共感だ。

（出典：https://forbesjapan.com/articles/detail/44514）

ナデラは、CEOとして着任した後すぐに、この共感型経営を組織内にも徹底して実践したことでも知られています。内部対立や裏切り、社内政治が横行していた当時のマイクロソフトにおいて、ナデラ氏はまず経営幹部間の関係性を変えるべく、業績や数値をただ共有し合うボードミーティングをそれぞれの人生や価値観を語り合う共感の場に変えていったと言われています。

ゴールマンによれば、共感には、他者が感じていることを認識する「認知的共感：Cognitive Empathy」、他者が感じているように感じる「感情的共感：Emotional Empathy」、共感した上で手を差し伸べる「共感的配慮：Empathic Concern」の3種類があります。

■認知的共感

認知的共感とは、相手の視点を理解する力です。「今きっとこう考えているんだろうな」とか、「こう言うと怒るかな」というように、認知によって相手の心理状態を推察する力です。

図5-2 3種類の「共感」

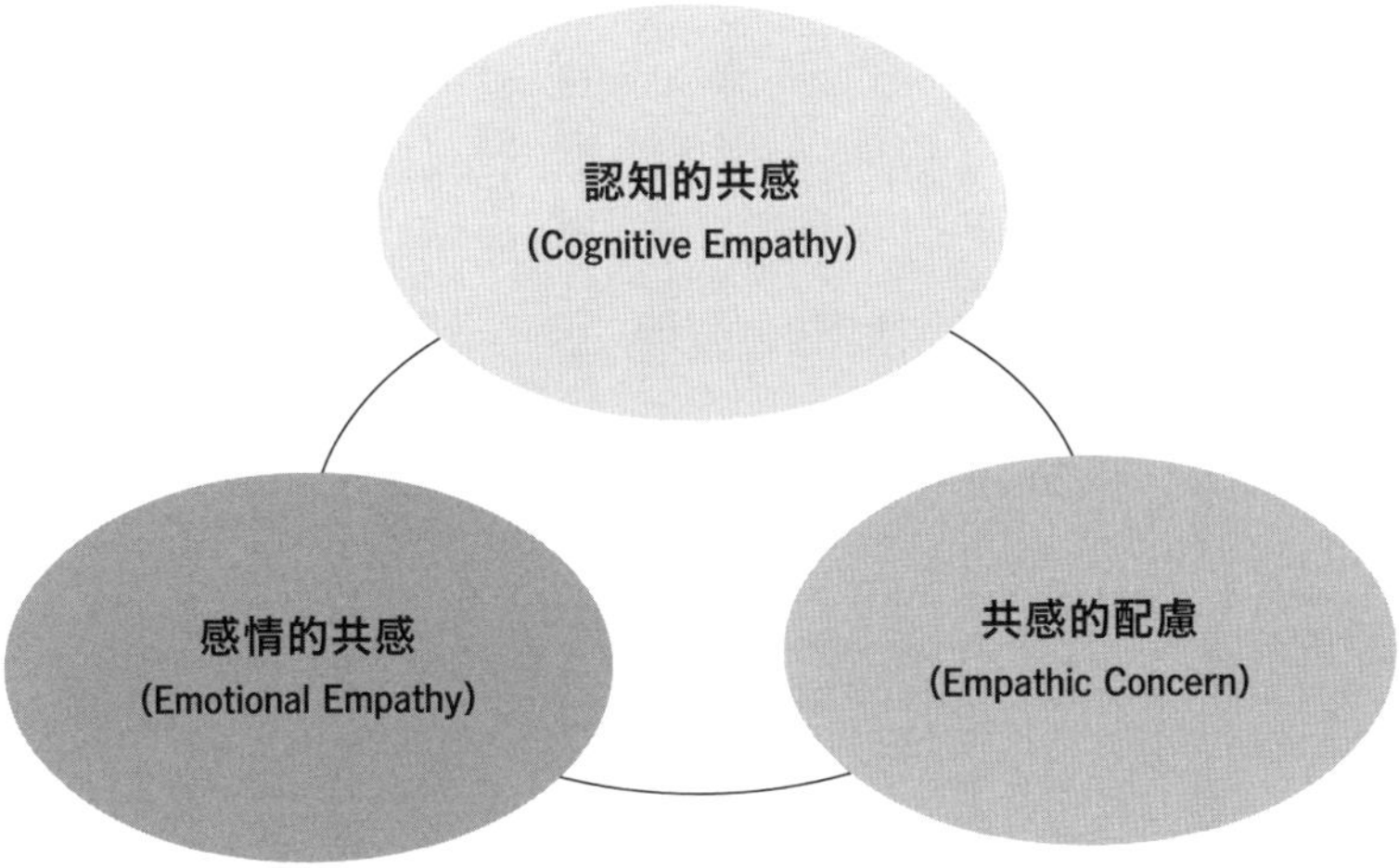

私が外務省職員時代、様々な交渉に携わりましたが、外交交渉は認知的共感が求められる良い例でした。相手側が何を勝ち取りたいのか、何がボトムラインなのか等を推察した上で、相手にとって最も重要な交渉ポイントを無邪気に人質に取りつつ自分たちの有利な形に進めようとする。こういった交渉スタイルは、まさに認知的共感の実践と言えます。

日々の業務では、たとえばメンバーにフィードバックを行う際もこの共感力が求められます。特に耳の痛いフィードバックを伝えなくてはならないとき、相手が建設的な姿勢で素直にそれを受け取れるように、リーダーとしてよく言葉を選ぶ必要があるでしょう。

■感情的共感

感情的共感は、相手の感情を相手と同じように味わうことです。「相手の気持ちになる」というように、私たちが「共感」と聞いて一般にイメージするのは、この感情的共感だと言えるでしょう。時に落ち込むメンバーに対しては、業務上のアドバイスや指示でなく、感情的共感を介した精神支援が必要です。相手が感じている悲しみや憤りを、まずは自分ごとのように共有することで、相手はつながりや安心を覚え、次にすべきことに意識を向けられるようになります。この力は、普段から小説や映画に触れて登場人物に感情移入する体験を積むことで磨かれると言われています。

■ **共感的配慮**

共感的配慮は共感のレベルをさらに一歩進めます。すなわち、**相手の心中にあるニーズを察し、実際に手を差し伸べる力**です。たとえば遠くで発生した震災に心を痛め、「何かしたい」という思いで募金を行うのはこの共感的配慮の働きです。

日々の仕事においても共感的配慮は様々な場面で求められます。メンバーの取り留めもない悩みや愚痴の中にも言外のニーズを受け取り、サポートを申し出たり声をかけたりすることが、相手にとって大きな助けとなることがあります。特にリモートワークが増えてお互いの様子を直接確認できないなかで、チーム内のコラボレーションを促すためにも発揮したい共感のレベルです。

これらの3つの共感の種類に優劣はありません。たとえば認知的共感だけだと、他人の感情を逆手にとって都合の良いように操作しようという恣意的な意図が生まれるリスクがあります。反対に感情的共感だけでは、いつも他者の感情に寄り添いすぎて心が疲弊してしまうでしょう。さらに、共感的配慮は重要ですが、その名のとおり具体的な配慮を伴うため時間に限りが生まれます。

　大事なことは、これら3つの共感を自分が普段どのようなバランスで行っているかを理解すること、そして必要な場面で必要となる共感力を発揮できているかを意識することです。

　共感性は後天的に開発することが可能です。方法の一つは先述のとおり普段から小説や映画に触れ、他者の視点を味わう癖をつけておくことです。

　また、「極端な共感（Radical Empathy）」というエクササイズもあります。「極端な共感」は、自分がまったく同意できない考えや人に対し、あえて賛同できる理由を見つけながら積極的な共感を寄せる訓練です。これにより、他者に対する共感力が鍛えられるだけでなく、自分の普段の感情や認知基盤を意識的に押し広げることができます。具体的なやり方を本章の最後に紹介しますので、ぜひ試してみてください。

■3．自己抑制（Self-regulation）

　EQの3つ目の要素が自己抑制です。

　リーダーであっても人間ですから、感情自体をなくすことは不可能です。むしろ、感情を無視したり、ないものとみなしたりすることはリーダーシップにとって時に逆効果です。しかし、**湧き起こる感情をコントロールすることは可能です。**

部下のお粗末な失敗に声を荒げて非難する上司や、他部署との揉めごとに電話を叩きつけて切る上司が職場いたら、周囲にいる人間はどのように感じるでしょうか。

自己抑制が整っているリーダーは、このような場合でもまずは湧き起こる感情を受け止め、その上で自分が今何をすべきか冷静に見つめます。そして、言葉を慎重に選びながら部下にフィードバックを行い、あるいは相手のミスの一端に自分が要因として関わっているのではないかという視点さえ持つのです（第2章で述べた「自分をシステムの一部と捉える」思考法です）。このようなリーダーは、当然周囲からの信頼を集めますし、職場にポジティブな雰囲気をもたらします。

■4．動機づけ（Motivation）

動機づけとは、第3章で触れたとおり、目標に向かう自分自身の推進力です。

いかに自己抑制が整っていても、自分自身を動機付けすることができなければ、困難な状況に陥ったときに仕事をやり遂げる胆力は身につきません。**EQの高いリーダーは、自分自身を突き動かすものは何かをよく理解しています。**これまで解説してきたモチベーション理論、パーパスやバリューのセオリーに従って、自分自身のモチベーションの源泉をよく理解しておきましょう。自分一人で考えるだけでなく、周囲からはどう映っているのか他者に尋ねてみるのもいいでしょう。

動機づけができているリーダーは、常に目標が明確です。この作業が自分の目標にどうつながっているのかを意識し、また他者に対してもその意識を持たせることができます。相手のモチベーションの源泉を相手に代わって理解してあげたり、それをチーム共通の目標設定に反映させたりすることができるのです。

■5．ソーシャル・スキル（Social skills）

ソーシャル・スキルとは、周囲の人間と調和の取れた関係性を築く力です。組織が直面する複雑な課題を一人で解決することが到底不可能であるという前提において、このソーシャル・スキルがリーダーにとって不可欠な力であることは言うまでもありません。

ゴールマンによれば、このソーシャル・スキルは、他の4つの要素を総合して実践することで高められます。つまり、自分自身をよく理解しながら感情をうまくコントロールし、相手に共感しながら、時に動機づけを行う。このような一連のやり取りを通じて、他者との円滑な信頼関係が築かれていくのです。そこには当然、交渉、説得、対話など、様々な形での効果的なコミュニケーションスキルも重要な要素となります。コミュニケーションスキルについては、第7章において具体的に紐解いていきましょう。

以上がゴールマンの定義する5つのEQの要素です。あなた自身が比較的実践できていると感じるもの、苦手だと感じるものはどれでしょうか？

自身のEQを伸ばしていくためには、まず自覚が重要です。そして自覚を促すためには、他者からのフィードバックが最も効果的です。自身のEQ開発に課題意識を持ったら、まずは信頼できる同僚や家族に、「自分がこれらの5項目について問題のある行動をとることがあればフィードバックしてほしい」とあらかじめお願いしておくのも一案です。EQを伸ばすためにはその場その瞬間の意識も大事ですが、こうした普段からの仕掛け作りが特に重要になってきます。

■最も重要なのは自己認識

リーダーシップ開発プログラム内の講義では、EQの5つの要素のなかでもリーダーにとって最も重要なものはどれか？　という問いについて議論します。人によって答えは様々です。「リーダーはチームを鼓舞して目標達成するのが仕事なのだから、『動機づけ』が一番大事だ」という人もいれば、「様々なステークホルダーとの関係をマネージする必要があるリーダーは、まず『ソーシャル・スキル』が重要になる」という人もいます。

私は**「自己認識」がリーダーにとっても最も重要である**と考えています。それは前章で述べた、**「自己観察が他者への共感につながる」という考え**にもつながっています。ここではEQの範囲を超えて、近年重要視される様々なリーダーシップスキルとの関係で見ていきます。

まず、他者への共感は、自身への共感ができているからこそ純粋な関心として生まれます。また、EQの5要素を超えて、今の時代にリーダーに必要とされる様々な素養は、深い自己認識を土台にしています。

図5-3 自己認識とその他のスキルとの関係性

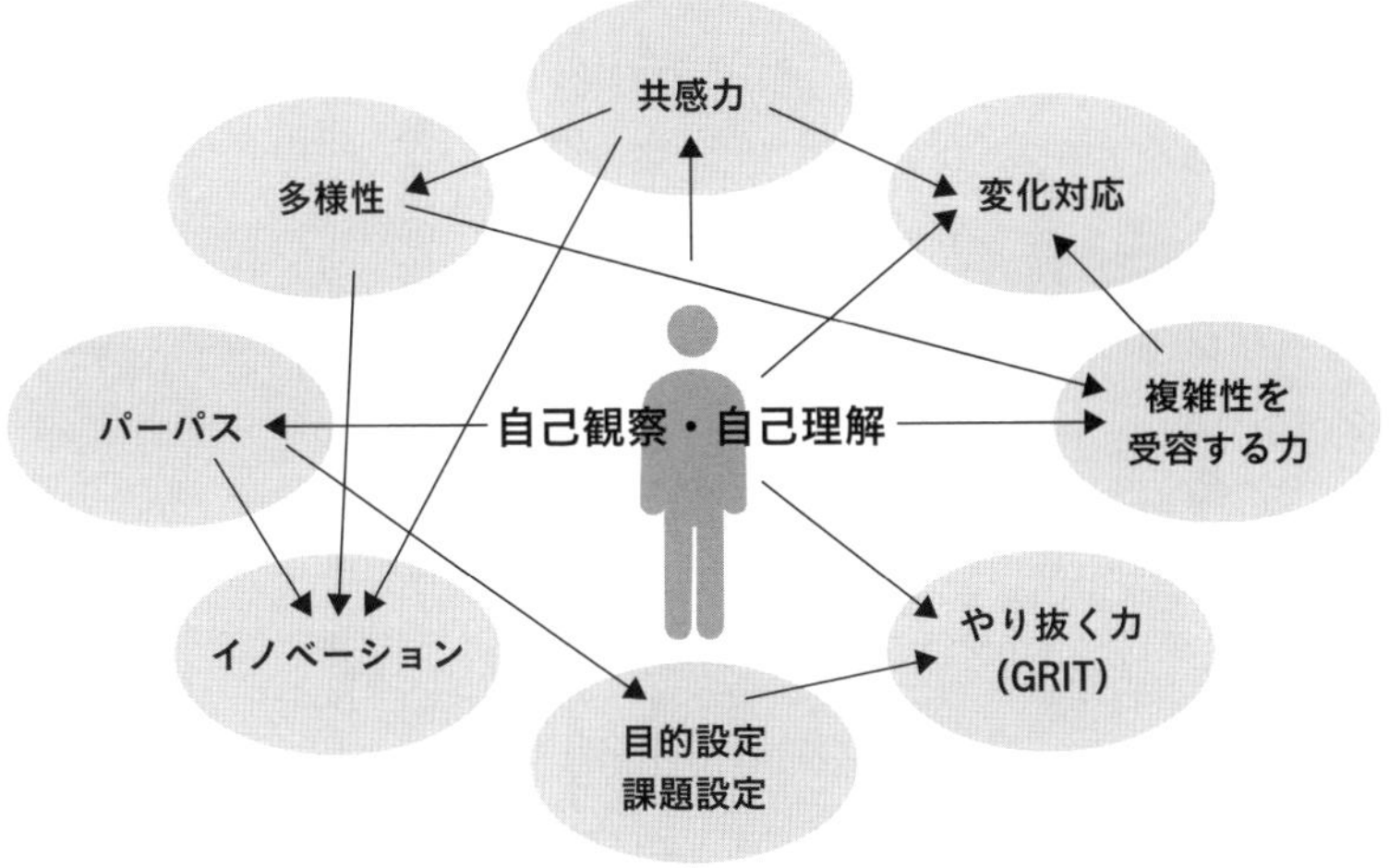

その先の「多様性」マネジメントは、リーダーが従業員一人ひとりの価値観や考え方に共感を示すからこそ実現します。「イノベーション」は、多様性や消費者への徹底した共感によって生み出されます。「パーパス」は当然深い自己認識から紡ぎ出されるものですし、パーパスがあるからこそ明確な「目標設定」が行われ、目標があるからこそ「課題」が浮き彫りになります。

自分の価値観やモチベーションの源泉をよく理解していれば、困難なときにも「やり抜く力」に変わります。自分自身の様々な側面（内的多様性）を理解しているからこそ、何事もジャッジしようとせず「複雑性をそのまま受容する力」が養われます。それが柔軟な「変化対応」を可能にします。

このように、**リーダーシップにとっての自己認識は、その他の様々な素養を生み出す直接的・間接的な土台になっている**と捉えることができます。

感情の俊敏性（Emotional Agility）を身につけよう

リーダーシップコーチのスーザン・デイビッドとクリスティーナ・コングルトンは**EQの実践として「感情の俊敏性」**を提唱しています。

対人知性の実践において重要なキーワードは、「感情」です。リーダーとして、自分や他者の感情をいかに効果的に扱うかが鍵となります。特にネガティブな考えや感情にとらわれるとき、私たちは頭の中でぐるぐると巡る妄想を事実かのように思い込んだり、あるいはそれを否定したり考えないようにしたりと、あの手この手を尽くします。そして、なんとかしようとすればするほど、そのネガティブな思考が強化され、かえって過剰に意識していることに気づきます。

デイビッドとコングルトンは、こうしたネガティブな感情に建設的に向き合うための対処方法を次の4つのステップで解説します。前章で解説したNVCのフレームワークにも当てはめながら考えると、より理解が進むと思います。

❶ 自分のパターンを認識する

まずは自分が感情にとらわれているという状態自体に気づくことが重要です。自分の言動が堂々巡りをしている、あるいは防衛的で硬直した態度を取ろうとしているときなどは、このパターンを意識する大事なきっかけとなります。

❷ 自分の思考や感情にラベルを貼る

次に、自分が陥っている感情や思考に名前をつけましょう。今抱いているあなたの感情は、「悲しい」のか、「悔しい」のか、「苛立ち」なのか、あるいは「怒り」や「不安」、「混乱」なのか、客観的に名前をつけるのです。

声のように湧いてくる思考についても同じように客観性を持たせます。たとえば「私は仕事ができない」という思考に飲み込まれそうになっているとします。このとき、「私は仕事ができない」と思い込むのではなく、**「私は、自分は仕事ができないという思考を持っている」**というふうに、少し言葉を変えて自分の声を客観的に説明するようにします。

❸ それらを受け入れる

感情や思考にラベルを貼り、客観視することができるようになったら、衝動的、反応的に次の行動に移るのではなく、次はそれらを受け入れます。「あぁ、悔しいと感じているな」「私は、自分は仕事ができないという思考を持っているんだな」というように、**そのように感じている自分自身をまずはありのまま受け入れます**。受け入れることで、目の前の状況を冷静に見つめながら考察できるようになり、やがて本当に自分が望むべき次の行動に意識が自然と向くようになるのです。

❹自分の価値観に基づいて行動する

最後に、その思考や感情の奥底にある自分の価値観や理想に沿って行動を選択します。今は怒りや悔しさ、絶望に駆られている。ということは、自分は本当には何を望んでいるのだろうか？　自分や組織にとって何が重要だと感じているのか？　こうした内なる声を意識し、それが達成される最良の行動選択を行います。

■ネガティブ感情に向き合う練習

ここまでのステップが理解できたら、一度、仮のシナリオでイメージしてみましょう。

あなたの職場に、何度注意しても同じミスを繰り返すメンバーがいたとします。あなたはいよいよ腹に据えかねて、そのメンバーを会議室に呼び出します。「そもそも反省してないんじゃないのか？」「ちょっと厳しめに言ってやらないとわからないんだな」という内なる声とともに、あなたは顔をこわばらせ、自分の怒りを言葉や声のトーンに込めてぶつけようとします。

「あのね……」

はい、ここで一旦止めてください。

ここで「感情の俊敏性」の4ステップを思い出しましょう。そして一呼吸おいて、自分のパターンにまずは気づきましょう。「思えば自分は誰かがミスをするたびにこうしてイライラしたり、相手の問題行動の原因を探ろうとしたりする癖があるな」と気づくかもしれません。このメンバーに限っては「またいつミスを起こすかわからない」という目で監視している自分に気づくかもしれません。

こうして自分の行動を客観視できたら、次に自分自身の感情や思考にラベルを貼り、それらを受け入れます。ここでは「怒り」や「苛立ち」があるかもしれません。あるいは、どこかで「不安」も感じているかもしれません。「厳しく言わないとこのメンバーは変わらないと思っている自分がいるな」と客観視できるかもしれません。湧いてくる感情や声を一旦受け取り、言語化したら、それらを保留します。

感情が特定できたら、その感情の奥底で自分が求めている理想や価値観に目を向け始めます。自分の怒りや苛立ちの根っこをたどっていくと、「ああ、結局自分の言葉をしっかり聞いてほしいんだな」と気づくかもしれません。または、「部下のリスペクトが欲しいんだな」と感じるかもしれません。あるいは「結局自分は『自分の思うように相手をコントロールしたい』だけなんじゃないか」と気づくかもしれません。

ここまで気づくことができれば、**「今、感情のまま衝動的に反応してしまうことで、自分が求めている理想を叶えることができるのか？」を問うことができる**ようになります。

このケースではつまり、「怒りにまかせて相手を怒鳴りつけたり厳しく指導したりすることで、結果的に相手は自分に耳を傾け、リスペクトを払ってくれるようになるのか？」という問いです。

答えはおそらくNOでしょう。ではどうすればいいのか？　自分にとって、相手にとって、両者の関係性にとって何が最も望ましいのかを真摯に考え、建設的な言葉や行動を選び取っていくのが、まさにリーダーに求められる感情の俊敏性です。

私自身もそうですが、こうした実践は非常に難しいことです。頭ではわかっていても、感情にラベルを貼ることさえなく、反射的に反応してしまい、その結果望まない方向に物事が進んでいくことは往々にしてあります。このようなときは、少なくとも事後、その出来事を内省的に振り返ると良いでしょう。

「今日はあの時つい反応的な態度をとってしまったけど、自分が抱いてた感情はこれで、本当はこんな理想を求めていたんだよな」というふうに、事後的に自分の感情や理想状態を明らかにしていきます。対人的な問題行動はだいたいパターンで起きますから、次に同じような局面になったとき、より理性的・意図的に状況を観察できる力がこれで高まっていくと思います。

まとめ

こころの知能指数（EQ）

☑ EQをはじめとする非認知能力は、ますます多くの企業がリーダーに求める必須スキルとして比重が高まっている。

☑ 非認知能力を高めることで、IQ等の認知的能力が高められるとされている。

☑ ゴールマンの定義によれば、EQは①自己認識、②共感性、③自己抑制、④動機づけ、⑤ソーシャルスキルの5つ。リーダーのEQが高いと、メンバー間の信頼が高まり、情報共有や相互学習が促進される。

☑ 自己認識は、自己理解と、他者の自分への評価に対する理解の2軸からなる。自己を探求するだけでなく、他者からのフィードバックをいかにオープンに受け入れることができるかが鍵となる。

☑ 共感には、認知的共感、感情的共感、共感的配慮の3つがあり、それぞれを意識して使い分ける必要がある。

☑ 自己認識はあらゆるリーダーシップ・スキルの土台として重要である。

☑ ネガティブな感情にとらわれないための「感情の俊敏性」は、①自分のパターンを認識する、②自分の思考や感情にラベルを貼る、③それらを受け入れる、④価値観に基づいて行動する、の4ステップで実践される。

エクサイズ

極端な共感

自身の共感力を高めるために、以下のエクササイズを実践してみてください。

❶あなたにとってこだわりの強いテーマを選んでください。できれば特別な想い入れ、信念、感情が伴うテーマを選んでください。このとき、一般的な政治問題や社会問題ではなく、自分に直接的な利害のある業務や所属組織に関わるテーマが望ましいです。たとえば、自分で一から作成した企画案、自社が扱う主力製品、人事や組織、経営に対する想いなどが挙げられます。

❷このテーマについて、思いのたけを手紙に書いてください。300〜400字程度を目安とし、宛先はおまかせします。

ただし唯一の条件は、**自分とは真逆の立場に立って主張しなければならない**ということです。

たとえば自社製品について書くなら、手紙の宛先を顧客にした上で、**「なぜ自社の製品ではなく競合他社の製品を選ぶべきか」を理由とともに主張してください。**

あるいは、たとえば働き方改革の文脈で、あなたが「一人ひとりの働き方を尊重すべき」とか「ワーク・ライフバランスを確保すべき」という信念をお持ちの場合は、この真逆の視点に立って、**「なぜ働き方改革が悪なのか、一人ひとりの働き方など尊重すべきでないのか、ワーク・ライフバランスなどいかに不要か」**について、あらゆる側面からもっともらしい理由と共に解説してみてください。

❸以上の作業が終わったら、以下の問いを材料にご自身の体験を振り返ってください。

■手紙を書きながら、どのようなことを感じましたか？　実際に書いてみて、どのようなことに気づきましたか？

■どこに一番難しさを感じましたか？　それはなぜでしょうか？

■真逆の立場で論じた手紙を眺めてみて、ご自身で意外と納得できる部分はありますか？

■真逆の立場とあなた自身の本来の立場の間に共通するものはありますか？

■このテーマについて、今後あなたの考え方や反対論者との接し方にどのような変化が現れそうですか？

第6章

チームの力学を最大化する

習得する #Learning Outcomes

#power_dynamics
複雑系システムのなかでのチームの力学を理解する。チームを機能させるために様々な「力」を行使する。

CASE

アイデアが出ない！　新規事業チームの苦悩

あなたは、日本の大手電子機器メーカーの新規事業開発部門でリーダーを務めています。チームには自分を含めて10名のメンバーが所属しており、営業、マーケティング、エンジニアリング、デザイン、財務、法務など様々なバックグラウンドやスキルを持つ専門家が揃っています。

新規事業開発部は、2年前に新設された社長直下の期待の部署。それまでは各既存事業部のなかで新規ビジネスを企画するやり方が主流でしたが、有用な事業がいっこうに生み出されず、「選抜メンバーで専属のチームを立ち上げよ」という社長の鶴の一声で立ち上げられたのでした。

しかし発足して2年。まだこれといった事業アイデアは生まれていません。イノベーションは時間を要するという社長の理解は示されているものの、部門の責任者として、あなたは日々強まるプレッシャーを感じています。

というのも、あなたは普段からメンバーに対し、「好きなアイデアを出していいよ」と積極的に提案や意見交換を促しているにもかかわらず、メンバーからはあまり活発なアイデアは出てきません。それぞれの専門やこれまでの職歴を見ても、あなたは自分のチームは多様性あふれる組織だと確信しているのですが、アイデア出しの会議では毎回静かになってしまいます。

最近のプロジェクトでは、社内開発が進んでいる新たな技術の事業化アイデアについてブレストの会議を行いましたが、メンバーからの意見は相変わらず少なく、出てくる案も、既存の事業に近いものばかりでした。あなたは、もっと独創的なアイデアが出てくることを期待していましたが、メンバーからは、どこか「リーダーの考えに従っておけば良い」という態度が目立ちます。

さらに、メンバーの一部には「異なる意見を言うのは悪いことだ」という考えもあるようで、意見を述べることに消極的です。特に、若手メンバーは、ベテランメンバーに遠慮している様子が見受けられます。

「イノベーションを起こすためには多様な考えのかけ合わせが大事。それはわかっているけど……」

あなたは、リーダーとしてどうしていくべきか悩んでいます。

このような状況で、リーダーとしてチームの多様性を引き出し、成果につなげていくために、どうすべきでしょうか？　たとえば次の観点で考えてください。

- **アイデア出し**：メンバーが積極的にアイデアを出せるようにするために、どのような環境やアプローチを提供すべきでしょうか？
- **コミュニケーション**：メンバーが意見を自由に交換し合えるようにするために、普段からどのようなコミュニケーションを心がけるべきでしょうか？
- **リーダーシップ**：あなた自身が持つ力をどのように使えば、メンバーの声をより多く引き出すことができるでしょうか？

第5章では、一人ひとりをより深く理解し、より良い対人関係を築くための力がテーマでした。本章では、さらに視界を広げてチームに焦点を当てていきます。

リーダーは、プレイヤーとして優秀な実績を残してきたからこそ、リーダーのポジションを任されますが、**皮肉なことにリーダーになった瞬間、ゲームのルールは変わります。**

解くべき問題が多すぎる、または大きすぎるため、自分で手足を動かしている時間は物理的にありません。また、なんでも自分でやってしまういわゆる「プレイングマネジャー」になることで、周囲の主体性がかえって減じられるなど、本来意図しない影響を生んでしまうことがあります。チームとして課題をどう進めるのかが大きなテーマとなるのです。

このことはもはや役職としてのリーダーに限られたことではありません。

組織から与えられた公式な権限がなくても、社内外の様々なステイクホルダーと日々折衝を繰り返しながら、肩書きにとらわれず自らリーダーシップを発揮して成果を達成しなくてはならないのは、ある程度経験を積んでいる組織人であれば誰もが直面する経験です。

本章のテーマは「多様性」です。システムに対する理解を深め、自分や他者に対する理解を深めてきた私たちは、リーダーとして多様なチームをどのようにマネージし、成果を導き出せば良いのでしょうか。

なぜ、今「多様性」が重要なのか

現代のビジネスにおいて、「多様性」はもはや当然の概念となっています。ダイバーシティ推進という文脈での全社を挙げてのプロジェクトや、専属の部署を持つ企業も珍しくありません。最近ではダイバーシティだけではなく、「公正性」(Equity)や「包摂性」(Inclusion)と並んで論じられることが多くなり、多様性をいかに実効性高く浸透させるかという意識がより高くなってきています。

こうした流れからもわかるとおり、多様性はもはや単なる美徳や道徳的義務ではなく、組織の成功にとって不可欠な要素となっています。まずは「そもそも今なぜ多様性なのか」について、簡単に見ていきましょう。

■グローバル化と市場の多様化

多様性の重要性を高める大きな要因の一つに、ビジネスのグローバル化があります。

企業は、ますます多様化する市場や顧客のニーズに対応するために、異なる文化、言語、価値観を理解し、対応できる組織を構築しなければなりません。たとえば男性ばかりの組織で主婦向けの生活用品の開発が難しいことは容易に想像できるように、画一的な組織では、異なる市場のニーズにそもそも気づきにくくなる、あるいはその重要度を見落としがちになります。

多様な市場のニーズに対応するためには、多様なバックグラウンドを持つ従業員がいた方が良いですし、彼等・彼女等が様々な価値観を活かしながら自分らしく働くことのできる職場環境を整えていく必要があります。その環境整備を最も直接的に任されるのがマネジャーであり、ダイバーシティ推進の一環として「1 on 1研修」や「コーチング研修」等がマネジャーを対象に多く実施されるようになっているのは、こうした背景が一因にあります。

■イノベーションと競争力

多様性がイノベーションの重要な要素であることはもはや周知の事実となっています。イノベーションの父とも言われるシュンペーターは、イノベーションとは一人の天才による新たな技術革新では必ずしもなく、すでに存在する、異なる知と知の「新結合」であるとしました。

異なる視点、経験、スキルを持つ人間同士が集まることで、新しい課題発見やソリューションに繋がりやすくなるのです。実際に、ボストン・コンサルティング・グループが行なった調査研究では、企業における多様性（出身国、他業界での経験、キャリアパス、性別、学歴、年齢等）とイノベーション（収益にしめる新商品の割合）の間には有意な相関関係があるということが明らかになっています。

具体的には、総合的な多様性が平均以上の企業は、収益に占めるイノベーションの割合が平均

19％、税引前利益が平均9％高いということが判明しています。同レポートでは、「ダイバーシティとは明らかに機会損失であり、多くの企業にとって大きな可能性を秘めている」とし、多様性の問題は、実利のためにすべての企業が取り組むべきテーマであると説明しています。

■法的・倫理的な要件

多様性が重要である3つ目の理由は、法的・倫理的な観点からです。特にグローバル化が進む企業においては、他国や他地域におけるジェンダー、人種間の公正性に対する社会的意識の変化に細心の注意を払わなくてはなりません。特に欧米諸国では、マイノリティに対する配慮が不要とされていた同化の時代から、反差別政策やマイノリティ支援が重視された法的対応の時代、そして多様性はそもそも競争力の源泉であるという認識が広まった多様性尊重への時代へと日本よりも先進的に推移しています。

市場がグローバル化し、従業員体制も多様化せざるを得ない現代のビジネス環境において、ダイバーシティの意識と実践は、うまく管理できなければ、組織にとって大きなリスクであり、自社のグローバル・ブランドを構築する上でも不可欠の要素となっています。

そもそも「多様性」とは何か

多様性という言葉は、ビジネスシーン、そして社会全体で当然の概念として使われるようになりました。しかし、そもそも多様性とは一体何でしょうか。私たちが一言で片付ける「多様性」にも様々な種類があることをここでは押さえておきましょう。

■多様性は外見上の違いだけではなく、内面の違いもある

まず、多様性（ダイバーシティ）とは、一人ひとりが持つ独自の特性が違っていることを指します。この特性には、たとえば人種、民族、性別、年齢、宗教、性的指向、障がいの有無、文化、教育、経験、そして思想など、さまざまな属性が含まれます。このように多様性は単に外見上の違いだけではなく、内面的な違いも含んでいます。これらは一般に「表層的多様性」、「深層的多様性」と呼ばれます。

■表層的多様性

外見や生物学的な特徴による多様性。たとえば、人種、性別、年齢、身体的な特徴など。基本的

に目に見える、識別しやすい特徴であり、道義的・社会的な平等の重要性などは、表層的多様性の尊重から語られることが多い。

■ 深層的多様性
個々の人々の考え方や価値観、スキル、経験などの違いによる多様性。たとえば、専門知識、性格、宗教、文化、趣味、興味、認知スタイルなど。基本的には目に見えない特徴が多く、外見からは捉えにくいが、組織やチームのダイナミクスに大きな影響を与える。

■「認知的多様性」が組織の創造性を左右する

「認知的多様性」とは、個々人が持つ情報処理のスタイル、問題解決のアプローチ、意思決定の仕方など、それぞれの認知機能の多様性であり、深層的多様性の一部です。これらは、個人の経験、教育、価値観、職務体験等を通じて形成されていきます。

たとえば、ある人は問題解決の際に論理的なアプローチを取る一方、別の人は直感的なアプローチを取るかもしれません。また、ある人は新しいアイデアを思いつくのが得意で、別の人はそのアイデアを実行に移すのが得意かもしれません。このような違いが認知的多様性の一部です。

多様性の種類に優劣は当然ありませんが、こと組織の競争力やイノベーションへの影響という観点で見ると、より注目すべきは「認知的多様性」です。

認知的多様性は、組織の創造性に大きな影響を与えます。異なる考え方や視点を持つ人々が協力することで、グループが持つ固定観念や集団のバイアスを打破し、より多様なアイデアや問題への解決策を生み出すことにつながるのです。

意思決定においても、異なる視点や判断スタイルを持つ人々が集まることで、より包括的でバランスの取れた意思決定が可能になります。これは、異なる視点から問題を評価し、潜在的なリスクや機会をより広い範囲で検討できるからです。仮に年齢や性別を含む表層的多様性が十分に確保されているチームであったとしても、同じような教育、専門性、経験や価値観を持つ者同士のグループであれば、このような効果を生み出すのは難しいということは想像に難くありません。

このことを深く研究し、ビジネス支援に活かしているのがオランダのHuman Insight社です。同社はAEM-Cubeと呼ばれる独自の組織診断ツールを開発し、組織の認知的多様性を可視化するサポートを行なっています。AEM-Cubeでは、以下の3軸によって従業員の認知的趣向を計測し、組織全体の認知的多様性を測ります（図6－1）。

ヒト派かコト派か（縦軸）：仕事において他者との交流や協力により楽しみを覚えるのか（ヒト派）、あるいは専門分野の研究や物事の前進に楽しみを覚えるのか（コト派）の違い

発見・探究好きか安定・効率好きか（横軸）：0→1の発想やアイデアの構築に楽しみを覚えるのか（発見・探求好き）、1→10の発想やマニュアル化・効率化に楽しみを覚えるのか（安定・効率好き）の違い

図6-1 組織の多様性を可視化するAEM-Cube

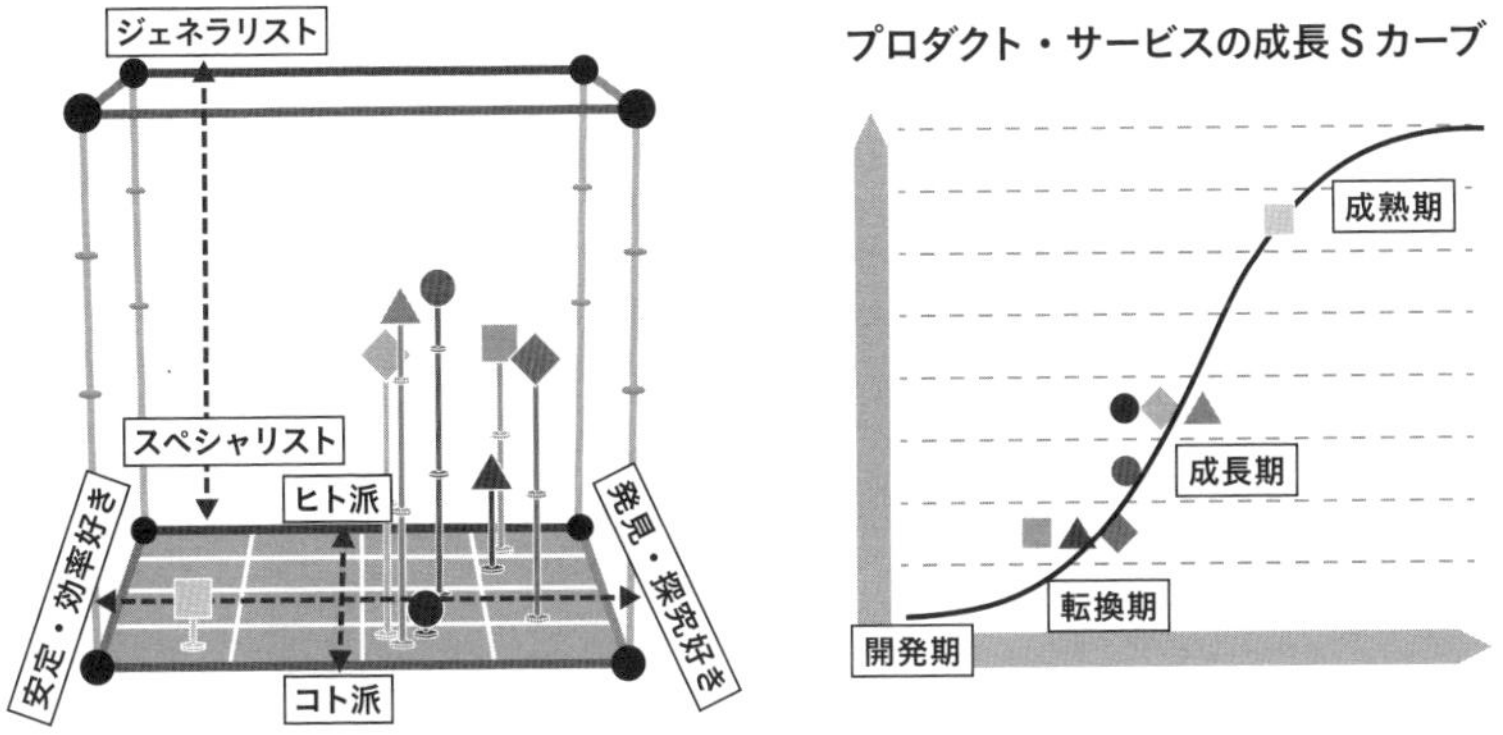

Human Insight社レポートをもとに作成

ジェネラリスト型かスペシャリスト型か：複雑な問題に直面した際、周囲を見渡して必要な知恵を集結させて解決しようとするのか（ジェネラリスト）、まずは自分の持つ専門性を駆使して解決しようとするのか（スペシャリスト）の違い

Human Insight社が12年間100回以上にわたって不特定のグループに行った調査・実験によれば、このAEM-Cube内における各**メンバーの配置と高さにばらつきがあるほど、すなわち、認知的多様性が高いほど、チームのパフォーマンスが高いことがわかりました。**

また、組織の認知的多様性は、開発期から成熟期を辿る事業のいわゆる「成長Sカーブ」とも密接に関係しています。たとえば初期のアイデア段階である開発期においては、「発見・探究好き」の人材の比率がより高く求められ、成長期〜成熟期に行けば「安定・効率好き」の人材がより事業成長に貢献するというものです。
「0→1ができる人が本当に優秀な人材」「コミュ力がすべて」などという主張を聞くことがありますが、AEM-Cubeの考え方によれば、人材そのものに優劣はありません。**人それぞれが持つ固有の特性と事業フェーズのマッチ度があくまで重要なのであり、それを担保するのが組織リーダーの役割である**とされているのです。

これは「自分の弱みを克服する」という個人の弛まない挑戦を否定する意味では決してなく、たまたまマッチ度の低かった事業フェーズや役割において成果を残せなかった、あるいは失敗を繰り返してしまった個人に対し、**「できない」とか「能力がない」という判断を軽々に下してしまいがちな組織観に対するアンチテーゼ**でもあります。

どうもチームが生き生きしていない、成果が出ていない、仕事への満足度が低いといった組織の雰囲気を感じているリーダーは、一度メンバーの認知的多様性と事業・役割のマッチ度に目を向けてみてもいいかもしれません。

チームの多様性が「機能する」には心理的安全性が鍵となる

多様性の欠如によりチームの意思決定が偏った結果、重大なミスや事故につながるというケースは、珍しくありません。その中でも、1996年のエベレスト登山家死亡事故は、とりわけ有名です。

1996年5月10日、エベレスト登山に挑戦していた2つの商業登山隊が、急激な天候の悪化にもかかわらず、山頂へのアタックを強行し、結果として8人が死亡する悲劇的な事故が発生しました。

ロブ・ホール率いるアドベンチャー・コンサルタンツ隊とスコット・フィッシャー率いるマウンテン・マッドネス隊は、当時それぞれ独自のルートでエベレスト登山を行っていました。ホールとフィッシャーは共にエベレスト登頂経験もある優秀な登山ガイドでしたが、それゆえに自身の登山計画に圧倒的な自信を持っていました。これまでの成功事例に引っ張られて、悪天候を想定しきることができなかったホールとフィッシャーは、山頂を目の前にして、登頂を判断し、規定のターンアラウンドタイム（安全のために登頂を中止して引き返す時間）を無視してしまいます。

そして、驚くべきことに、天候が悪化し、無理を強いて死地に向かう登頂となっても、異論を唱える者は現れなかったといいます。結局リーダー達の判断ミスによって猛吹雪を突き進んだ結果、8名もの命が失われることになります。

■エベレスト登山の事故の原因は何だったのか

この事故は、多様性と組織の意思決定の観点からよく論じられるケースです。すなわち、**有能で力のあるリーダーが独断的に場を支配する結果、他メンバーからの多様な意見が吸い上げられにくくなり、リスクを複眼で捉えきれない画一的な意思決定によって組織が大きく失敗するという構造**です。

リーダーと隊員との間に情報や経験の非対称性があったとはいえ、顧客である隊員たちにも、実は様々な登山経験とバックグラウンドがありました。自分たちの命が危険にさらされる状況のなかでも、強いリーダーの判断に従い続けたのはなぜなのでしょうか。

事故の直接的な原因は天候の悪化でしたが、システム思考的な考察を行うと、背景には様々な要因が相互に作用していたと言われています。生還者による証言も様々あるため、一方的に切り取ることはできませんが、事故の諸要因の中でも大きかったと言われているのが、2つの登山隊の隊長と彼らがガイドする顧客メンバーとの関係性です。

そもそもお互いのことをよく知らない顧客同士。経験豊富なリーダーに対して、メンバーは異議を唱えたり反対したりすることに後ろ向きだった。このことがリーダーの生存者バイアスを一層強化し、偏った判断がチームとしてなされていった——リーダーシップと多様性の機能不全が組み合わさり、グループ内で極端に不適切な意思決定を引き起こすことになったのです。

ぜひあなた自身も、次の問いについて自分なりの答えを考えてみてください。

- 隊長2名が他メンバーの声を聞き入れるためには何が必要だったのか？
- これまで何度もエベレスト登頂を果たしてきているリーダーとそうではないメンバーとの間に対等な関係を築くためには何ができたのか？
- 隊長の生存者バイアスを取り除くために何ができたのか？
- 自分の業務に引き寄せるとどうか？　強いリーダーに対して違和感を覚えながらも反論に躊躇するとき、メンバーの立場からできることはあるか？　反対に、周囲が声をあげやすい環境を作るためにリーダーが普段からしておくべきことは何か？

■チームの多様性が表出する条件

以上の考察から、一つのキーワードをたどって重要な教訓が得られます。つまり、**チームにすでに存在していた多様性が機能しなかった。なぜか？　その要因の一つが、チームの「心理的安全性」の欠如**です。

興味深いことに、これは多くの組織においても見られる現象です。多様性、多様性と言う一方で、実は多様性はすでにチームにある。バックグラウンドも様々で、専門性も違う。にもかかわらず、多様なアイデアや意見がなかなか出てこない。多くのケースにおいてその根底にある問題は、その**多様性が望ましい形で「表出していない」ということです。**

経験豊富で実力のあるリーダーのもとでは、こういったことがしばしば起こります。そもそもリーダーがリーダーに昇格する大きな理由が多くの組織において「実力」と「実績」です。そのため、こうした現象は決して珍しくありません。会社全体として上意下達や前例重視のプレッシャーがあるような組織風土であれば、なおさらです。

そこで重要になるのが「心理的安全性」なのです。

エイミー・エドモンドソン教授の定義によれば、**心理的安全性とは一言で言えば「職場において率直な態度が歓迎される」という実感**のことを指します。

図6-2　組織に蔓延する4つの不安

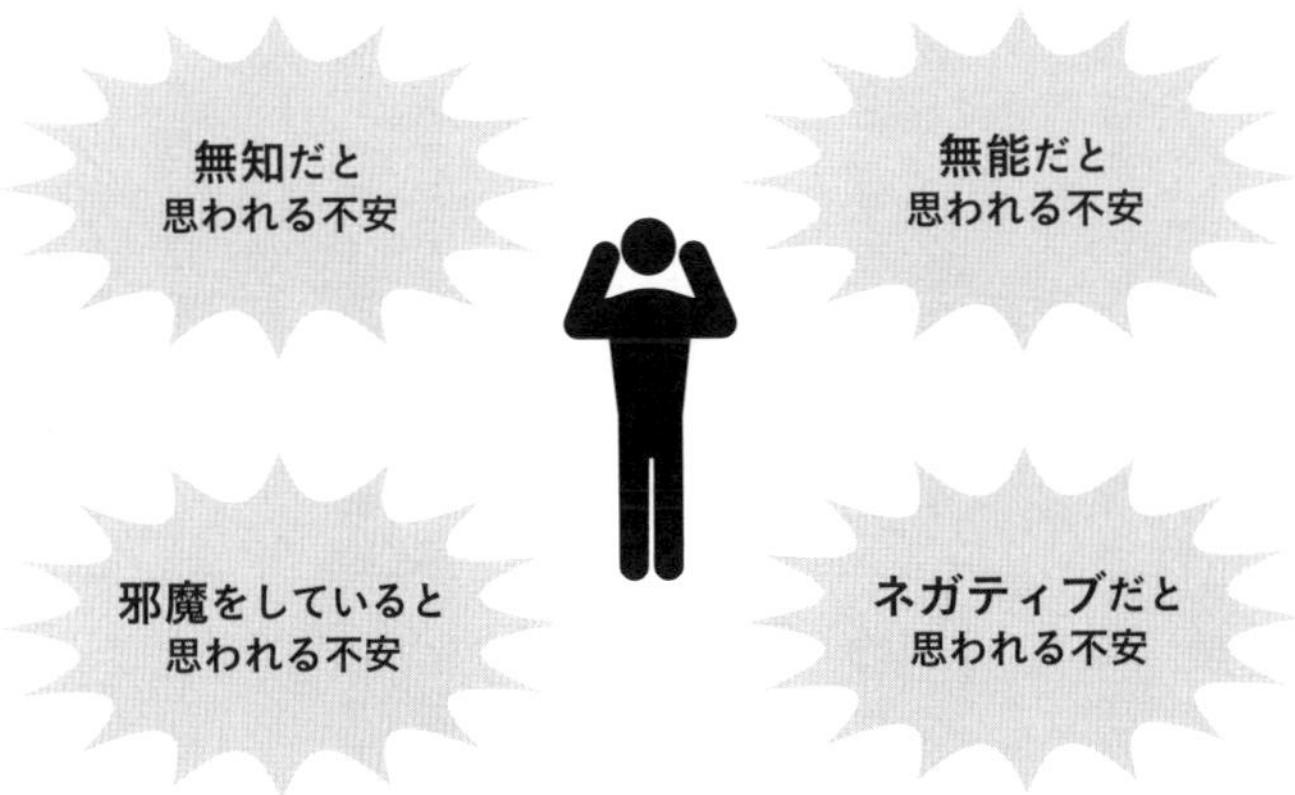

より具体的には、チームのメンバーが、リスクを冒し、自分の考えや懸念を表明し、疑問を口にし、間違いを認めてもよく、そのいずれによっても罰を受けたり拒絶されたりすることがないという安心感が共有されている状態です。エドモンドソン教授はさらに、組織に蔓延する4つの不安がこの心理的安全性を阻むと言います（図6－2）。

無知だと思われる不安：「こんなことも知らないの？」と思われるのではないか→（結果）わからないと言えない、疑問を共有できない

無能だと思われる不安：「こんなこともできないの？」と思われるのではないか→（結果）チャレンジしない、規範に収まる、失敗を認めないまたは隠す

邪魔をしていると思われる不安：「仕事の邪魔を

する な」と思われるのではないか→（結果）積極的に動かない、質問しない、連携を躊躇する

ネガティブだと思われる不安：「反対してばかり」と思われるのではないか→（結果）問題を指摘しない、意見しない

このような不安が強い組織、つまり心理的安全性の低い組織においては、多様性の可能性が殺されてしまうということは、容易に想像できると思います。

先述のHuman Insight社の研究においても、組織の多様性について同様の結論が得られています。多様性があるはずなのにチームとしての問題解決能力に乏しい。調査で明らかになったそのような組織に共通していたのが、心理的安全性の不足でした。

Human Insight社が開発したQi Indexと呼ばれるこのサーベイでは、チームの「認知的多様性」を縦軸に、「心理的安全性」を横軸に、組織の状態を可視化します。

防衛的（Defensive）：認知的多様性も心理的安全性も低い状態。メンバーは自分の見え方への悪影響を恐れ意見しにくい。意見が交換されないのでイノベーションも起きず、変化抵抗力が高い。不正が起こる危険性をはらむ。

図6-3 **組織の4つの状態**

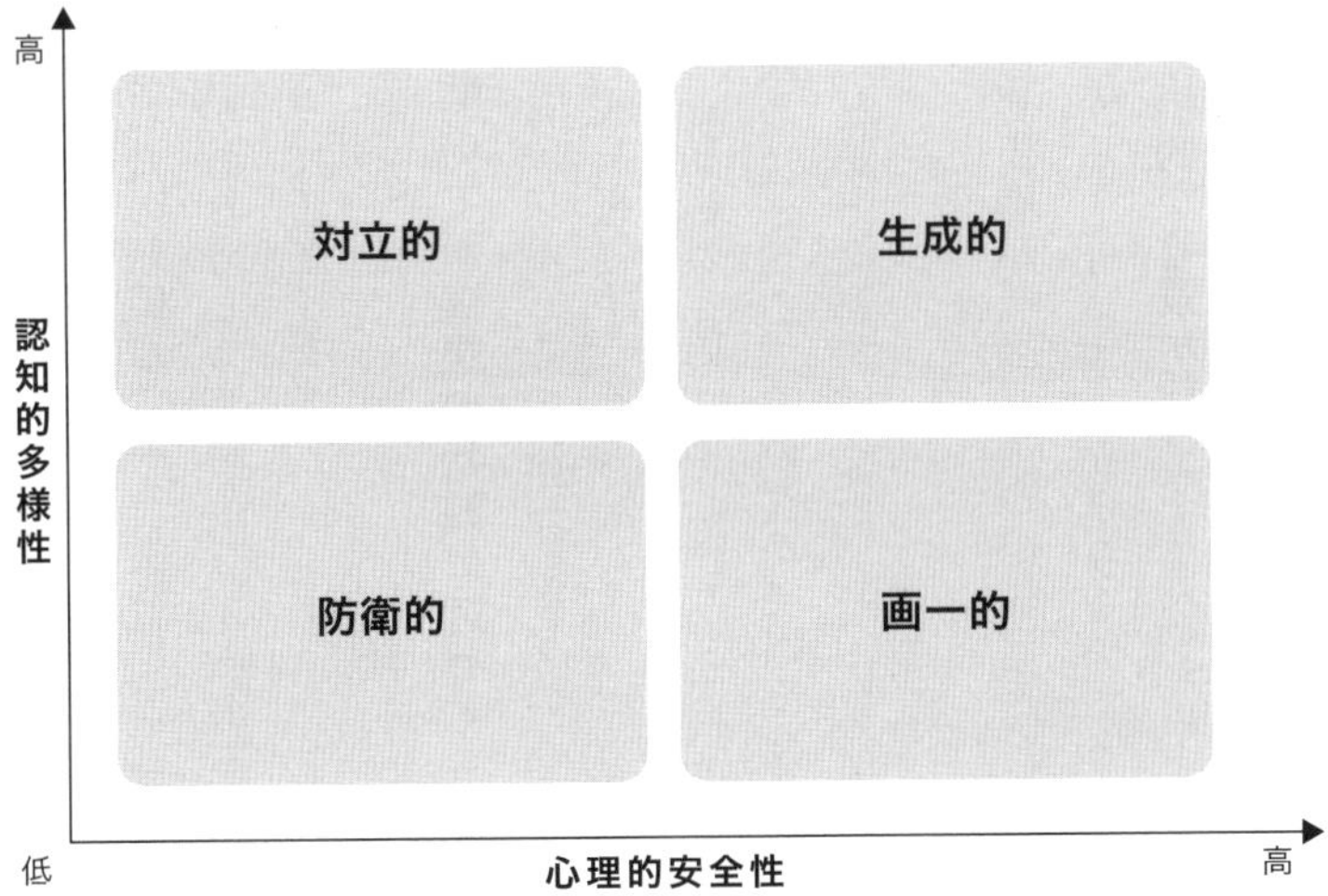

対立的 (Oppositional)：認知的多様性はあるが心理的安全性が低い状態。意見は主張し合うが受け取り合うことがない、または自分への批判や罰を恐れ、意見を率直に述べ合うことがない。意見が交換されないのでイノベーションも起きにくい。連携が少なく、作業の漏れや重複が起きやすい。

画一的 (Uniform)：心理的安全性は高いが認知的多様性が低い。居心地が良いし意見は述べ合うが同じような視点ばかりになる。空気を読むので深い対話がなされず、新たな考えが生まれづらい。惰性、内向き志向、同調圧力が目立つ。

生成的 (Generative)：認知的多様性も心理的安全性も高い状態。異なる意見が安心安全の中でシェアされ、新たなアイデアが生まれやすい。違いに寛容であり、オープンで柔軟な思考が生まれやすい。グループのエネルギーが高く、失敗を恐れず実験が行われるため、イノベーションにつながりやすい。

あなたの組織はこの4象限に当てはめるとどの状態にあるでしょうか？　その背景にある要因には何があるでしょうか？　「4つの不安」にも関連づけながら、ぜひあなた自身の周囲を振り返って考えてみてください。

■「問い」が理想の状態に近づく一歩目となる

私は、以前、このQi Indexというツールを用いて、大手食品メーカーのとある部署の組織開発のサポートを行いました。

その組織は「画一的に近い、生成的なチーム」という結果でした。その結果について全員で対話を始めたところ、そのなかで出てくる言葉は、「仲は良いし安定しているし居心地は良い。でも、もっと夢中にチャレンジして、ワクワクしたい」という心からの理想を表すメッセージでした。

「なぜ組織が理想の状態になっていないのか」という問いは、しばしば困難を極めます。「業務過多だから」「リソースが足りないから」「会社の方針が曖昧だから」など、**自分たちを主語に含まない分析的な考察が飛び交う**こともめずらしくありません。

特に、グループのなかで本当に向き合わなければならない問いを扱うとき、私たちはこのように一種の思考的逃避を行う傾向があります。それは、先述の4つの不安のうちどれかが密かに作用し、自分たち自身にベクトルを向けることに躊躇をもたらしているとも言えます。

目の前にいるグループがこのような反応を見せ始めるとき、私は、**『なぜ』現状が生まれているのか」ではなく、「現状はみなさんの『どこ』から生まれているのか」**、**と問いを変える**ようにします。より直裁的には、第2章で述べたシステム思考の一環として、**「あなた自身がこの現状に加担しているとしたら何があるか」という問いを渡す**のです。

半ば無理やり自分たち自身に意識を向けさせられるメンバーは、しだいに本音を共有し始めます。

このプロジェクトにおいても、「自信のなさからどこか遠慮してしまう自分がいました」「バカだと思われたり恥をかきたくない気持ちからきているんだと思います」「人との衝突が怖いとどこかで感じています」「大変だなと思うと自己セーブし始め、結果他責になってしまう気がします」など、上司部下問わず、自己を深く顧みる言葉がお互いに共有されていくシーンは、非常に意義深く感動的でした。

それ以降この組織では、昼休みや業務の合間に対話会と称し、上下や横の関係を超えて近況や日々感じていることを交換し合う場が自主的に持たれるようになりました。

エベレスト山頂における悪天候のように、いざ組織が危機に直面するとき、「ああしよう」「こうすべきでは」と、それぞれがアイデアを出し合って修羅場を乗り越えていく集団の力は、まさにこうした日々の小さな積み重ねから生まれるのでしょう。

■成功の循環モデルの視点で見る心理的安全性の重要性

心理的安全性が組織のパフォーマンスに与える影響について別の角度からわかりやすく説明しているのが、MITのダニエル・キム教授による「成功の循環モデル」です。

成功の循環モデルは、企業組織なら必ず追求する**「結果の質」（業績やイノベーション）を高めたいのであれば、まずは「関係性の質」から始めよというものです**（図6-4）。

組織やリーダーが「関係性の質」に注力して組織開発を行うとき、グッドサイクルが回ります。相互理解、相互尊重、心理的安全性が耕され「関係の質」が向上すると、メンバー同士のコミュニケーションが促進され、新たな学びやアイデア同士の結合が始まります。そのようにしてチームとしての「思考の質」が向上すると、新たな考えを基に新たな挑戦や実験が始まりやすくなります。

つまり、「行動の質」が高まるのです。行動の質が変われば、「結果の質」にも当然反映されていきます。もちろん業績が上がり望ましい結果が生まれればさらに「関係性の質」が強化されていきますし、仮に失敗したとしても、先に耕されている「関係性の質」を受け皿として、組織としての学習が進んでいきます。こうして成功の循環が継続していくという流れです。

特に複雑なビジネス環境においては、反対にバッドサイクルが回ることもあります。短期的な業

図6-4　ダニエル・キム教授による「成功の循環モデル」

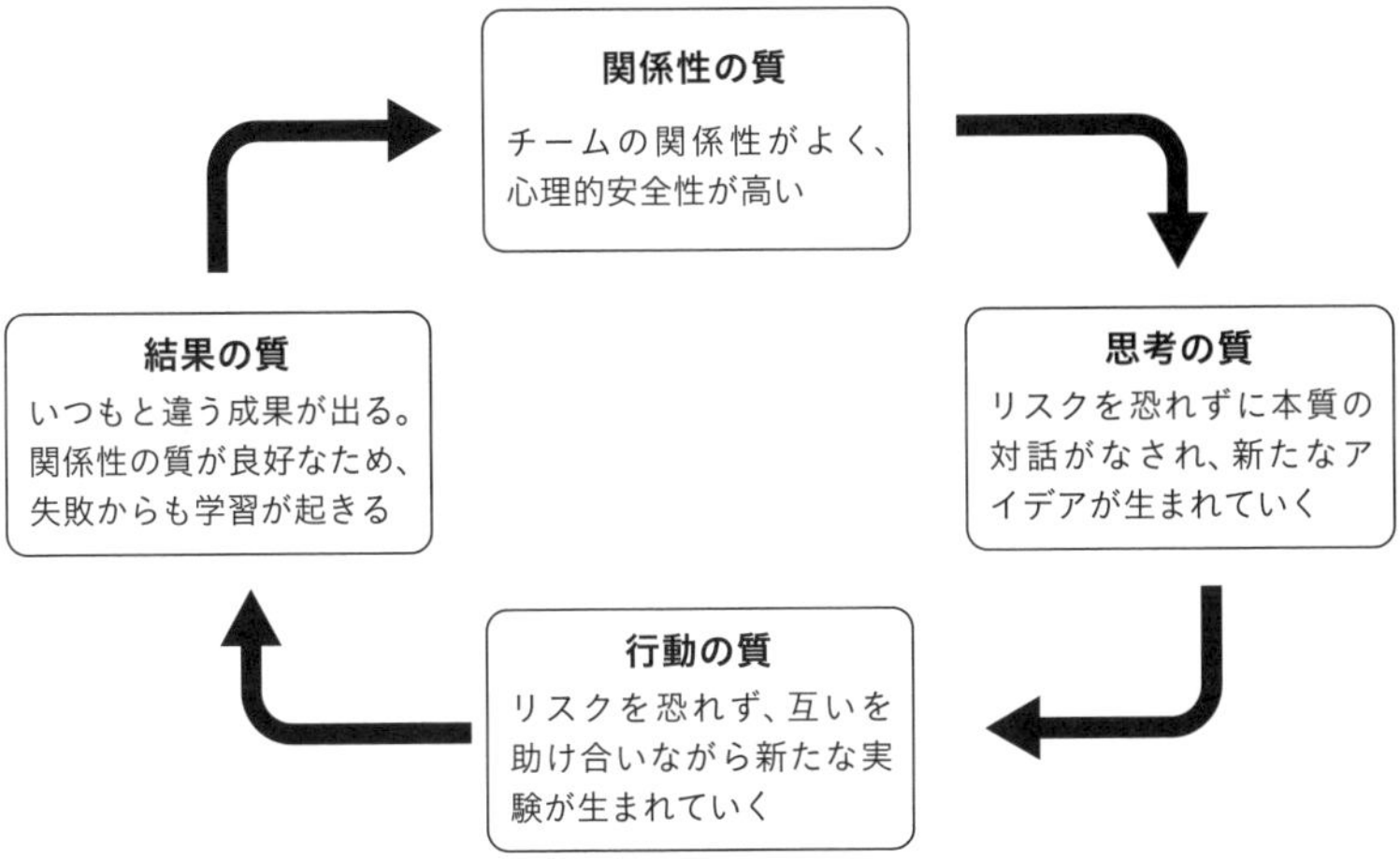
関係性の質
チームの関係性がよく、心理的安全性が高い
思考の質
リスクを恐れずに本質の対話がなされ、新たなアイデアが生まれていく
行動の質
リスクを恐れず、互いを助け合いながら新たな実験が生まれていく
結果の質
いつもと違う成果が出る。関係性の質が良好なため、失敗からも学習が起きる

績を追い求めるあまり、指示や命令によって従業員の「行動の質」から変えようとするとき、課題が単純であれば行動修正により結果が改善するかもしれませんが、複雑な環境下においては、行動を変えても毎回結果につながるわけではありません。そのとき従業員に生まれるのは「指示通りにやったのに」という不満です。

結果の質が下がり、それを消化する「関係性の質」が耕されていなければ、失敗について語り合ったり学び合ったりするコミュニケーションは生まれづらくなります。自身の評判や体裁を保とうという力学が働き、コミュニケーションが減退すれば、当然チームとしての「思考の質」が下がり始めます。そして新たな行動が生み出されず、変化の兆しが生まれないまま「結果の質」も停滞し、「関係性の質」がさらに悪化していく——という悪循環が回り始めるのです。

■まずは共感性から始めよう

さて、世にあふれる様々なモデルやセオリーを眺めていると、「そうだよね」「それは大事だよね」という第一声が胸に浮かんできます。しかし、そこで納得して終わり、では当然、学びは起きていきません。**学びとは、「吟味」と「実践」によって「変容」を創り出していくことです。**「成功の循環モデル」にしても、まずは「自分の組織はどうだろう」「過去所属していたあの組織はどうだったかな」と振り返ってみてください（「吟味」）。その上で、「では何ができそうか」を考えます（「実践」）。実践すると、必ず自分や他者を含む現状に何らかの「変容」をもたらします。その変容をさらに推進するのか、あるいはその変容を現実からのフィードバックと捉え、「実践」の仕方を修正すべきなのかをさらに「吟味」するのです。

では本章のテーマである「多様性」を最大限に引き出すために、あるいはその土台である「心理的安全性」を促進するために、まず何ができそうでしょうか？

それは、前章で扱った共感性です。共感性とは、相手の考え、感情、価値観をジャッジすることなくそのまま受け取る行為です。リーダーとして一人ひとりと向き合う際に、こうした丁寧な所作を心がけるだけで、チーム内での意思表示や挑戦に対する恐れを軽減していくことができるのだと思います。

「そんな地道な行動で本当に組織が変わるの？」「うちは上司がそもそもそんな人じゃないし」と感じるかもしれません。

しかし、組織は人の集合体です。残念ながら上司を変えることはあなたにはできません。すでに述べたとおり、リーダーシップとはチームの目標達成に向けて周囲に自分なりの影響力を及ぼす営みです。課長や事業部長など、ある程度の役職を伴うリーダーであれば、「共感性」の実践アプローチとして1on1の場はもちろん、会議運営のあり方や部門のバリュー設定など、できることは増えるでしょう。

また、そうではない立場の人でも、必ず実践の方法はあるはずです。組織課題に特効薬はありません。半径数メートル以内の仲間に影響を及ぼし、その体験を心に刻んだ仲間が、さらに自分の周囲にその影響を伝播させていく。組織とはこういった丁寧な積み重ねの結晶であり、だからこそ、組織を思うすべての人に、この本で紹介するような考え方を知ってほしいのです。

リーダーシップを発揮する7つの力

では、チームや周囲の人にどのように影響を及ぼすことができるでしょうか。最後にリーダーシップを発揮する際に活用すべき「力の源泉」について触れておきたいと思います。

「力」というと私たちはつい物理的な力や組織に与えられた権限をイメージしがちですが、立場や体格にかかわらず、私たちが周囲に影響力を及ぼす、つまりリーダーシップを発揮するために、意識して活用すべき力には様々な種類があります。ここでは、代表的な7つについて紹介します。

地位の力（Power of Position）：組織文脈における肩書きや地位によってもたらされる力（例：部長職としての権限等）。

専門性の力（Power of Expertise）：特定の分野について他者よりも高度な専門知識やスキルを持つことで発揮される影響力（例：希少なソフトウェア開発スキルや財務スキル等）。

情報の力（Power of Information）：特定の情報（Information）や知識にアクセスできることで行使することができる影響力（例：国外市場に関する一次情報、経営幹部の声、競合の事業戦略等）。

カリスマ性の力（Power of Charisma）：自然に滲み出るエネルギー、コミュニケーション、所作等によって周囲を惹きつけ影響する力（例：起業家や政治家タイプ等）。

図6-5 リーダーの7つの力

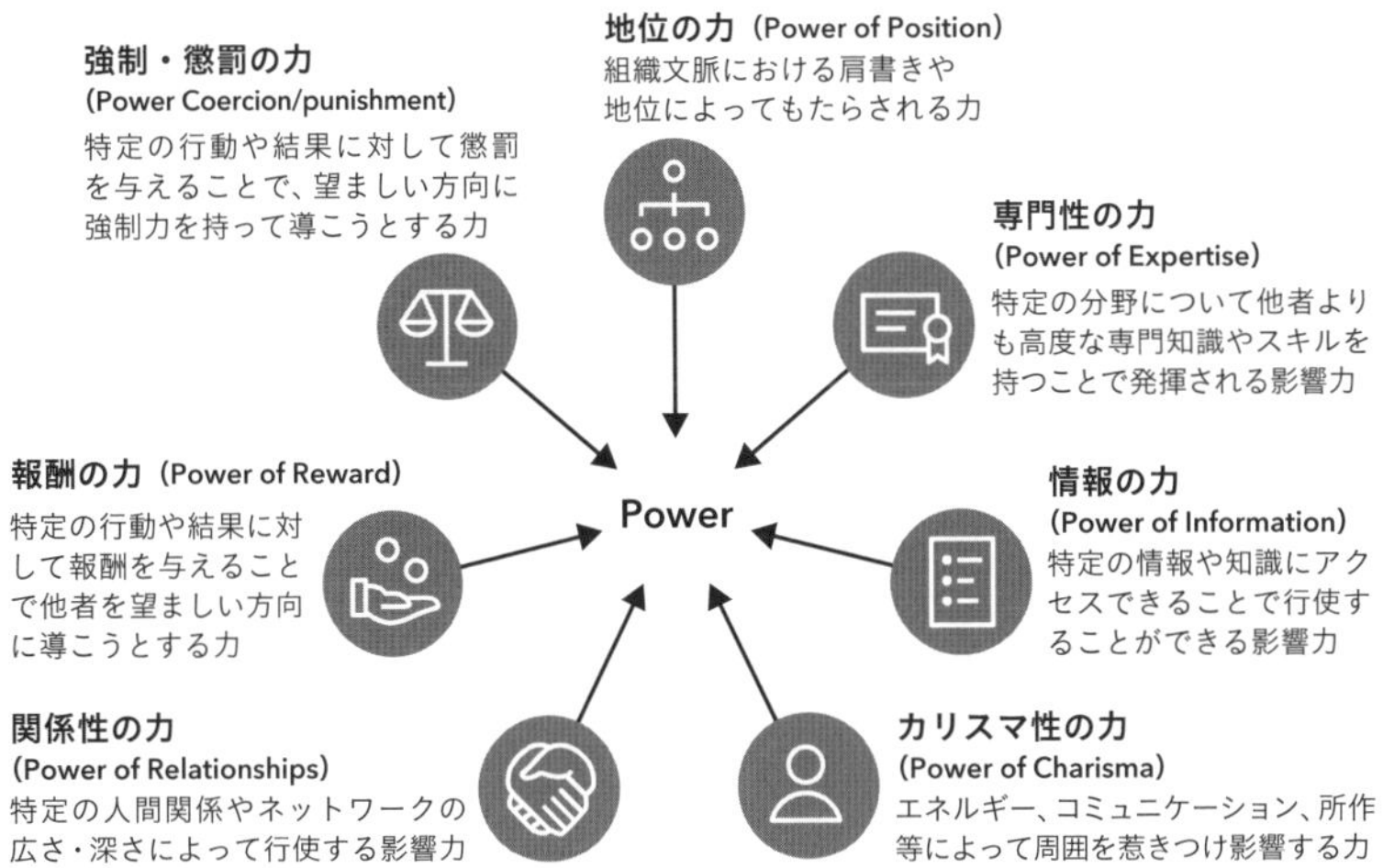
地位の力（Power of Position）
組織文脈における肩書きや
地位によってもたらされる力
専門性の力
(Power of Expertise)
特定の分野について他者より
も高度な専門知識やスキルを
持つことで発揮される影響力
情報の力
(Power of Information)
特定の情報や知識にアク
セスできることで行使す
ることができる影響力
カリスマ性の力
(Power of Charisma)
エネルギー、コミュニケーション、所作
等によって周囲を惹きつけ影響する力
関係性の力
(Power of Relationships)
特定の人間関係やネットワークの
広さ・深さによって行使する影響力
報酬の力（Power of Reward）
特定の行動や結果に対
して報酬を与えること
で他者を望ましい方向
に導こうとする力
強制・懲罰の力
(Power Coercion/punishment)
特定の行動や結果に対して懲罰
を与えることで、望ましい方向に
強制力を持って導こうとする力
Power

関係性の力（Power of Relationships）：特定の人間関係やネットワークの広さ・深さによって行使する影響力（例：社内の有力幹部との個人的なコネクション、前職で培った業界関係者とのネットワーク、チームメンバーとの団結力等）。

報酬の力（Power of Reward）：特定の行動や結果に対して報酬を与えることで他者を望ましい方向に導こうとする力（例：営業目標の達成に対するボーナスの支給、バリューに沿った人事評価制度等）。

強制・懲罰の力（Power of Coercion/punishment）：特定の行動や結果に対して懲罰を与えることで、望ましい方向に強制力を持って導こうとする力（例：ハラスメントに対する処分等）。

■7つの力を効果的に活用する

多様なメンバーを説得し、相手を動かそうとするとき、私たちはつい、その場のコミュニケーションや仕事の論理に頼ろうとする傾向があります。しかし、チームを望ましい方向に導くために、自分の持つ力の源泉をもっと意図的・戦術的に活用するにはどうすればいいでしょうか？

■自分の傾向を知る

まず、普段から自分が頼りがちな力は何かを知ることから始めてみましょう。マネジャーとしての地位の力に頼りすぎてはいないか？　自分の持つ専門性を示せば相手は納得すると思い込んでいないか？　物事を動かそうとする際の自分の思考・行動傾向を言語化してみてください。

■自分が持つ力の源泉を知る

その上で、まだ自分が活用しきれていない力の源泉は何かも洗い出しておきます。

前職で培ったネットワークや専門性は何か？　それを現業に活用するとしたらどのようなやり方がありえるか？　なぜか自分を慕ってくれる後輩や友人は、自分のどこに魅力を感じてくれているのだろうか？　それをもっと意図的に発露させるとしたらどんな所作に気をつけたら良いだろうか？

意外と気づいていない、あるいは活用しきれていない自分の力を、道具箱に確認していくイメージで探ってみましょう。

■自分が鍛えるべき力の源泉を知る

自分が鍛えるべき力の源泉は、単に自分に足りていないものを改善すれば良いということでは必ずしもありません。今置かれている組織環境において、どのような力の源泉が最も効果を発揮しやすいのかという掛け算で考える必要があります。提案の内容と同じぐらい「誰が提案しているか、誰が賛同しているのか」が重んじられる組織であれば、自分の組織内ネットワークを広げるために何ができるか考える必要があるでしょう。まずは専門性を示さないことには説得性を感じてくれないカルチャーであれば、普段から自分が得るインプットの質を高める必要があります。

■角度を変えて力を使う

7つの力の源泉は、すべてあなた自身が持たなければならないということではありません。その力を誰から、どのように引き出し、どう使うのかには様々な工夫の余地があるはずです。たとえば専門性の力は、常に自分が示す必要はありません。部署内、あるいは他の組織で必要な専門性を持つ人間を特定できているのであれば、あとは必要なときに彼・彼女の協力を得るために何ができるかを工夫すればいいのです。

情報の力はあなたが情報を持って直接それを行使する必要があるということでは必ずしもありません。誰かから得た情報を必要なグループに届けるといった仲介役を果たすのも、情報の力の重要な活用手段です。

報酬は金銭や処遇による報酬だけではありません。相手の立場を尊重する。仲間の前進を「すごいね、おめでとう」という一言で祝福する。こうした小さな行動も、報酬の力の一つの活用方法です。懲罰も同様です。罰を与えるだけが懲罰の力ではなく、「このプロジェクトが失敗すると、うちの業績はこれだけ下がります」という具合に、失敗した場合の顛末を具体的な数字等で示すだけで、心理的な強制力を効かせることができるでしょう。

■何のために力を使うのか

リーダーが力を行使するということは、周囲の心情や行動に影響を及ぼすということでもあります。同じ関係性の力を使うにしても、自分の成果や評価アップのために権力者の介入を得ようとするのか、問題に直面する後輩の助けとなりそうな外部専門家を紹介するのか。当然周囲に与える影響や心証は異なってくるはずです。思わぬ反発を避けるためにも、**リーダーとして自分が持つ力を何のために使うのかという意図をしっかりと明らかにすることが重要です。**

この点について組織心理学者のアダム・グラントは、「ギバー（与える者）」、「テイカー（利己的に奪おうとする者）」、「マッチャー（バランスをとろうとする者）」という言葉を用いて組織の構成員の特性を整理しました。その上で、「テイカー」をできるだけ排除し、「ギバー」を増やすことが組織のパフォーマンスを高めるために重要だとしています。

あなたはテイカーでしょうか。ギバーでしょうか。あるいはマッチャーでしょうか。常に自分の

図6-6 うまくいく相互関係

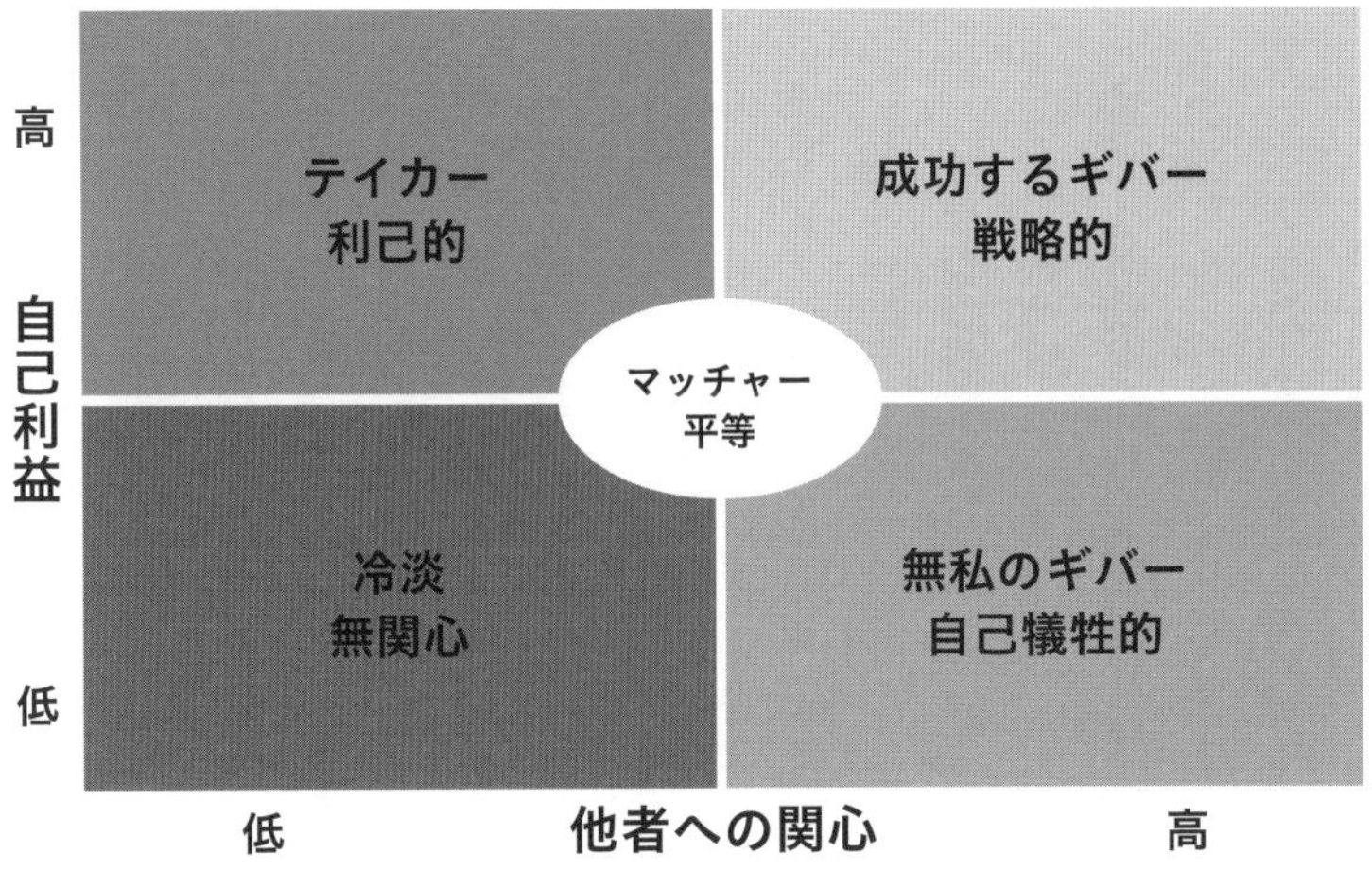

利益のために力を使うのではなく、貢献し、関係性をつなぎ、チームの目標達成をサポートするためにあなたが使える力は何でしょうか。自分が持つ力の源泉とそれらの使い方の傾向をよく振り返ってみてください。

まとめ

チームの力学を最大に活かす

☑現代のビジネス環境において多様性は、もはや単なる道徳的観念ではなく、組織が成果を出すための必須の要素。

☑多様性には表層的多様性と深層的多様性があり、特に組織の競争力やイノベーションの観点から見ると、深層的多様性、そのなかでもとりわけ「認知的多様性」が重要。

☑AEM-Cubeでは、認知的多様性を「ヒト派／コト派」、「発見・探究好き／安定・効率好き」、「ジェネラリスト型／スペシャリスト型」の3軸で分けて整理。どの特性が良い等、人材に優劣はなく、組織の戦略や事業フェーズにマッチしていることが重要。

☑多様性はすでに確保されているにもかかわらず組織のパフォーマンスにつながっていないと感じる時は、心理的安全性が不足しているケースが多い。

☑認知的多様性×心理的安全性の4象限で自組織の状態を理解しておくことが重要。特に複雑な環境下において結果の質を高めたいのなら、関係性の質を耕すところから始めるべき（成功の循環モデル）。

☑心理的安全性を高め、関係性の質を耕すための重要な鍵は「共感力」。

☑その他にも、リーダーとしてチームに影響を及ぼすために意図して使うべき力は7つある。

☑力は、テイカーのように自分のためだけに利己的に活用するのではなく、ギバーとしてチームの成果や関係構築のために活かすことが望ましい。

？

本章を実践的に理解するための問い

この章で得た学びをあなた自身の実践につなげるために、次の問いに対する自分なりの考えをまとめてみてください。メモを取るなどして具体的に言語化した上で、次章に読み進むことをおすすめします。

- あなたの目から見て、あなたの組織は認知的に多様なチームであると言えそうでしょうか？　直感・感覚でかまいません。
- 認知的多様性があまりないと感じる場合、あなたの組織は全体としてどのような認知傾向に偏っていると言えますか？
- 認知的多様性があると感じる場合、その多様性は十分に発露していますか？　つまり、自由に考えが表明され、間違いを指摘したり、実験的にリスクをとる場面は頻繁に見られますか？
- そうでないとしたら、多様性の発露を阻んでいるものは何でしょうか？　人、業務プロセス、制度、カルチャーなどの観点で、あなたが実際に体験したり見聞きしたシーンから考えてみてください。

■あなたの組織に心理的安全性をもたらすために、あなたの立場でできることは何ですか？　日々のルーティンや同僚とのやり取りのなかで、実践できる具体的なアクションを考えてみてください。

■あなたが持つ力の源泉は何でしょうか？　すでに活用できているものだけでなく、あまり使えていないが実は備わっているものにも関心を向けて考えてみてください。

■あなたの業務、そしてこれからのキャリアにとって最も重要になりそうな力の源泉は7つのうちどれでしょうか？　それがあるとあなたの業務や成果はどのように変わりますか？　それはどのように鍛えることができそうですか？

■この章のテーマである「チームの力学」、「多様性」というテーマの実践は、第2章「システム思考」とどのように結びつくでしょうか？　鳥の目、虫の目、魚の目の観点、氷山モデルの観点から考えてみてください。

■この章のテーマである「チームの力学」、「多様性」というテーマの実践は、第5章「こころの知能指数（EQ）」とどのように結びつくでしょうか？　「共感」以外にも、ゴールマンが定義するEQの各要素と紐づけて考えてみてください。

■この章のテーマである「チームの力学」、「多様性」というテーマの実践は、第4章の「パーパス」や「バリュー」とどのように紐づくでしょうか？　パーパスやバリューの形成と実践は、多様な組織の競争力を高めるためにどのような貢献を果たせるでしょうか？

エクササイズ

心理的安全性チェックリスト

エイミー・エドモンドソン教授は、自組織の心理的安全性を測るための簡単なチェックリストを提示してくれています。次の問いについて、あなたの組織をそれぞれ5段階で評価してみてください（35点満点で合計が高ければ高いほど心理的安全性が高い）。

点数が低いと感じる項目については、「何がそうさせているのか」、システムの構成要因を洗い出してみてください。その際、本章で紹介した4つの不安についても、どのように関わっているか考察してみてください。

1. チームのなかでミスをしても、非難されることはない。
2. チームのなかで起きている問題に対して、自由に指摘し合える。
3. 組織のリーダーやメンバーは、自分と考えが異なることを理由に他者を拒絶することがない。
4. チームにとってリスクのある行動やチャレンジが許容されている。
5. チームの他のメンバーに助けを求めることは容易である。
6. チームメンバーは誰も、他人の仕事を意図的に貶めるような行動をしない。
7. チームメンバーと仕事をするとき、自分のスキルと才能が尊重され、活かされていると感じる。

出典：The Fearless Organization（右記の質問表現は、エドモンドソン教授が提示する質問を点数づけしやすいように一部著者により修正したもの）

第7章

インパクト型コミュニケーション

習得する #Learning Outcomes

#audience_awareness
文脈と聴衆に応じ、最適な表現を用いる。

#cognitive_emotional_persuasion
人を動かすために、認知と感情それぞれに適切に働きかける。

CASE

どう話す？　緊張の1on1

あなたは、会社の事業成功のために鍵となる部署横断プロジェクトにアサインされました。プロジェクトチームのリーダーは、45歳の担当役員です。彼は、ビジネス感覚が鋭く、分野の知識も豊富であるものの、怒りやすい性格と、対人関係において壁を作りたがるということでも知られています。

ある日この役員が、前回のミーティングにおいて他のメンバーが大絶賛していた素晴らしいアイデアを真っ向から否定します。アイデアはこの役員が不在の打ち合わせにおいて生まれたものでした。特に論理的な理由が説明されることもなく、頭から否定されてしまいました。提案の責任者であるあなたは、この件について議論するために役員と1対1の時間を30分間もらいます。

最終的にプロジェクトを前進させるために、あなたならどのようなコミュニケーションをとりますか？　具体的な戦術を考えてみてください。

この章のテーマは「インパクトを生むコミュニケーション」。リーダーとしてシステムを理解し、他者そして自分を理解した後、多様な関係者と協働するためにどのようなコミュニケーションをとるべきか？　という問いについて考えていきます。

本章を読み進める前に、まずはこのケースに対し、あなたなりの答えを書き出す時間をとってみてください。ご自身のこれまでの経験、得意なコミュニケーションパターン、そしてここまでに得た「人」に関する理解を踏まえると、この役員とどのように接し、会話を進めることができそうでしょうか。本章を通じて学びを深め、最後にもう一度、別のアプローチや戦術の組み方がありえるか、考察してみてください。

コミュニケーションで最も重要なのは、話す前の「聴衆理解」

コミュニケーションというと、傾聴したり、説得したり、大勢の前でプレゼンテーションを行ったり……というシーンを連想しますが、**最も重要なのはその前段階、いかに「聴衆理解」（audience_awareness）を実践できているか**ということです。私が外交官時代、交渉や要人の通訳は「事前準備で勝負が決まる」と言われていました。ロジカルに話したり、流暢に自分の考えを表現したり、発声を鍛えたりする前に、まずは相手のことを深く理解することが、コミュニケーションの成否を大きく左右します。

聴衆を理解する重要性と利点は複数の観点から考えることができます。

■メッセージをカスタマイズできる

聴衆理解が重要である最も大きな理由の一つが、メッセージ内容の調整ができることです。伝達するテーマは同じだとしても、相手によって用いるべき表現は異なり、伝わり方も変わります。たとえば、あなたがあるプロジェクトの責任者として、複数の社内関係者に対し、そのプロジェクトの重要性を理解してもらわなければならない立場にあるとします。聞き手の背景や関心事、知識レベルへの理解を踏まえながら、語彙や表現をどのように変える必要があるでしょうか？　次の例を見てみましょう。

■新しいプロジェクトの価値と重要性を伝えるには？

A．経営陣向け

仮説と意図：経営陣は、ビジネスの戦略的意義や財務的インパクトを重視している可能性が高い。具体的な数値や予測効果を示すことで理解を得やすくなる。

メッセージ：「新しいプロジェクトXは、最新のＡＩ技術を活用し、マーケットシェアを15％拡大することを目指しています。このプロジェクトにより、年間売上が20％増加し、競争力が大幅に向上する見込みです。さらに、全社的な戦略プライオリティである事業Ｙとも相乗効果が期待され、我が社が掲げている２０３０年ビジョンを一層推進してくれるはずです」

B．技術チーム向け

仮説と意図：技術チームは、具体的な技術スペックや作業の条件、実装方法等に関心を向ける可能性が高い。できるだけ詳細な情報を渡すことで理解を得やすくなる。

メッセージ：「プロジェクトＸでは、最新のＡＩ技術を実装します。特に、機械学習アルゴリズムを用いたデータ解析プラットフォームの構築が中心となります。この技術により、リアルタイムデータの処理能力が向上し、精度の高い予測モデルを開発できます。具体的には、TensorFlowとPyTorchを利用した開発を進める予定です。開発期間は半年、予算はX千万円です」

C．営業チーム向け

仮説と意図：営業チームは、顧客へのメリットや営業活動への影響に関心があるはず。顧客に語れる内容や営業数値へのインパクトを示すことで理解を得やすくなる。

メッセージ：「新しいプロジェクトXでは、最新のＡＩ技術を活用して、お客様によりパーソナライズされたサービスを提供します。これにより従来のクレームの7割が解決され、顧客満足度が向上し、リピート率が増加します。また、販売プロセスの効率化により、営業成績の向上が期待されます」

「なぜこのプロジェクトが重要なのか？」という問いについて、当然のことですが、その理由は相手によって異なります。

プロジェクト責任者であるあなた自身もその一面しか見えてない可能性があり、それゆえに、説明の際は相手を見極めながら切り口を慎重に選ぶ必要があります。アメリカのコミュニケーション専門家の間では**「It's not about what you want to say, it's about what they want to hear.」**

（あなたが何を言いたいのかではなく、相手が何を聞きたいかだ）という教訓が決まり文句のように言われます。当然のことのように感じますが、普段のコミュニケーションにおいて、自分のメッセージ表現をどれだけ意識的・意図的にカスタマイズできているでしょうか？　一度振り返ってみてください。

■聞き手との間に共感を生み出す

聴衆理解のもう一つの重要性は、聞き手側との間に共感を生む点にあります。聞き手が共感しやすい話題や事例を取り上げる、または聞き手の状態に共感を示すことで、相手との間に信頼関係を築きやすくなります。そして、**信頼関係はメッセージの受け取りやすさに直結する重要な前提条件**となります。

たとえば、洗濯用洗剤を子育て世帯の方に向けて営業するとします。その際、最初からその成分の有効性やどれほど汚れを落とせるのか、という機能面の説明からコミュニケーションを始めるよりも、「調べたところ世の中の75％の親が、子どもの外遊びや運動での汚れを落とすための、つけおき洗いに苦労されているんです。私自身にも子どもがいて、平日なのに洗濯に時間を取られて実に困っているんです」等と前提の背景や抱えている問題に共感性を生むようにコミュニケーションを始めたほうが、その後のメッセージの受け取りやすさは変わってくるでしょう。

別のケースとして、あるプロジェクトの進行の遅れについて、その責任者であるメンバーが上司であるあなたに悩みを持ち込んだとします。そのとき、やるべきことを直ちに指示するよりも、「ああそれはつらいね。私も以前同じような状況になったことがあって、不安やストレスを抱えていたんだよ。君の気持ちはよくわかります。一緒に解決策を考えよう」と一言添えた上で本題に入るほうが、その後のアクションに対する本人の意志も得やすくなるでしょう。ここで、第5章で扱ったリーダーとしての共感力が生きてくるわけです。

ほかにも、その人物が本題への単刀直入な表現を好むのか、関係性の構築にまずは重きを置くタイプなのか、立場を重んじたフォーマルな言葉遣いを好むのか、距離を近づけるようなカジュアルな物言いが好きなのか等、それぞれの相手の趣向を理解しておくことが重要です。

反対に、聴衆理解が欠如したままコミュニケーションを取り運ぶとどうなるか。その影響は容易に想像できるでしょう。会場のほとんどが知っている背景知識を長々と説明するプレゼンテーション。専門性も知識もない相手に対して、細かいグラフやデータを見せ続ける解説。紋切り型の接客。感情的になっている相手に滔々とロジックで説き伏せる説得。このような聴衆理解を欠くコミュニケーションは、相手を置き去りにし、関心を失わせ、信頼を損ないます。「準備したことを一度も噛まずに完璧に発表できたぞ」とプレゼンターがいくら満足しようとも、コミュニケーションが果たすべき役割は実現されないのです。

■聴衆を理解するためにおさえておくべき6つのポイント

それでは聴衆を理解するために押さえておくべきポイントは何でしょうか？

大事なプレゼンや商談等の際は、これから解説する6つの点について、考えを巡らせる、仮説を立てる、あるいは可能な範囲でリサーチをしておくと良いでしょう。

❶目標、モチベーション、バイアス　聞き手はどのようなモチベーションを持っているか？　この場では具体的に何を達成したいと考えているか？　このテーマに関連して何らかの目標を持っているだろうか？　これから話すテーマについて固定観念やバイアスはあるだろうか？

❷文化的背景　聞き手の職業は何か？　教育水準はどうか？　どんなことに興味・関心がありそうか？　（特にグローバルの場においては）文化的・宗教的な背景に特別な考慮事項はあるか？

❸知識レベル　テーマに対して聞き手はどれほどの背景知識を持っているか？　経験値はどうか？　基本的な情報から伝えた方が良いか？　知っている前提で専門的な議論に時間を使う方が喜ばれそうか？

❹価値観　相手が大切にしているバリューは何か？　たとえば、事実や合理性が好まれるか？　それとも関係性やパッションを重視するタイプだろうか？　前例を重んじるか、誰も経験していないことに興味を持つか。正しさを好むか、遊びを求めるタイプか。ギバーか、あるいはテイカーか。

❺コミュニケーションスタイルの好み　プロフェッショナルで節度あるスタイルを好むか？　距離感の近い砕けたスタイルを選好するか？　対話形式の方が引き込めそうか？　一方的な情報提供の場としたほうが参加してもらえそうか？

❻心身のコンディション　聞き手はどんな感情で参加するだろうか？　特定の時間帯や活動の後で疲れているだろうか？　ポジティブに楽しみたいという姿勢だろうか？　強制的に参加させられている等、後ろ向きな姿勢だろうか？

以上の点についてあらかじめ想定した上で場に臨むことで、自身のコミュニケーションに明確な意図を込め、メッセージの精度を高めることができるようになります。また事前に想定を持つことによって、実際のコミュニケーションが進むなかでも相手の反応を踏まえながら、リアルタイムで細部の調整を行うことができるようになるのです。

達成したい目標を明確にする

さて、聞き手の背景や目標を深く理解する聴衆理解はコミュニケーションの一丁目一番地であることに間違いありません。しかし、それだけでは事前準備は不完全です。

次に重要なことは、**あなた自身がこのコミュニケーションを通じて何を達成したいのかという目標を明確化すること**です。明確な目標意識なしでは、ふわふわとした会話のみで終わってしまったり、相手の求めるものだけを差し出して終了してしまったり、という結果になりかねません。

どのような短時間の打ち合わせやミーティングでも、「自分にとって何を達成すべき場なのか」という目標意識を持つことが重要です。ここではコミュニケーションにおける目標として、**1．情報＝何が伝わってほしいのか、2．感情＝どんな気持ちにさせたいか、3．行動＝その結果どんな行動を取らせたいか**、の3つに分けて具体的に解説していきます。

■1．情報＝何が伝わってほしいのか

コミュニケーションの際、最初に立てるべき目標は、「情報」の目標、つまり**このコミュニケーションの終了時点で、相手に何が伝わっていると成功なのか**を決めておくことです。

たとえば、私が「Managing Complexity」プログラムについて、企業の人事担当者に売り込まなければいけない商談の場面を想定してみましょう。事前の下調べやヒアリングの結果、相手企業においては、「これから将来の経営幹部を育てなければならないが、何から手をつけて良いかわからず、まずは経営に必要な視座全般を鍛えることのできるプログラムを探している」ことがわかったとします。また、レガシー的な性格の強い同企業では、採用するサービスの信頼性や社会的認知度を重視する傾向があると仮説立てたとします。

このような状況において私が立てるべき「情報」の目標は、「これからの経営人材やリーダーに必要とされている具体的な人材像」「本プログラムがそれらのリーダーシップスキルを総合的に高める内容となっていること」「ミネルバという教育機関がいかに世界的に認知され、実績を残しているか」が相手に最終的に伝わっていてほしい、ということになります。そして、その目標達成に最も貢献しそうなメッセージが強調できるプレゼン構成を組むことが重要となります。反対に、その目標への貢献度が低い、私の会社紹介や研修の諸条件等については、あまり時間を割かないよう効率化します。

情報目標の設定は、商談やプレゼンのように、自分から積極的に情報発信を行う場以外でも有効です。

プロジェクトの進捗や人間関係に悩んでいるメンバーの相談を聞くという面談の場面を想定しま

しょう。

　このとき、その時間はとにかく相手の悩みを聞く場であるため、自ら情報やメッセージを発する機会は比較的少ないかもしれません。ただ、その場合であっても、「自分にはいつでも安心して悩みを共有できる」「視野を広げれば、とれる対策はたくさんある。そんなに思い詰める必要はない」といったメッセージが最終的には伝わってほしいというように、あらかじめ意図を込めておくことが可能です。

　このような意図があれば上司としての独断的な判断を下したり、指示を出したりするだけでなく、まずは聞くことに徹し、様々な角度から問いを渡すことで、相手の視野を広げるというサポートに集中することができるでしょう。

■2．感情＝どんな気持ちにさせたいか

　感情は、**その後の創発現象たる「行動」に大きな影響を及ぼす要素であり、コミュニケーションにおいても決して無視できない重要**な存在です。

「何が伝わってほしいのか」という情報の目標に加えて、「どんな感情にさせたいのか」という目標もあらかじめ決めておくことが重要です。これによってあなたが取るべきコミュニケーションの精度がさらに高まります。

　感情については、第3章でも解説しましたが、「うれしい」「悲しい」「不安」「怒り」といった表

現でラベル化できる内的な心理状態です。コミュニケーションに臨む前に、「自分はこの場を通じて相手にどんな気持ちになってもらいたいのか」を、自分の本来の意図と照らし合わせながら冷静に考えてみましょう。

たとえば、仕事の成果に喜ぶ部下に対して、自分が過去に収めた偉大な成功談でマウントをとってしまう上司がいたとします。これをコミュニケーションの「目標」の視点で見ると、この上司が立てている感情目標は「敬意」や「羨望」ということになります。それが、本当に自分が意図する目標であるならば問題ありません。しかし、これが無意識にとってしまう癖で、本当は相手に「喜び」を感じてもらうことで、さらに努力を重ねてほしいと願っているのであれば、このコミュニケーションは失敗、ということになります。

特定の行動改善を意図して「情報」目標を立て、アドバイスやフィードバックを行ったが、意図せず「不信感」や「孤立感」といった感情を惹起してしまった。その結果、行動につながらない、むしろ逆効果の結果を生み出してしまうという例は珍しくありません。

だからこそ、人間の行動を左右する「感情」をどのような形で生み出したいのか、真摯に検討し、その逆算として自分のコミュニケーションアプローチを注意深く選ぶことが重要です。

■ポジティブな感情・ネガティブな感情

「感情」目標を立てる際、ポジティブな感情・ネガティブな感情それぞれの作用の違いについて理

図7-1 ムードの作用

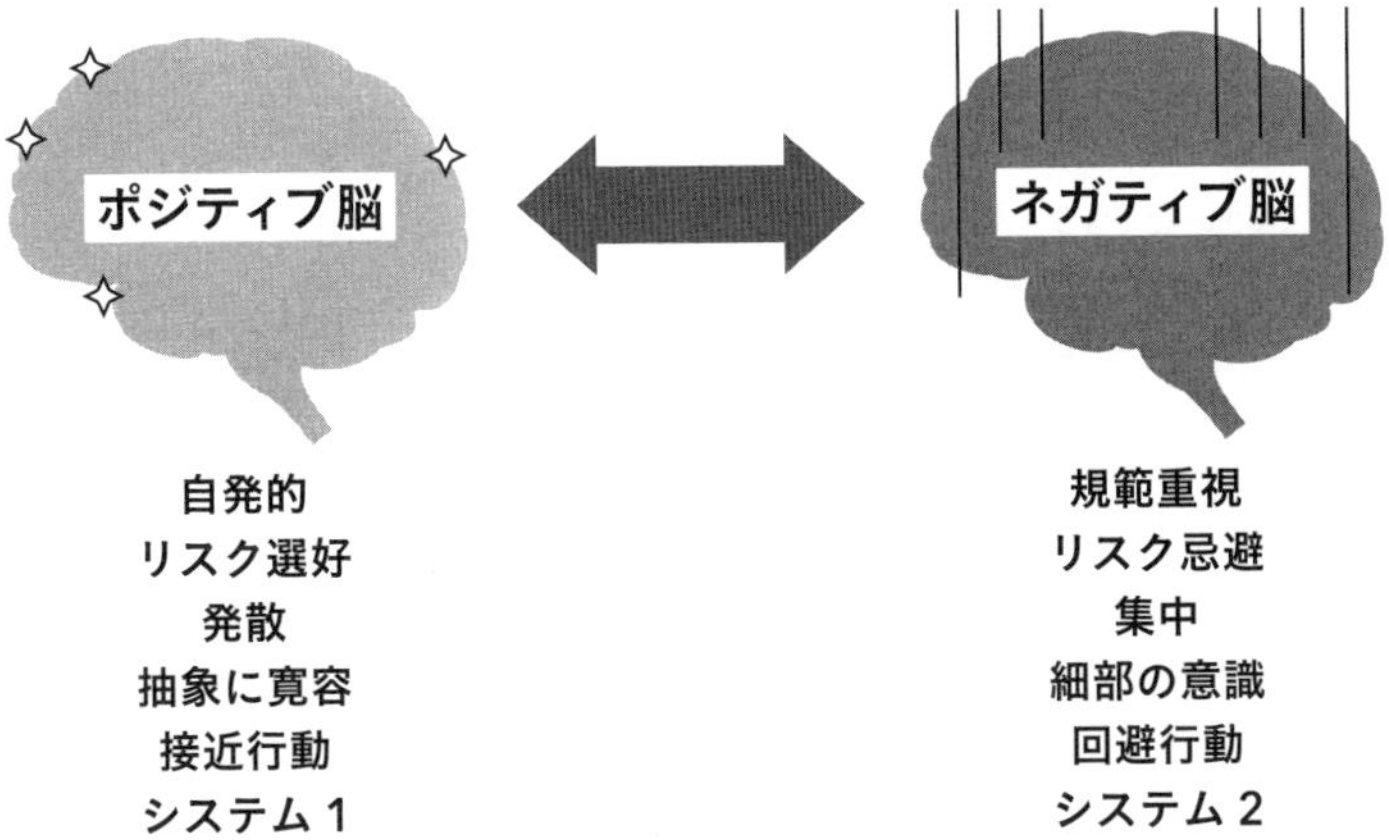

解しておくことも重要です（図7－1）。

一般に人間は、**脳がポジティブ・ムードに入るときはより自発的、発散的になり、新しいものや抽象度の高い情報に寛容になる**と言われています。また、その結果としてリスクを取ることに前向きになり、互いに接近行動を取り合う傾向が強くなるとされています。たとえばブレストをしたりチームビルディングを効果的に行ったりしたいときは、参加者の感情をいかにポジティブな状態に持っていくかが鍵となります。

私がワークショップ等を企画する際、冒頭に必ず何らかのアイスブレイクを入れるように心がけています。そのなかでも最も頻繁に行うのは「Good & New」というエクササイズです。これは数分間、どんな小さいことでもいいので最近あった良い出来事や新しくやってみたことについて、順番にシェアしていくというゲームです。いたってシンプルな内容ですが、毎回効果はてきめんです。ものの数分間で全体の空気がパッと明るくなり、これから始まるワークショップへの受け入れ度が早い段階で高まっていくのを感じることができます。

反対に、機嫌が悪いとき、つまり**脳がネガティブ・モードに切り替わるときは、規範重視・リスク忌避的になり、細かいことに意識を取られ、互いに回避行動をとるようになる**と言われています。「上司の機嫌が悪いときに決裁を持ち込むと重箱の隅をつつくような議論になるから、やめたほうがいい」とよく言われるのはこのためです。一方で、事業の細かなリスクを洗い出すときや、精緻な計算作業等を要するときは、脳がネガティブな状態である方が適していると言うことができます。

周囲の行動に影響を与えるリーダーとして、相手の感情を今ポジ・ネガどちらに振るべきかという判断は、こうした作用の違いからも考えていくことが重要となります。

■「不安」を煽るコミュニケーション

人の行動に最も強制的な影響力を持つ感情は、「不安」です。

不安を煽ることによって人の行動はいとも簡単に操ることができ、このことは社会のあらゆる場面で意図的あるいは無自覚に行われていることがわかります。

たとえば、家庭や学校では、子どもたちに対し「遊んでばっかりで勉強しないと立派な大人になれないよ」「これをやらないとお小遣いなしだよ」などとよく言います。これは、その後の不幸な結末を連想させ、当人の不安を煽ることで行動に駆り立てようとする手法です。大人も例外ではありません。「このプロジェクトが失敗したら……」「良い企業に入らないと……」「このスキルを身につけないと……」「この商品を買わないと……」など、例を挙げればきりがありません。

なぜこのようなコミュニケーション構造があらゆる文脈で採用されるのか。

それは簡単に効果を得やすいからです。「損失回避バイアス」（第3章）や「懲罰の力」（第6章）の応用とも言えます。不安という感情がもたらすこの力は実に強力で、多かれ少なかれ、誰しもが行使者として経験があるでしょう。

しかし、理想を言えば、**不安アプローチは最小限にとどめるべき**です。それは、人は不安から解き放たれてこそ、自由、自律的に自分という人間の可能性を最大限発揮することができるからです。

多くの組織の人材開発において「自律性」という言葉がキーワードになっていますが、不安アプローチは強制力そのものであり、自発性・自律性とは真逆の概念です。また、「パーパス」「個人のバリュー」「個を尊重する多様性」といった観点から考えても、その多用には慎重でありたいと願うばかりです。とはいえ、最も身近な存在である子どもと向き合うなかで、理想どおりにはいかないもので、日々反省と修行の繰り返しであると実感します。

■3．行動＝その結果どんな行動を取らせたいか

「情報」、「感情」に続くコミュニケーションの3つ目の目標が、「行動」です。「情報」や「感情」がいわばプロセス目標であるのに対し、**「行動」はコミュニケーションの最終的な結果目標であり、相手に具体的なアクションを促すこと**を意味します。

わかりやすい例で言えば、製品の購入、契約の締結、プロジェクトへの協力などが挙げられるでしょう。そこまで明確な行動でなくとも、「このテーマについてもう少し真剣に考えるようになる」「次の商談アポに繋げる」など、最終的な目標をさらに細分化した途中目標を設定することも可能です。

特にこの**「目標の細分化」は大事な考え方**です。私たちは成果を急ぐあまり、1時間の面談や半日のワークショップで、最終的に取らせたい行動を一足飛びに促そうとすることがあります。しかし、相手は今どういう状態なのか、何を求めているのか、自分との関係性はどうなのか等を慎重に見極め（聴衆理解）、現実的で、かつ具体的な「行動」目標を設定しておくことが重要になります。

本章の冒頭のケースをあらためて考えてみると、相手である「担当役員」に対して、面談の終わりにどのような「行動」を促したいのか、複数のシナリオが想定されます。提案に対して同意を取り付けたいのか、あるいは、まずは次の会議までの方針を得たいのか等、慎重に検討する余地があ

るでしょう。

■創発現象を考慮する

「行動」目標を立てる際に考慮すべきもう一つの観点は、そのコミュニケーションの結果として起こり得る創発現象です。ここでもシステム思考がつながってきます。

たとえば、業務の進め方や予算配分に疑問を抱いている様子の部下に対し、「地位の力」や「懲罰の力」を行使して「とにかく作業を進めよ」という指示を下し、結果としてその「行動」目標が達成されたとします。しかし、その後当人の心情はどうなるでしょうか。

自分の言い分に耳を傾けようとしない上司に対し不信感を抱いたり、そのようなコミュニケーション文化がまかり通る組織への不満が高まったりするかもしれません。またその結果、パフォーマンスの低下、さらには離職の可能性もあります。

このように、コミュニケーションをその場の「行動」目標を達成するための単発機会として捉えると、思わぬ創発現象に気づかないまま物事を進めてしまう危険性があります。**コミュニケーションとはあくまで連続するプロセスであり、その「行動」目標を満たした結果、自分や周囲にどのような状態が生まれることが理想なのか、局所的な目ではなくバルコニーから見渡すような広い視点で考えることが重要です。**

■コミュニケーション目標を立てることの利点

ここまで、どのようなコミュニケーションにも自分なりの意図を込め、３つの観点から目標を立てておくことの重要性について解説してきました。その具体的な利点は以下のとおりです。

■コミュニケーションの精度を高める

情報・感情・行動の目標を立てることで、伝えるべきこと、そうでないこと、またその伝え方について自分なりの意図が宿り、プレゼンの構成や話の順序など、準備段階からその精度が高まります。また、実際にやり取りが進行する中においても、相手の反応や様子に合わせながら、当初の目標を実現するためにはどうしたら良いかという発想が起こりやすくなり、軌道修正も容易になります。

■自信が高まる

自分なりに立てた仮説を土台に準備を尽くすので、伝える内容や伝え方が自分にとっても腹落ちし、自信が高まります。自己確信性はコミュニケーションにとって重要な要素であり、相手側の安心につながり、議論の訴求力を高めてくれます。

■結果を振り返りやすくなる

そのコミュニケーションが成功したのか失敗したのかを振り返りやすくなります。伝えたい情報は受け取ってもらえたのか？　意図した気持ちになってくれたのか？　そして、求める行動をとってくれたのか？　これらは、自分があらかじめ込めた意図があるからこそ振り返りの基準として成立します。仮に目的が達成されなかったという自覚があれば、それはなぜかを振り返ることもできます。用いた言葉に原因があったのか、構成が悪かったのか、一方的に話し続けてしまったからか。次に向けた改善方法を考えるのも、自分自身の中に一定の目標を設けていたからこそできることです。

■目標なき対話の力！

コミュニケーションにおける目標設定の重要性を考えていくと、いかなるコミュニケーションも目標があると良し、目標がなければ悪という印象を与えるかもしれません。しかし、そうともかぎりません。あなた自身も、友人との何気ない会話から新たな発想が生まれた、普段とは違う会合に参加したら思いもよらない縁につながった、という経験はないでしょうか。

私の事務所は福岡の糸島という片田舎にあります。300坪ほどの敷地に立つ古い一軒家を仲間とオフィスに改装し、海へは徒歩2分、振り向けば山という自然豊かな立地です。そんな環境要素も働いてか、会社には様々な人が頻繁に訪れます。海風が吹き抜けるオフィス一階の広いワークショップスペースで椅子を囲みながら、夏なら冷たいコーヒーを片手に、冬なら暖炉を囲んで暖かい飲み物を持ちながら談笑していると、自然と「最近こんなことをやってるんですよね」「でもこんなことに困っていて」と、お互いが情熱をかけて取り組んでいるライフテーマや仕事の話になっていきます。

すると、それに呼応して「こんな人知ってるので紹介しますよ」「今度これ一緒にやってくれませんか」というふうに、ほぼその場の思いつきで新たな出会いやプロジェクトの話につながることがあります。実はミネルバの講師を務めるきっかけが生まれたのも、こうした場面でした。当時ミネルバのことを詳しく知らなかったものの、私が信頼し、尊敬する人物からの紹介だったこともあり、「この人がすすめるなら」とその場で快諾したことを今でも鮮明に覚えています。

こうした対話の場は、目標やアジェンダなど一切ない一方、終始何かが生まれそうなポジティブな空気に包まれています。私自身も非常にワクワクしながらその時間を過ごしていたことを覚えています。そして、仮に会議室でアジェンダをきっちり決めて集まっていたならば、同じような創発には発展しなかっただろうとも確信的に思うのです。

何がこのような特別な場を構成するのか、私自身まだ解明できていません。しかし、その場に少なくとも以下の条件が整っていることが最低限必要なのではないかと感じます。

・場への参加者が互いに敬意を払っていること

・場への参加者がそれぞれ自律的であり、新たな考えや行動にオープンであること
・場への参加者がギバーとなる準備ができていること
・場所や環境要因に非日常性があること

目標を決めてコミュニケーションの精度を高めることは極めて重要です。しかし同時に、合理的な思考から離れた、目標なき対話のなかで思いもよらない創発が生まれることもまた否定できません。

あなた自身も、知人や仕事の仲間から「今度キャッチアップしませんか?」「意見交換しませんか?」と何気なく誘いを受けることがあると思います。そんなときは「何のために?」と湧いてくる合理的な考えを一度保留して、先ほどの条件に照らし合わせた上で、創発的な対話に身を投じてみるのもいいかもしれません。

「受け取る」コミュニケーションと「動かす」コミュニケーション

聴衆を理解し、目標を決めたら、いよいよその場のコミュニケーションにおいてどのように振る舞うか、いわゆるコミュニケーション・デリバリーを考える段に入ります。

ここでは、「受け取るコミュニケーション」と「動かすコミュニケーション」に分けて解説したいと思います。

■「受け取る」コミュニケーション

リーダーにとってコミュニケーションとは、プレゼンや討論を通じて相手の心を動かしたり説得したりするばかりではありません。最終的なコミュニケーションの目標を達成するために、**相手のメッセージを「受け取る」という所作も意図して行う必要があります。**

「1分で話せ」、「話し方がすべて」、「ロジカルに話せ」等、私たちは社会人になると話し方について非常に多くの訓練を受けます。一方で、「聞き方」について明示的なトレーニングを積むことはほとんどありません。コミュニケーションとは双方向であり、「話す」と「聞く」の両方がうまく機能して互いの目標が達成されていくものだとすれば、この聞き方にもできるだけ意図を込めて行うべきだということは、当然のこととして理解できます。
まずは私たちが無意識に陥りやすい聞き方の例について考えていきましょう。

・流し聞き

作業をしながら聞く、PCの画面を眺めながら聞く、テレビを見ながら空返事するといった聞き方は、相手にとって「聞いてもらっている」感覚をほとんど生みません。また、聞いている側の脳内でも、いわゆるワーキングメモリの大部分が作業に費やされてしまっているため、話し手のメッセージに対する処理能力は下がったままです。結果、**誤解が生じたり相手との信頼関係が損なわれたりする可能性があります。**

・乗っ取り

乗っ取りは、相手の話を途中で奪って自分の話を始める聞き方です。「わかる、わかる。自分も昔同じことがあってね……」といつの間にか自分の話にすり替えてしまう人は周りにいないでしょうか。タチが悪いのは、乗っ取りをしてしまうとき、本人にはまったく悪気がないことが多く、むしろ善意で相手の話に同調を示そうとしていることが多いということです。しかし、**最初に話を始めている相手にとって、「自分の話が中断された」という体験が残る**ことを忘れてはいけません。

・情報収集

情報収集は、自分の関心を満たすため、あるいは、評価判断を行うために必要な情報を得ようとする聞き方です。このとき、関心のベクトルは相手ではなく自分に向いています。そのこと自体に良い悪いはもちろんありません。しかし、人間のセンサーはとても鋭く、**話し手は、「今この人は私の話を聞いてくれているのか、あるいは自分（聞き手）のために聞いているのか」を感覚で察知しています。**

・評価と否定

どこか相手の話に穴を探そうとし、自分の考え方に沿うか否かをフィルターしながら聞く癖がある場合、それは「評価と否定」の聞き方をしているかもしれません。この聞き方をしていると、話し手側に2つの現象が起こります。それは、**聞き手の評価軸に合わせて、「相手が聞きたいであろう」ことだけを話すようになる。あるいは、そもそも対話を避けるようになることです。**

・茶化す

悩む相手が必要以上に不安を感じなくてもいいように、または単に感傷に浸ることが苦手であるために、真剣な話や感情的な話になると、つい冗談めかして笑いに変えようとしてしまう人もいます。これがうまく場の空気を和ませ、相手の気持ちを和らげることもありますが、**「真剣に受け止めてくれていない」と話し手が感じてしまう可能性もあります。**

こうした聞き方はいずれも無意識のうちに行う癖のようなものです。自分が行いがちな聞き方を特定したら、できるだけ意識し、今の自分の聞き方が、会話の内容や文脈に適しているのかを確かめながらコミュニケーションに臨むといいでしょう。

■「傾聴」の3つのポイント

「受け取る」コミュニケーションの最も代表的な構えが「傾聴」です。

私が組織開発やチームビルディングを目的にワークショップをファシリテートする際は、深い対話を促すために、必ずこの傾聴のスタンスを全員で確認するところから始めるようにしています。傾聴のポイントは次のとおりです。

❶判断を保留する

傾聴において最も重要な点は、心に湧き起こる様々な評価・判断の声を意識的に保留することです。評価・判断とは、話し手のメッセージを聞きながら、同時に「良い・悪い」「正しい・正しくない」「自分と合う・合わない」というようにジャッジしていく行為です。この評価・判断は、ほぼ自動的に行ってしまうほど私たちはこの聞き方に慣れてしまっています。相手の言葉を反証したり品定めしたりしようとする自分の声に気づいたら、一旦その気持ちを保留して、相手の声にまっすぐ耳を傾けてみましょう。

❷相手の内面と背景を探究する

判断を保留するために重要なのは、相手の話の内容だけにとらわれないことです。**発せられる言葉の奥底に話者のどんな感情や価値観があるのか。目の前にいる相手の内面にも、深く複雑なメカニズムが働いています。**相手の発言がどこから来ているのか、思いを馳せてみると、相手の様々な側面に気づくと思います。

また、相手の感情や価値観は、人生の様々な出来事のなかでその人が得てきた体験によって蓄積されてきたものです。**今この瞬間現れている相手のメッセージは、どのような原体験によって形作られているのか、**率直に尋ねてみることで、相手への理解と共感が深まり、同時に評価・判断の声は静まっていくはずです。

❸全身で「聴く」

「聞く」は、相手の話す内容を耳と頭で整理し、理解し、判断する聞き方です。

「聴く」は、話しの内容だけにとらわれず、**相手の表情や姿勢、放つトーン、雰囲気などを全身で感じながら受け止める聞き方**です。話している内容は、とても辛く苦労した話であるにもかかわらず、なんとなく表情やトーンはとても誇らしげに話す人がたまにいます。反対に、誰もが喜び自慢したくなるような話を、淡々とつまらなさそうに話す人もいます。

このとき、「なんでこんなつまらなさそうに話すんだろう」「どんな体験だったんだろう」「それがこの人の価値観にどのように影響しているんだろう」と想いを馳せるには、話のコンテンツだけでなく話者の挙動すべてに意識を向けておく必要があるのです。

■傾聴だけでは不十分。SAIDの法則

リーダーの聞き方として「傾聴」だけでは不十分だと、米国のコミュニケーション専門家であるナンシー・デュアルテは言います。デュアルテ氏は、元副大統領アル・ゴアの有名な『不都合な真実』のプレゼン制作も手がけた立役者です。

彼女は、「ＳＡＩＤ」モデルを提唱し、職場でリーダーに求められる聞き方はそれぞれの頭文字をとって以下の４種類に分類されると解説します。

Support（支える）：相手の成長や挑戦を積極的に承認・賞賛し、応援する聞き方
Advance（進める）：最終的に物事を判断し、意思決定を促す聞き方
Immerse（浸る）：相手のことを評価・判断せずありのまま受け取る聞き方
Discern（分ける）：状況を整理し、一緒に選択肢を模索する聞き方

先ほど説明した傾聴は、このモデルでいうと「Immerse（浸る）」に近いかもしれません。

デュアルテは、**リーダーにとって重要な役割は相手が今どの聞き方を求めているのかを瞬時に判断し、意図的にその聞き方で相手と向き合うこと**だとしています。

私自身も過去を振り返ると、相手が「Discern（分ける）」を求めているにもかかわらず、「そうか、そうだよね」と「Immerse（浸る）」一辺倒で関わり合ってしまったために、相手の大きな不満を買ってしまった苦い記憶があります。当時は「傾聴」こそリーダーシップに求められる聞き方であると思い込んでいたのでしょう。

無意識によくやってしまっている聞き方はどれか？ それによって相手の心証にどのような影響を与えている可能性があるか？ 相手が自分に求めているスタンスを深く理解しようとするそのスタンスこそ、第5章でも述べた共感の重要なエッセンスなのかもしれません。

■「動かす」コミュニケーション

「受け取る」コミュニケーションと対をなすのが、「動かす」コミュニケーションです。

プレゼンテーションや説得、交渉等の場において話者として実際にメッセージを発信する際、どのようなことに気を付けておくべきでしょうか。

いくつか代表的な例を紹介します。

■ ミラーニューロンを意識する

ミラーニューロンとは、他人の動作を見てそれを真似ようとする神経細胞で、「物真似ニューロン」とも呼ばれます。子どもが親の笑う顔を見て自分でも笑顔を作ったり、歩行をはじめ様々な運動を見よう見まねで習得していったりするのは、ミラーニューロンが相手の行動を自分の脳内で再現するからだと言われています。

またこのミラーニューロンは、他人の動作や表情から感情や意図を読み取ることができるため、共感力の源泉としても知られています。いつもニコニコと楽しんでいる人の隣にいるとこちらまで楽しくなったり、満員電車でイライラを撒き散らしながら振る舞う人の近くにいると、こちらまでイライラしてきたりするのは、このためです。したがって、コミュニケーションの際は話者として、「相手にどんな自分を見てほしいのか」を意識して発信することが重要となります。

このとき、言葉遣いや表情もさることながら、**特に大事なのは声のトーン**です。普段あまり意識することがないかもしれませんが、声のトーンは、感情や意図を伝える重要な要素です。

たとえばチームでのブレストの際などは、リーダーとして明るく元気なトーンで接することで、脳のポジティブモードを仲間にも伝播させる意図が重要です。反対に深く真剣に考えてほしいときは、元気はつらつではなく、しっとりとしたトーンと真剣な表情でゆっくり話すのが効果的でしょう。相手をどのような気持ちにさせたいのかをしっかりと定めた上で、トーンの細部まで意を用いる訓練を普段からしておきましょう。

■非言語表現を駆使する

非言語表現には、ボディランゲージ、顔の表情、目の動き、ジェスチャーなどが含まれます。また、身体表現以外で言えば、写真や物を実際に見せるといったやり方も非言語表現に含まれるでしょう。これらの要素は、言葉以上に強力にメッセージを伝えることができる手段です。

大事な原則は、言語表現と非言語表現を一致させることでメッセージの訴求力を高めるということです。たとえば「3つあります」と始めるならば指を顔の前で3本立てる。2つの異なる事柄を比較するのであれば右手と左手を体の前で離して見せるなど、非言語表現で言語表現を補強するのが効果的です。

これはミネルバの学習原則の一つとして扱っている「Dual Coding」という手法です。発信内容の訴求力を最大限高めるためには、言語的な説明に加え、五感に届く様々な手法でメッセージを補強するのが効果的だとする原則です。スライドを使ってプレゼンテーションを行う際も、文字がびっしりと並んだページを見せるよりも、その内容を象徴する写真や図を大きく投影し、あとは口頭表現で補う方が訴求力は高まります。

言語表現と非言語表現の矛盾には要注意です。メラビアンの法則によれば、言語・非言語の発信内容が矛盾するとき、聞き手が受け取るメッセージは55％が視覚情報、38％は声のトーン、そして言葉そのものは7％のみになります。メンバーが真剣に相談する中リーダーがPC画面を見たまま片手間でアドバイスをしても説得力は生まれません。椅子にもたれて腕を組みながら部下の成果を褒めても、相手は祝福の気持ちを受け取らないのです。

■認知負荷を下げる

コミュニケーションの認知負荷を下げることも重要です。人間の脳にもパソコンのCPUのようにワーキングメモリが備わっており、一度にあまりに多くの複雑な情報を与えると、処理が追いつかず、情報の説得力が下がります。言語表現と非言語表現を一致させようというのはこのためで、矛盾した表現は、聞き手の混乱を招き情報への信頼を失います。このことを踏まえると、話者としてたとえば以下の点に留意することができます。

・スライドは情報量少なく、大きな字でコントラストをはっきりと

スライドを用いてプレゼンする際は、1枚のスライドの情報量は極力絞るべきです。また、黒の太字で背景色とのコントラストをはっきりわかりやすくするほうが、かすれた色で背景と区別がつかないようなフォントよりも訴求力が高まることがわかっています。

・はっきりと、明確な声で話す

文字と同じく、音声も大事です。ボソボソと滑舌悪く話す声は、聞き取りの努力にワーキングメモリを消費してしまい、認知負荷が高まります。また、オンラインミーティングなどでは、音声デバイスやネット接続が悪く、声が聞き取りづらくなるのも、非常にもったいないケースです。自分の説得力を高めるためにも、ミーティング環境は意図して選ぶことが重要です。

・全体像を示す

一定以上の時間話す場合には、認知負荷を下げるために、必ず冒頭で全体像を示すことが重要です。「今日は3点話します」「X分ほど話したあと質疑応答の時間をとります」等、このあと何が起こるかをあらかじめ明らかにした方が認知負荷は下がります。プログラムやワークショップなどを行う際は、「X時に休憩をとります」「遅くともX時には解散します」といった最初の事務連絡は意外と馬鹿にできません。予見性を高めることで、これから発生するコミュニケーションの訴求力を強化する効果が期待されるのです。

この他にも、「どうしたら聞き手の認知負荷は下がるだろう」と考え抜くことで、毎回のコミュニケーションでできる工夫は増えるはずです。発声、資料、環境設定など、自分が普段何気なく行なっていることに改めて注意を向けてみてください。

■システム1とシステム2を活用する

第3章で扱った脳の「システム1（＝直感的・感情的な思考）」、「システム2（＝（論理的・分析的な思考）」を覚えているでしょうか。

プレゼンテーションやスピーチを構成する際には、まず聴衆のシステム1に働きかけ、その後システム2に訴求するのが説得力を高める意味でも効果的だと言われています。

特に聞き手にとって馴染みのないテーマやトピックである場合は、まずシステム1を刺激することでテーマ自体への関心を高め、その後データやロジックを示しながらシステム2への説得に移行するのが得策です。たとえば環境問題について話すとしたら、まずは身近な環境汚染の例や自分たちの子どもの健康に与える影響などについて話すことで感覚・感情に訴えかけ、その後、経済活動が環境に与える様々な影響についてデータや数値を用いながら説明する。そうすることで、問題の重要性について、より深い理解を得られるようになります。

現代でも役に立つ2000年以上前からある理論

2000年以上も前の古代ギリシャに生きた哲学者アリストテレスは、主著『弁論術（レトリケー）』のなかで、今日でも広く使われている説得のための枠組みを概説しています。特にプレゼンテーション等において役立つ論点です。

■エトス（信用・人柄）

エトスとは、**「話し手の信頼性や人となりを強調して聴衆に訴える手法」**です。

私たちの脳は、相手の話に耳を傾ける前に相手が信頼に足る人間であるのか、注意を払って観察します。コミュニケーションにおいてエトスが重要になるのは、この脳の特性が理由となっています。著名な専門家など信用できる情報源から引用する、会社の実績や評判を強調する、CEOや外部パートナーの専門性や実績を強く主張する、著名人を広告に起用するなど、様々なエトス的戦略が用いられます。

エトスは、聴衆との共通点を強調して使うとより効果を発揮します（ここでもやはり聴衆理解が重要となります）。たとえば、政治家が法制度の改革について話す場合、本人が弁護士資格を持っていたり、その分野の専門家であったりする場合は、当然それ自体が強力なエトスになります。さらに、聞き手と同じ地域出身である等の共通項があれば、説得性は一層高まります。まったく経歴の異なる話し手が二人、同じテーマについて話をしたとすると、聴衆は自分たちと境遇が近い方の話し手により親近感と説得性を感じる傾向があるのです。

■ **ロゴス（論理）**

ロゴスとは、**「聴衆の論理や理性に訴える議論」**です。

ロゴスが機能するのは、人間の脳のなかでも論理を司る大脳新皮質が発達しているからです。聴衆の予備知識や認知能力の高さについて事前情報がある場合は、このロゴスを存分に活用すると良いでしょう。

典型的な手法としては、論理的な筋道を明示するやり方や、科学的なデータを論拠とする方法、データ、事実、統計、調査結果などを強調する方法があります。ロゴスを活用する際は、自分の論理展開の長所・短所、聴衆から指摘され得る反論等についてあらかじめ考え、認知的な説得の準備を整えておくことが重要です。

ロゴスをより効果的に実践するために、ソクラテスは「相手が先に自ら結論に至るよう仕向けよ」と言います。必要な背景情報や事実を渡しつつ、肝心な結論は聞き手自ら導き出せるように誘うのです。「賢い話者」に説得されるよりも、「賢い自分（聞き手）」が自ら結論を導き出したと感じられる方が、理解も腹落ちもしやすくなります。

また、ロゴスの活用においては「一般通念」を上手に活用することも重要です。聴衆との間で共有されている、かつ、広く社会で受け入れられている通念を議論の中に組み込むことで、説得力を高めることが可能です。環境問題についてのプレゼンテーションであれば、「地球のあらゆる資源には限りがある」「自分の子ども達に少しでも良い環境を残さなくてはならない」といった一般通念が当てはまるでしょう。ここから議論を出発させることで、後続する事実やデータも耳に入りやすくなるのです。

■ **パトス（感情）**

パトスとは**「聴衆の感情に訴える議論」**です。

論理を司る大脳新皮質だけでは処理能力にも記憶容量にも限界があり、それを補うのが感情を司る大脳辺縁系と呼ばれる脳の機能です。感情を伴う体験が長期にわたり記憶に刻まれるのはこのためです。そのため、感情に触れるようなコミュニケーションは、そうでない説得よりも説得効果が継続するのです。

いかに相手に「楽しさ」を感じてもらうか。「驚き」や「不安」を感じてもらうか。「希望」を感じてもらうか。こういった発想から、発言内容やその手法を逆算して考えると良いでしょう。相手の感情を惹起させるので、相手が反応を示しそうなテーマや情報についてあらかじめ下調べしておくことも重要です。ここでもまた聴衆理解が必要になるのです。

感情に訴えかけるために、話者自身が声を荒げたりドラマチックな抑揚で演出を加えたりする必要はありません。感情的にならずとも、感情に働きかけることは可能です。

たとえば、あえて声のボリュームを下げて真剣な表情でゆっくりと話すことで、相手の感情に作用することもできます。「間」をしっかり取ることで、注意を惹きつけることも可能です。そのほか、インパクトの強い写真を活用したり、自らの失敗談を共有したり、簡単なゲームを行ったりするだけでも、聞き手のイメージを増幅させ、感情を惹起することができます。

エトス、ロゴス、パトスという3つの説得様式は、それぞれ独立したものではなく、重なり合う円のように相互に関連して効果を発揮します。歴史的に有名なスピーチや優れたプレゼンテーションには、たいていこの3つの要素が備わっています。特に誰かを説得したり、企画プレゼンを行ったり、あるいは授業や研修をデザインする際には、これらの要素がバランスよく散りばめられているかをチェックしながら作業を進めるといいでしょう。

■自分のパターンを理解し、レパートリーを増やす

コミュニケーションの分野には、様々なセオリーやテクニックが存在しており、関連の書籍も無数にあります。**重要なことは、それらを無意に行うのではなく、まずは自分の得意・不得意も含めて陥りがちなパターンを普段から理解しておくこと**です。

自らのパターンを知るには、フィードバックを積極的に求める、本番を録画して見返すといったやり方が効果的です。「いつもロジックばかりで感情に訴えかけるのが苦手」という声をよく聞き

ますが、そうであればどんなツールを自分の中に持っておく必要があるかをしっかりと意識し、引き出しを増やしておくことが重要です。

話す内容の理解度や熟達度は当然ですが、コミュニケーションに説得力を追加するのはやはりこうしたデリバリー・スキルであり、日々いろんな方のプレゼンやコミュニケーションを見ていると、それは話者自身が自分の発話にどれだけの意図を込められているかに大きく左右されると感じます。

まとめ

インパクト型コミュニケーション

☑ コミュニケーションにおいて最も重要なのは、深い聴衆理解。

☑ 聴衆理解において重要なのは、相手の❶目標・モチベーション・バイアス、❷文化的背景、❸知識レベル、❹価値観、❺コミュニケーションスタイルの好み、❻心身のコンディションなど。

☑ 聴衆を理解したら、自分なりの目標を立てることが重要。目標は、1.情報、2.感情、3.行動の3つの視点から具体的に決めておく。

☑ コミュニケーションはその場限りでなく連続するプロセス。その場のコミュニケーションが今後の関係性やパフォーマンスにどのような創発現象をもたらすのか予期しておくことが重要。

☑ コミュニケーション本番では、「受け取る」と「動かす」の両方が重要。

☑ 「受け取る」コミュニケーションは聞くに焦点を当てる。自分が無自覚に陥りがちな聞き方を理解し、いわゆる「傾聴」だけでなく相手が求めている聞き方を実践するのが重要（SAIDの法則）。

☑ 「動かす」コミュニケーションでは、ミラーニューロンの作用、非言語表現、聞き手に対する認知負荷、システム1・2の使い分け等を意識して実践しなければならない。

☑ 2000年以上続くアリストテレスの弁論術は今も有効であり、エトス・ロゴス・パトスの各観点が自分の発信に反映されていることを確認すべき。

?

本章を実践的に理解するための問い

この章で得た学びをあなた自身の実践につなげるために、次の問いに対する自分なりの考えをまとめてみてください。メモを取るなどして具体的に言語化した上で、次章に読み進めることをおすすめします。

■今まで自分が最も失敗したコミュニケーションやプレゼンテーションを思い浮かべてください。それはなぜ失敗したのでしょうか？　本章で述べられている諸点に照らし合わせて分析してください。

■そのコミュニケーションを改善するには何をすればよかったでしょうか？　最低3つ、本章に沿って具体的な改善点を書き出してください。

■あなたのまわりでプレゼンや説得術に長けている人を思い浮かべてください。その人にコミュニケーション能力が高いのはなぜでしょうか？　本章で述べた諸点に照らし合わせて分析してください。

■次に控えている重要な会議、商談、プレゼンテーションの機会を一つ挙げてください。

その場面であなたが達成すべき目標は何ですか？　情報・感情・行動の3点から明確に書き出してください。

■本章で挙げた「聞き方」のうち、あなたが無意識に行いがちなものはどれですか？　その聞き方によってどのようなビジネス上の利点を得ていますか？　反対に、その聞き方によって相手や周囲との関係にどのような影響を及ぼしていそうですか？

■「動かす」コミュニケーションにおけるあなたの癖は何ですか？　相手を説得したり聴衆を惹きつけるためにあなたがさらに増やさなければならないと感じる引き出しはどれですか？

エクササイズ1

冒頭のケースにおいて、「担当役員」に対してあなたはどのようなコミュニケーションをとりますか？　この章で得た学びを最大限活用しながら、自分なりのコミュニケーション戦術を言語化してください。特に次の点については考慮に含めるようにしてください。

■聴衆理解のプロファイル（相手の目標・モチベーション・バイアス、知識レベル等）

■あなた自身の目標（情報・感情・行動の3つの観点から）

■デリバリーテクニック（「受け取る・動かす」の両面から、どのようなテクニックを意識してコミュニケーションを組み立てていますか？）

■上記すべてについて考えたら、本章を読む前に書き出した答えと見比べてみてください。どのような違いを感じますか？　その違いを味わった上で、効果的なコミュニケーションにおいてあなた自身が特に重要だと感じる点は何ですか？　自由に書き出してください。

エクササイズ2

第5章のエクササイズで作成した、「極端な共感」のレターを手元に準備してください。同じテーマについて3分程度のスピーチを書いてください。ただし、**今回はあなた自身が本来持つ主張と立場に沿って原稿を作成してください。**

その際、次の諸点について必ず事前に決めた上で取りかかってください。

❶3つの目標（情報・感情・行動）

❷聞き手のプロファイル

❸デリバリーの工夫

- どのように感情に訴えかけるか
- システム1をどのように刺激するか
- エトス・ロゴス・パトスはどのように組み込むか
- 非言語表現をどのように駆使するか
- 聞き手の認知負荷を下げるために何ができるか

第3部

課題解決とイノベーション

すべての土台となるラーニングアジリティ　11章

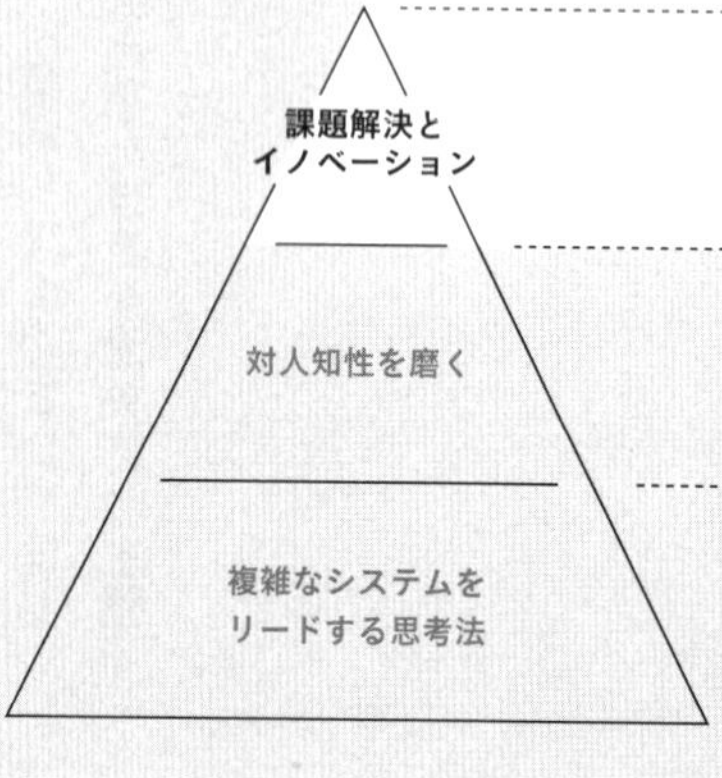

問題と課題分析の科学　8章
デザイン思考とイノベーション　9章
正解のない時代の意思決定と実践　10章

こころの知能指数（EQ）　5章
チームの力学を最大化する　6章
インパクト型コミュニケーション　7章

システム思考　2章
ヒトを理解する行動科学　3章
自身を知る　パーパスとバリュー　4章

第 8 章

問題と課題分析の科学

習得する #Learning Outcomes

#problem_analysis
理想と現状の差分を整理し、問題を理解する。問題をさらに細かく分解し、課題を特定する。阻害要因や制約条件を特定し、既存のソリューションで解決できるか見極める。

#divergent_problem_solving
新たなソリューションを創り出すために、アナロジーやヒューリスティクスを応用してクリエイティブに発想する。

?

本章を読み進める前に、あなた自身の体験に当てはめながら、次の問いに答えてみてください。

問

問題と課題の捉え方

あなたが今職場で取り組んでいるプロジェクト（または過去に手がけたプロジェクト）について思い浮かべてください。そのプロジェクトについて、次の問いに対する簡潔な回答を書き出してみてください。

- そのプロジェクトは、何のどのような問題を解決するための施策ですか？
- 達成すべき理想の状態は何ですか？
- それに対し、現状はどのように定義されますか？
- 理想の状態と現状の差分は何ですか？
- 理想の達成を妨げているもの、つまり、理想と現状の差分（＝問題）を生んでいる要因にはどのようなものがありますか？　そのうち、何が阻害要因で何が制約条件でしょうか？
- そのプロジェクトが取り組むテーマ以外に、この問題解決に資する課題の切り口はありえるでしょうか？　それらの課題は、他部門ですでに取り組まれていますか？

これらの問いに対し、難なく答えられた方は、すでに問題と課題の捉え方について基本的な理解をお持ちの方かと思います。一方で、「問題?」「課題?」「そもそも何でこのプロジェクトをやっているんだっけ?」と疑問が湧いてくる方は、本章であらためて問題・課題の分析思考について理解を深めていきましょう。

これから、ビジネスの「問題」や「課題」にフォーカスを当て、その分析手法を扱います。しかし、本章で扱うのは問題の解決方法ではなく、あくまで問題と課題を正確に理解するための分析思考法についてです。

問題解決の領域においては、問題を正確に分析・定義することが最も重要なステップです。

もし私が問題を解決するために1時間しかないとしたら、そのうちの55分は問題を考えることに費やし、残りの5分で解決策を考えるだろう。

アルベルト・アインシュタインの言葉として広く知られるこの台詞ですが、**ポイントは「どう解決するかより何を解決するか」を考えることがいかに重要であるかということ**です。「A problem well-defined is a problem half-solved(問題をよく定義できれば半分解決できたも同然)」という格言もまた欧米ではよく聞きます。問題の明確な理解が、優れた解決策の基礎になるということは、普遍的な考え方のようです。

現状と理想の間にある差異を分析する「ギャップ分析」

問題と課題の整理を簡潔に理解するために、ギャップ分析について学びます。「問題」「課題」「要因」「打ち手」などの用語は、人によって呼称が異なることもありますが、あくまで構造を理解する材料として捉えてください。

■問題とは何か

問題とは、現状と理想の間に存在するギャップ（差異）であり、解決すべき状況のことを指します。売上が不足している、人員の士気が下がっている、リソースが足りないといった状況はいずれも「問題」を指し示しています。**ギャップ分析は、この理想と現状のギャップを特定し、そのギャップを生んでいる様々な要因を洗い出した上で、優先的に取り組むべきテーマ（課題）を定義するための手法**です。まずは基本的なステップを解説した上で、具体例に沿って考えていきましょう。

■理想状態を正確に定義する

「これは問題だ！」と言っていきなり解決策を考え始めたり、「クライアントが問題だと言うので」

図8-1 ギャップ分析の構造

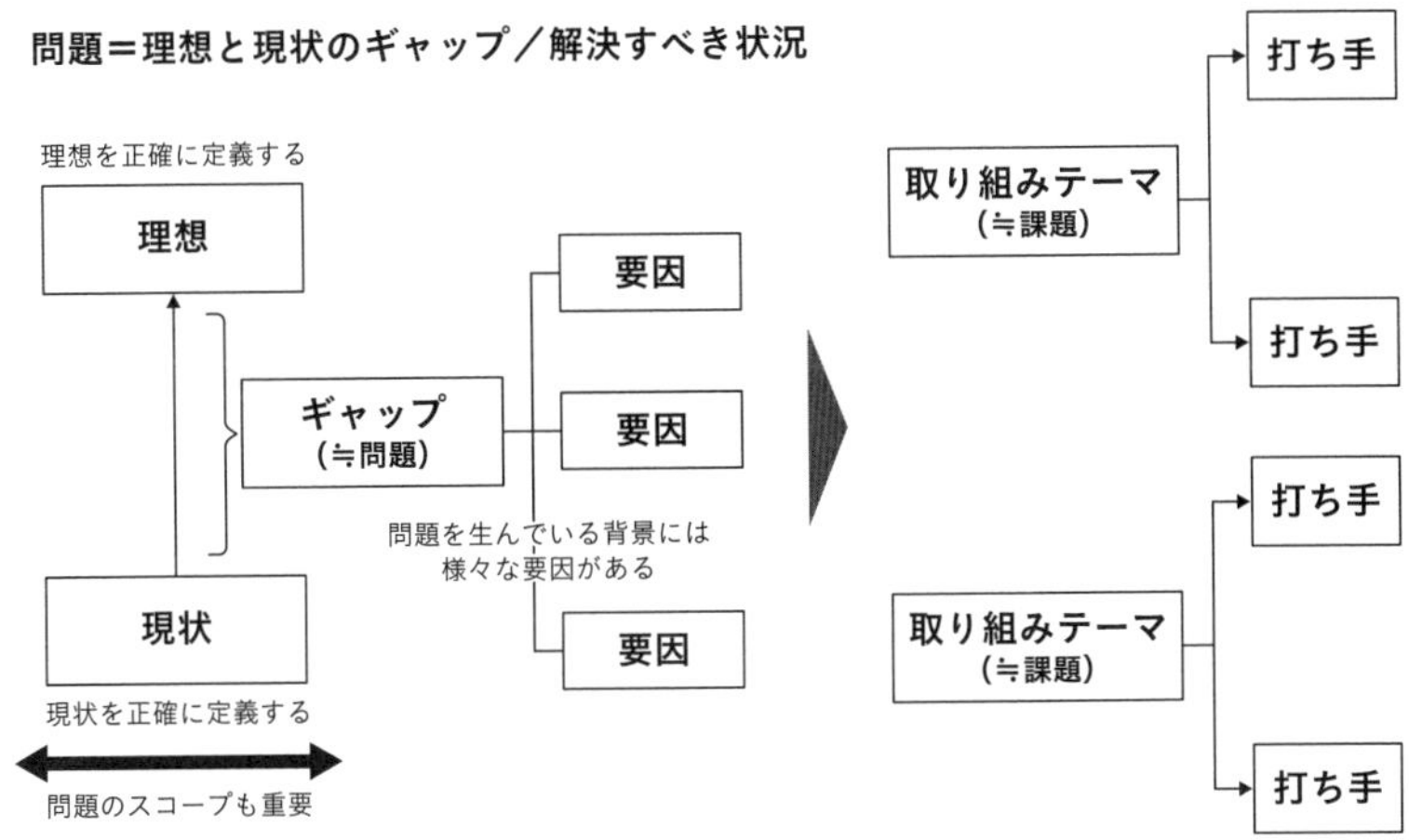

と深く検証することなく課題に取り組み始めたりするケースは珍しくありません。

まずは「問題だ」と感じる状況において「理想の状態は何か」と明確なビジョンを確立することが最初のステップです。ここでは、人によって解釈のずれが発生しないように、理想状態を明確に定義づける具体的な数字や詳細の記述が重要となります。

■現状を正確に評価する

理想の状態を明確に定義できたら、それに対する現状はどうかを見にいきます。ここでも、利害や立場によって解釈に違いが出ないよう、数値やデータを用いてできるだけ客観的かつ包括的に定義することが重要です。

■問題のスコープ（規模）を定義する

理想と現状を特定するなかで、「これは一体どの規模の問題なのか」を同時に考えておく必要があります。問題によっては特定の組織内に留まることもありますし、他部門や会社全体の問題として取り組まなければならない規模だと判明することもあるでしょう。スコープの検討は、その後の課題定義や打ち手の検討に大きな影響を及ぼすので、関係者間でしっかりと認識を共有しておくことが重要です。スコープが明確になることで、割くべきリソースを集中させることが可能となり、分析が広がりすぎて焦点が定まらなくなるのを防ぐこともできます。

■ギャップを定義する

現状と理想状態の違いを明確に定義します。具体的な数値を使って定量化するなど、できるだけこの差分を客観視できるように工夫することが重要です。**この差分こそが、「本来はこうなっているべきなのに現状はこうだ」という問題の端的な表現でもあります。**

■寄与要因を洗い出す

ギャップ（≒問題）を生じさせている様々な要因を洗い出します。たとえば、「新規事業の利益が当初目標のX円に達しておらず、現状Y円である」という問題があるとき、その背景要因を洗い出していくと、売上高が不十分、調達コストが過剰である、価格設定が低すぎる、技術開発のスピードが遅い、顧客のリード数が増えていない、運営体制が脆弱、メンバー同士の連携が希薄、競合の動きが速いなど、様々な要因が考えられます。

■阻害要因と制約条件を分けて考える

このとき重要なことは、要因を「阻害要因（Obstacles）」と「制約条件（Constraints）」に分けて考えることです。

阻害要因とは、解決のために対策のとれる問題点です。コストや価格設定、技術開発のスピード等はこれに含まれるでしょう。一方で**制約条件とは、対策が取れない外的な要因や内部的な前提条件を指します。**競合の動きや内部の予算ルール等はこの制約条件に含まれるかもしれません。

阻害要因と制約条件を区別して理解することは非常に重要です。本当は制約条件であるにもかかわらず阻害要因として扱ってしまうと、「解けない問題に工数を無駄遣いしてしまう」ことになってしまいます。反対に、本当は阻害要因であるにもかかわらず制約条件だと割り切ってしまうと、「解決すれば大きなブレークスルーをもたらしたかもしれない」論点を放置することになるのです。

後者のパターンは特に要注意です。「予算ルール」や「競合の動き」にしても、一見コントロールしようがない制約条件に思えます。しかし、「本当にそうか？」と問い続けることで、特定のキーマンへの働きかけで予算の例外措置の可能性が開けたり、競合との連携が実は可能だということに気づいたりするかもしれません。いずれにしても、一人で考えていると局所的に考えてしまいがちのため、仲間と議論しながら吟味していくことが得策です。

■取り組むべき課題（テーマ）を特定する

ギャップを生んでいる様々な要因を洗い出し、鍵となりそうな阻害要因を特定したら、**問題を解**

決するために取り組むべき課題（テーマ）**を決めます。課題は問題や要因と必ずしも対になっている必要はありません。**たとえば「新規事業の数が不十分」という問題に対し、「事業のアイデア創出を推進する」という課題を設定し、そのために「ビジネスコンテストを実施する」という打ち手を検討できるでしょう。一方で、「社内の自然な横連携を創発する」という課題を設定し、オフィスの再構築や人員の配置換えを行うといった打ち手も、問題に対して十分にありえるアプローチです。

■ケーススタディ：経営幹部の英語力

ここまでのステップを踏まえ、具体的なケースに沿って考えてみましょう。

CASE

ある会社の経営幹部候補の英語能力が平均して低いという問題が顕在化している。近年同社では、海外企業の積極的な買収を進めており、日本本社によるリーダーシップをグローバルでさらに発揮するために、海外チームを束ねることのできるリーダーの育成が急務となっている。幸いにして、事業理解が深く、高いビジネススキルを有する幹部候補は多くいるが、いずれも英語能力に自信がなく、グローバルの舞台で海外勢とのやり取りになると、途端にいつものパフォーマンスを発揮できなくなってしまう。経営幹部と人事本部は、この問題に頭を抱えている。

■ **理想状態の定義**

まず、このケースにおいて理想状態をできるだけ正確に定義しましょう。定性的な表現を用いるとすれば、「幹部候補が国際的なビジネスコミュニケーションを効果的に行える英語力を持つこと」と定義できるかもしれません。さらに踏み込んで、「トップ何人の幹部候補をまず対象とするのか?」「国際的なビジネスコミュニケーションを効果的に行えるとは具体的にどのような状態か?」「TOEICやCEFR等の資格スコアで定義するとどの程度か?」など、理想状態をさらに具体的に定義する余地もありそうです。

■ **現状の評価**

理想の状態を定義したら、その変数を用いた現状はどうかを評価します。定性評価を用いるのならば、「現在、幹部候補の多くは英語力が不十分であり、国際会議やメールのやり取りに苦労している」といった評価が最低限可能かと思います。しかしここでも、「幹部候補の多くとは具体的にどの程度の割合か?」「英語力が不十分とはどの程度か?」「『苦労している』とは具体的にどんな状況か?」等と追加の問いを投げかけて、より具体的・客観的な現状評価を行う余地がありそうです。

理想状態も現状も、考える際のポイントは、「漠然とした言葉は細かくブレイクダウンする」ことです。

■問題のスコープを定義する

問題の規模は、基本的に社内にしぼられそうです。ただ、特定の部署にターゲットをしぼるのか、全社規模の問題とするのかで、巻き込むべき意思決定者や予算規模も変わってきます。打ち手の範囲を意識しながら問題のスコープを定義することが重要です。

■ギャップの定義

スコープが確定していれば、「国際的なコミュニケーション能力を十分に発揮できる幹部候補が×名不足している」等、具体的なギャップ定義が可能となります。資格スコア等、さらに具体的な数値ギャップを組み込めそうであれば、取り組むべき課題や打ち手のイメージも解像度高く議論できるようになるでしょう。

■寄与要因の特定

ギャップを生じさせている要因として、たとえば次のような具体的な問題点が考えられるかもしれません。

- 現在の英語教育プログラムの質の問題
- 幹部候補のこれまでの国際経験の欠如
- 幹部候補の学習意欲の低さ
- 幹部候補の海外勤務への抵抗感

- 業務の繁忙（業務時間内に学習時間を確保できない）
- 会社全体として英語を使用する業務機会が不十分
- グローバル素養を持つ人材の採用不足

■阻害要因と制約条件を整理する

ありえそうな要因を洗い出したら、同時にそれらが対処可能な阻害要因なのか、解決不可能な制約条件なのかを整理します。「幹部候補のこれまでの国際経験の欠如」は今から変えることはできない制約条件となるでしょう。また、「業務の繁忙」もすぐには変えられない制約条件であるとしたら、忙しくても取り組めるような能力向上施策を考えていく必要が出てきます。

■取り組むべき課題（テーマ）を特定する

要因を洗い出したら、最も感度が良さそうな、つまり、ここを解決すれば大元の問題解決に大きく寄与しそうなものにしぼり込んで取り組む課題（テーマ）を決めます。

「英語教育プログラムの質の向上」は喫緊に手を入れるべき課題かもしれません。また、そもそもの「海外勤務への抵抗感」という要因を取り除くために、「海外ポストの労働環境の整備（魅力の発信を含む）」といった課題にも取り組む必要がありそうです。「英語業務への慣れ促進」という課題設定で外国人労働者の積極的雇用や社内公用語の英語化といった打ち手も一案かもしれません。こうやってそれぞれの課題（テーマ）のもと、具体的な打ち手を考えていくことになります。

問題の影響を整理する大局的思考

問題が複雑で仲間と取り組まなければならないときや、組織内の様々なサポートが必要であるときは、ギャップ分析を行うだけでは不十分です。問題の周辺情報や組織全体への影響を整理し、大局的に捉える必要があります。あなた自身も業務上何らかの問題に取り組もうとするときは、これからの項目の諸点を押さえておくよう心がけてください。

■解決の必要性を確立する

問題が関係者間で「問題だ」と認められるためには、まずその問題を解決する必要性をしっかりと正当化することが重要です。たとえば次の論点を押さえておきましょう。

▪影響の評価

問題が解決されなかった場合の、組織、社内外のステークホルダー、または会社全体に与える影響を評価します。短期的および長期的な影響の両方を考慮しましょう。

先ほどのケースでいえば、幹部候補の英語能力が向上しなければ、今後、日本本社のグリップがますます薄くなり、グループ全体の連携や統制に悪影響を及ぼすといった影響が考えられます。緊急性があるならば、それを強調することも重要です。競合他社が国際的な取引を増やしている状況で、自社の幹部候補が英語力不足のためにビジネスチャンスを逃していること等を説明します。

■ 解決の必要性を正当化する

問題の解決そのものが目的化してはならず、問題解決策のその先に、どのようなニーズを満たそうとしているのかをより高次元の視点から説明できるようにしておかなければなりません。 売上、利益、市場シェア、社会課題の解決等は代表的な指標となります。

この視点から、組織内の様々なストーリーに沿って問題を語れることが重要です。会社が掲げているビジョンや戦略との関係で、この問題は放置しておけない問題でしょうか。社員に日々語っているバリューを会社として体現する上で、この問題の解決はどのくらい重要でしょうか。こうした点についてステークホルダーの理解が得られれば、その解決に投じるリソースについて具体的な話が開始できることになります。

■ 効果を明確にする

問題を放置した場合のリスク同様、解決した場合の効果について具体的な言葉で共通認識を得ておく必要があるでしょう。

「現場レベルの幹部候補の英語能力が向上すれば、企業の国際競争力が高まり、取引先とのコミュニケーションが円滑になる」「社員のキャリアパスがより多様化することで、モチベーション向上に寄与する」といった効果を、具体的な数字や社内外のモデルケースを引用しながら説明できると良いでしょう。このとき**大事なのは、問題解決によって「誰が」恩恵を受けるのかという視点**です。ここを明らかにすることで、打ち手に巻き込むべきステークホルダーが解像度高く見えてきます。

■問題の文脈化

過去の取り組みや他組織の類似の事例からインサイトを得ることも重要です。たとえば、「板同士を接着しなければならない」という問題に対しては、釘、ハンマー、接着剤といった既存の打ち手がすでに存在します。組織もまた、同じ問題を何度も解決しようとすることがよくあります。

同じまたはよく似た問題に対して、**過去に自組織がどのような解決策を試みたかを調べ、それが成功または失敗した理由を分析しておくことが重要**です。可能な場合には、社内の他の部署や外部組織が試した施策について調査しておくことも必要です。

問題を文脈化するとは視点を変えて見るということでもあります。ケースにおける「幹部候補の英語能力欠如」とは、現場レベルで一体何を意味するのか？　経営レベルではどのような影響をもたらすのか？　市場の動向から見るとどれだけ乖離しているか？　社会全体で見ると我が社が抱えるこの問題はどれほど特殊なのか？　技術の進歩はこの問題にどれだけプラス／マイナスの影響を与えそうか？　データに基づいて問題を深掘りしたり、直接ヒアリングをしたりして、問題に対する重層的な理解を深めておきましょう。まさにここでも、システム思考の「鳥の目」「虫の目」「魚の目」が役立つのです。

問題の文脈を考えていくなかで、「今急いで解決する必要はなさそうだな」という結論に至ることも当然ありえます。「我が社が掲げる20XX年ビジョンに照らし合わせると、まずは国内シェアの拡大に重点を置いており、経営幹部候補の英語能力向上は優先度が低い」、あるいは、そもそも日本人が経営幹部として海外支社でグリップを効かせる必要はないのでは？」という判断がここで下されることもあります。この問題についてずっと考えてきた担当者としては忸怩たる思いかもしれませんが、組織にとっては有限のリソースを賢明に配分するための重要な差配です。だからこそ、文脈を含め問題を正しく理解しておくことが重要なのです。

誰もが共通理解できる「問題定義文」を作る

問題分析に関する研究において、**「問題定義文(Problem Statement)」**を適切に作成せよという示唆をよく目にします。特に、問題が複雑化するなかで、様々な関係者を巻き込まなければならないときは、誰もが共通の理解を持つことができる簡潔な問題定義文が重要となります。問題定義文は、課題まで定義している必要は必ずしもありません。その後、**関係者間で課題定義を行うために必要な材料を明確にしておくことが目的**です。

ギャップ分析や大局的思考を踏まえ、次の点をもれなく含む問題定義文を作成してみてください。ここでは引き続き、経営幹部候補の英語能力不足を一例として扱いますが、演習として、あなたが冒頭の問いに対して選んだ業務課題についても考えてみましょう。

■ **問題定義文に必要な要素**

❶ **高次元のニーズ**：より大局的な観点から、何のためにその問題を解決するのか

❷ **望ましい成果と現状**：具体的な目標とそれに対する現状の整理（現状には「問題がもたらしている影響」も含む）

❸ **恩恵を受ける対象**：この問題を解決することで誰がどのような恩恵を受けるのか

❹ **分解された要因**（阻害要因）：このギャップを生んでいる背景要因（仮説）
❺ **解決策の要件**（制約条件を含む）：打ち手を検討するに当たって満たさなければいけない条件
❻ **打ち手の評価方法と基準**：打ち手を実施した結果いつ、どのように効果を測定するのか

■ 問題定義文の一例

これらの要素をもとに、問題定義文を作ると次のようになります。

現在の幹部候補の英語能力はTOEICスコア平均600点であり、国際業務において十分なコミュニケーションが取れない状況にある（現状）。この問題は、海外事業主との連携の遅れや、海外支社幹部からの不満につながっている。また、日本本社を中心とするグループ全体のガバナンスにも今後悪影響を及ぼすリスクがある（影響）。理想とする状況はTOEIC平均スコア900点以上であり、幹部候補が国際業務において自信を持ってコミュニケーションを取れることにある。また中長期的には、海外ポストを増設する必要がある（理想）。

この問題を解決することで、海外マネジメント業務を多分に含む幹部候補の業務遂行力が格段に強化され、海外支社や取引先からの信頼も高まる。また、グローバルに活躍できる業務環境が整備され、採用力も強化される（恩恵と恩恵の対象）。

このことは、人的資本投資を最重要の経営アジェンダとして掲げる現行の企業ビジョンにも合致する（高次元のニーズ）。

このギャップを生んでいる背景要因は様々考えられる。たとえば、現在の英語教育プログラムの質の問題、幹部候補の国際経験の欠如、幹部候補の英語学習意欲の低さ、幹部候補の海外勤務への抵抗感、業務の繁忙（業務時間内に学習時間を確保できない）、英語を使用する業務機会の不足、グローバル素養を持つ人材の採用不足等が挙げられる（分解された要因）。

この問題を解決するために今年度充当できる予算は、年間を通じて1500万円までである。また、研修プログラムを検討する場合、業務時間から充当できる時間は週3時間までとする（制約条件）。

打ち手の効果は、来年以降半年ごとに計測することとし、主にその時点での幹部候補のTOEICスコアと、本人へのサーベイ結果で判断する（打ち手の評価方法と基準）。

これは、あくまでもサンプルであり、問題の周辺情報をすべて盛り込んだ定義文です。実際にはこれらを要約してより簡潔な表現にしつつ、より細かな要素は箇条書き等の形式で補足情報として加えることも可能です。重要なことは、**ギャップ分析等でできるだけ具体的な情報を洗い出し、問題の中身と解決の必要性について関係者の理解を得ておくことです。**

要因の整理はこの時点では仮説でかまいません。まずはギャップを生んでいるであろうすべての論点を洗い出し、その後、実地調査やインタビュー等を通じて検証を重ねていきます。複雑な問題になるほど、その仮説課題の成否は実際に打ち手を実行してみないとわからない部分も多いため、実際にはトライ&エラーを反復しながら打ち手の精度を高めていくというプロセスになります。

潜在的な原因を分解し探求する
ロジックツリー分析

ギャップ分析を行う上で重要なのは、理想と現実の差分を生んでいる背景要因を細かいレベルまで探る過程です。このとき便利なのが、ロジックツリー分析です。ロジックツリーは、問題の潜在的な原因を分解しながら探求するための視覚的ツールで、ロジックツリーの作成には、次のステップがあります。

ステップ1　問題の定義：解決すべき主要な問題を明確に定義する
ステップ2　主要カテゴリーの特定：問題を構成する主要なカテゴリーや要素を特定する
ステップ3　サブカテゴリーの特定：主要カテゴリーをさらに細分化し、具体的な原因や要因を明らかにする
ステップ4　詳細な分析：サブカテゴリーの要素をさらに細分化し、詳細な原因や要因を分析する

引き続き例として、幹部候補の英語能力が低いという問題を考えてみましょう（図8-2）。

図8-2 ロジックツリーによる分解

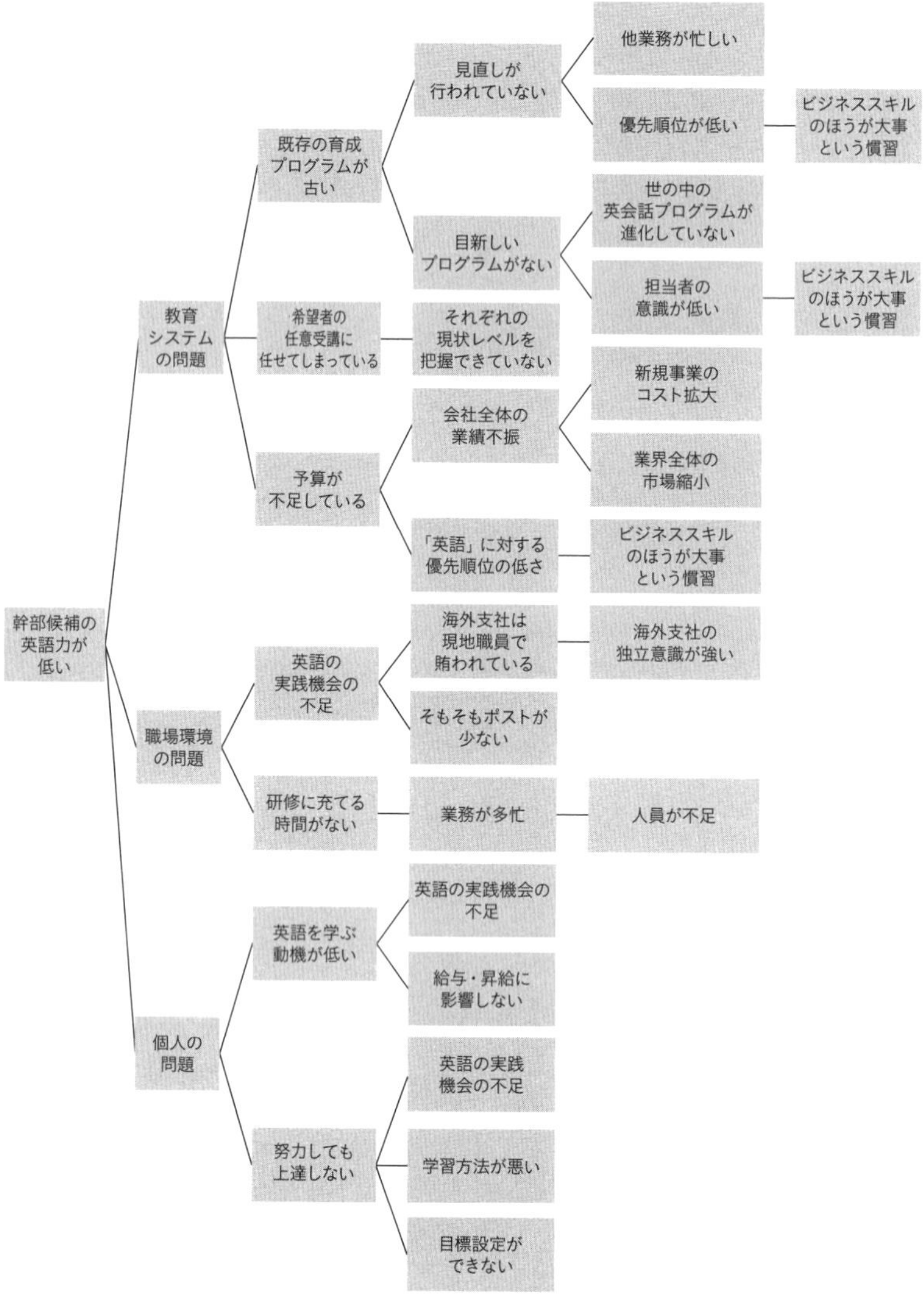

ステップ1　問題の定義

「幹部候補の英語能力が低い」

ステップ2　主要カテゴリーの特定

- 教育システムの問題
- 職場環境の問題
- 個人の問題

ステップ3　サブカテゴリーの特定

- 教育システムの問題→既存の育成プログラムが古い、希望者の任意受講にまかせてしまっている、予算が不足している等
- 職場環境の問題→英語の実践機会の不足、研修に充てる時間がない等
- 個人の問題→英語を学ぶ動機が低い、努力しても上達しない等

ステップ4　詳細な分析

各サブカテゴリーで起きている事象の「なぜ?」をさらに細分化していきます。

ロジックツリーの利点は、まず大きな問題を細分化し、理想・現状のギャップを生んでいる背景

要因を解像度高く理解していくことにあります。このように問題を細分化していくなかで、**特定の要因が何度も登場するようであれば、その論点から優先度高く課題と打ち手を考えていくことが次のステップとなるでしょう**（図でいうと「英語の実践機会の不足」というのが、複数の角度から問題に影響を与えていそうだということがわかります）。

また、細分化のプロセスは、阻害要因と制約条件を明確に選別する効果もあります。「人員不足」という要因は対処可能な阻害要因として考慮できますが、「業界全体の市場縮小」というのはおそらく一社単体では手の打ちようのない制約条件となります。

この点からも、問題定義の過程でそのスコープを定義しておくことがあらためて重要になります。部署単体で、まずは小規模に解決するのか、全社を挙げて根本から解決を狙うのかで、巻き込むべきプレーヤーや投入可能なリソースは異なります。スコープによって関係者の権限も変わってくるため、そもそも何を阻害要因と捉え、何を制約条件とみなさなければならないのかも変わってきます。

さらに、このロジックツリーと第2章で解説した「氷山モデル」を組み合わせることで、問題に対する理解がさらに深まります。

図で分解して表した様々な要因のうち、「他業務が忙しい」というのはパターン・レベルの問題、「実践の機会が少ない」というのは構造レベルの問題、「ビジネススキルのほうが大事という慣習」というのはメンタルモデル・レベルの問題です。氷山レベルの下の階層に行けば行くほど解決策も大規模かつ長期的な取り組みとなるでしょう。

問題の細部を洗い出すなかで、「いったいどのレベルで解決しなければならないのか」、あるいは、「まずは表面上現れている問題に対して応急処置を行いつつも、中長期的には構造レベルでの問題解決を行うことはできないか」といった問いを投げかけることで、打ち手を考える準備をさらに整えることができます。ここでもシステム思考がつながってきます。

問題を捉え直す　ヒューリスティック手法

問題についての理解をさらに深め、効果的な解決策の検討につなげるために、ヒューリスティックを活用するという手法もあります。

「ヒューリスティックを活用する」と聞いて、「あれ?」と違和感を覚える方もいるかもしれません。大丈夫です、そのような方はむしろ、本書をしっかり実践し噛み締めながらここまで読み進めてきてくれているということだと思います。

第3章において、ヒューリスティックとは、しばしばバイアスの原因にもなり得る「経験則」だという話をしました。しかし、ヒューリスティックとはより広い意味では「思考の簡略化」です。人間の脳のうち、知的処理を行う部分はキャパシティに限りがあるため、私たちはその負担を軽減するためにしばしば経験則に基づいて思考を簡略化する、その結果としてバイアスにつながることがある、という話でした。

この「思考の簡略化」は、何も経験則のみによって「陥ってしまう」ものばかりではありません。私たちが**自ら視点や思考の角度を固定することによって、能動的・意図的に活用する余地もある**のです。ここでは、アナロジーとシックス・ハット法という手法について紹介します。

■アナロジー――類似の問題からヒントを得る

アナロジー（類推）とは、異なる分野や文脈において過去に発生した（またはすでに解決された）類似の問題を研究することで、今直面している問題の解決についてインサイトを得ようとする手法です。

アナロジーは、特に新規事業開発の分野で多く活用されています。おもちゃの量販店であるトイザらスは、昔からあるスーパーマーケットのアナロジーであると言われています。スーパーマーケットのビジネスモデルを特徴づけるのは、「効率的なサプライチェーンと物流システム」「大量仕入れとコストの削減」「広い店舗面積と豊富な品揃え」「多店舗展開」「個人客が自ら商品を見て選びレジで支払いをするというスタイル」等。業界がまったく異なるトイザらスも、こうしたビジネスモデルの本質を捉えて構築されたと言われています。このほかにも、顧客ベースの拡大を最優先するサブスクリプション・ビジネスや、最近流行りのシェアリング・ビジネス等も、業界を跨いで様々な分野でアナロジー的な活用が行われています。

「幹部候補の英語能力の欠如」という問題についても、アナロジーの余地が検討できます。他企業で自社員のグローバル人材化に大きく成功した事例はあるか？　というのは真っ先に思いつく観点の一つです。このほかにも、過去自社内において、ITスキル等の新たなスキル習得を大規模に行わなければならなかったとき、どんなアプローチを採用したか？　というのも、研究すべき事例の一つでしょう。

アナロジーで気をつけなければいけないのは、本質をしっかりと捉えられているかという点です。

他企業のグローバル人材育成の成功事例をそのまま真似したとしても、企業文化や業務の性質がまったく馴染まないものがあれば、取り組みが失敗するリスクは高くなります。最終的にはやってみないとわからないことのほうが多いと思いますが、類推・適用するだけの諸条件が整っているのかという点は慎重に見極める必要があります。

■ 考えの癖を強制的に取りはずす――シックス・ハット法(Six Thinking Hats)

この手法は、グループ全員で同じ色の「擬似帽子」をかぶり、その帽子の色に応じた視点に発想を固定して意見を出し合うという手法です。個人では陥りがちな無意識の考え方の癖を強制的に取り外し、普段意識しないような視点を洗い出すことに目的を置いています。

進め方はシンプルで、次の6つの視点の帽子をグループで順々にかぶり、各帽子につき10分程度ずつ、その視点に固定した意見出しを行うというものです。**重要なポイントは、全員同じ色の帽子を同時にかぶること、その帽子をかぶっている間は、その帽子に固定された視点でしか意見出しを行ってはいけないということ、そして、出てきた意見は否定してはいけないということです。**

図8-3 シックスハット法

■6つの帽子の色と意味

白い帽子（**事実やファクト**）：問題に関する客観的な事実と数値に関する意見や論点を洗い出す

赤い帽子（**感情や直感**）：直感的に感じることを感情や主観で表現する。話者だけでなく、問題に関わる様々なステークホルダーの感情や直感にまで思いを馳せる

黒い帽子（**否定的・批判的**）：問題自体や、打ち手に潜む問題やリスクを探る

黄色い帽子（**楽観的**）：問題自体のポジティブな側面や、解決した際に短期〜長期的にもたらされる利点について意見を出す

緑の帽子（**創造的**）：現実的な発想を一切排除し、問題や打ち手のアイデアについて革新的なアイデアを出し合う

青い帽子（**プロセス思考**）：問題や解決策に関するプロセスや段取り、必要なリソースという管理的な観点で意見を出し合う

これをこれまで考えてきた「幹部候補の英語能力不足」という問題に当てはめて考えてみましょう。**ポイントは、この場で答えを見つけ出すのではなく、「検討すべき論点を洗い出す」というスタンスで臨むことです。**

白い帽子（**事実やファクト**）：幹部候補の英語能力が低いとは具体的にどういう状態か？　資格試験のスコアは？　具体的にどのような問題が生じているのか？　関係者の声やアンケートの結果は？　現行の教育プログラムの特徴・コスト・効果は？　等

赤い帽子（**感情や直感**）：幹部が英語を話せないのはみっともない。幹部が通訳をつけていると相手の信頼を損なうのでは。英語を話せる経営幹部はどんな気持ちだろうか？　直接コミュニケーションを取れない海外のステークホルダーはどんな歯痒さを感じているのか？　等

黒い帽子（**否定的・批判的**）：このまま問題を放置するとXXというリスクに発展し得る。教育プログラム自体を変えてもあまり効果がないのでは。そもそも実践の機会が少ないのに問題解決をしても仕方がない。英語のコミュニケーションスキルよりビジネススキルを重視しすぎる文化が問題である。この問題の解決に最も反対しそうなのは誰か？　この問題を解決することによって生み出される新たな問題点やリスクはあるか？　等

黄色い帽子（**楽観的**）：この問題を解決すれば我が社の国際競争力は高まる。この問題を解決すれば従業員のキャリアパスがより明確になる。グローバル人材育成に力を入れることで若い才能を採用

しやすくなる。反対に、このまま海外支社に独立性を持たせた方が現地スタッフのエンゲージメントにつながるのでは？　等

緑の帽子（**創造的**）：AIの力を最大限駆使すればこの問題はそもそも存在しないのでは？　社内の公用語を英語に変えることはできないか？　英語よりもむしろ中国語が必要では？　育成しなくても採用すれば良いのでは？　等

青い帽子（**プロセス思考**）：まずは誰を味方につける必要がありそうか？　必要なリソースはどれくらいか？　どれほどの時間をかけて解決すべき問題か？　解決のためにはどの部署や関係者を巻き込むべきか？　巻き込むまではしなくても、検討や取り組みのプロセスを誰と定期的に共有しておくべきか？　等

このようにして洗い出された論点をさらに検証し、情報収集を行うことで、問題に対する理解を深めていくということになります。

シックス・ハット法は、自分自身の視点を固定し、テーマに関する発想の幅を広げていく有効なツールですが、それでも自分一人の発想にはやはり限界があります。自分一人ではなく必ず3名以上の複数名で行うことをおすすめします。またその際は、誰か一人の意見に他のメンバーが影響されたり無意識に同調したりすることを防ぐために、まずは個人で付箋等に意見をすべて書き出すことから始めると良いでしょう。

■一歩立ち止まって考えよう

本章では、問題を深く多面的に捉えることの重要性について考えてきました。

私が過去に担当したクラスの一つに、あるコンサルティング会社のシニア・パートナーの方々がいました。キャリアを通じて数十年間、クライアントの様々な問題分析に携わってきた方々ですが、そのうちの数名から「問題分析のセッションが一番学びになった。いかに自分が偏った発想で顧客の課題を捉えていたかを痛感した」というコメントをいただいたときは、非常に驚きました。

しかしよく考えてみると、我々人間はある領域に熟達すればするほど、発想の手法や思考性も「慣れ」によって偏ってしまう傾向が確かにあります。私自身も例に漏れず同じ罠にはまります。リーダー育成や組織のカルチャー改革という案件で様々な企業のサポートに携わることが多いのですが、そのせいか、打ち手の方向性ありきで問題分析をしたり、課題抽出をしてしまったりすることがあります。肝は、**そんな思考の罠に陥りそうな自分にまずは気づくことができるか否か**です。そしてそのたびに一歩立ち止まり、ここで紹介したような思考ツールを用いて発想を深め、仲間の意見を求めながら、「本当にこの問題定義でいいのか?」「課題はこれでいいのか?」「他に漏れている視点はないか?」を問い続ける胆力が何より重要であると実感します。

あなたが今取り組んでいる課題は、どこから降りてきたものでしょうか? 誰のどんな問題を解決するために取り組んでいるのでしょうか？　そもそもその問題は、誰によってどのように定義されたのでしょうか？　問題を捉え直したり再定義することは時に努力も勇気もいることですが作業に追われてまわりが見えなくなっているときは、一歩立ち止まって考えてみてもいいかもしれません。

まとめ

問題と課題分析の科学

☑問題の解決は、問題を正しく定義することが最も重要。
☑問題を定義する際は、理想と現状を正確に特定し、その差分を生んでいる背景を洗い出すことから始める（ギャップ分析）。
☑問題を生んでいる諸要因のうち、阻害要因と制約条件を分けて考えることが重要。ただし制約条件を阻害要因と思い込んだり、本来対処できるにもかかわらず制約条件だと思い込んでしまうリスクに注意する。
☑問題と課題は異なる。課題は問題の裏返しには必ずしもならない。
☑問題そのものに意識をとらわれすぎず、周辺情報を大局的に理解することが重要。
☑たとえば問題によって既にもたらされている実害、放置することによって生じる影響、解決することによって期待できる効果を明示することが重要。
☑問題を文脈化し、過去の取り組みや類似の事例を検討することも重要。
☑問題定義文を正確に作成し、関係者の一致した理解を得ておくことが必要。
☑理想・現状のギャップを生む要因を洗い出すときは、ロジックツリー分析が有効な思考ツールとなる。
☑ヒューリスティック手法を用いて、問題を多面的に捉え直すことも時に必要。
☑アナロジーは、別分野や同じ組織内の類似の事例から、ソリューションの本質を掴む思考法。

☑シックス・ハット法は、問題や解決策について強制的に思考を固定し、幅広い視点から論点を洗い出すための有効な手段。

?

本章を実践的に理解するための問い

この章で得た学びをあなた自身の実践につなげるために、次の問いに対する自分なりの考えをまとめてみてください。メモを取るなどして具体的に言語化した上で、次章に読み進めることをおすすめします。

■ あなたが現在取り組んでいる、または過去に取り組んだ大きなプロジェクトを思い浮かべてください。それは、どのような課題を推進し、どのような打ち手を実行するためのプロジェクトでしたか？　そのプロジェクトによってどのような問題を解決しようとしていましたか？　「問題」「課題」「打ち手」の関係を意識しながら書いてください。

■ あなたがプライベートで抱えている問題を思い浮かべてください。「最近始めようとしているけどなかなかできていないこと」等、身近な問題で構いません。その問題について、ギャップ分析を行ってください。その際、理想・現状はできるだけ正確かつ具体的に特定するよう注意してください。

■その問題の問題定義文を書いてください。本章で解説した問題定義文に必要なすべての要素を含めるよう注意してください。

■問題分析は、システム思考とどのようにつながるでしょうか？　本章で述べた「氷山モデル」以外の観点、たとえば「創発現象」や「鳥の目・虫の目・魚の目」といった観点でどのように接続されるか、考察・言語化してみてください。

■問題分析は、第3章で扱った「行動科学」とどのようにつながるでしょうか？　モチベーション理論やバイアスやヒューリスティックの観点から接続点を考察・言語化してみてください。

ギャップ分析を簡略化して行う際は、図のように構造を図式化することで、関係者間の理解を得やすくなります。ぜひ活用してみてください。

図8-4 ギャップ分析の図式化

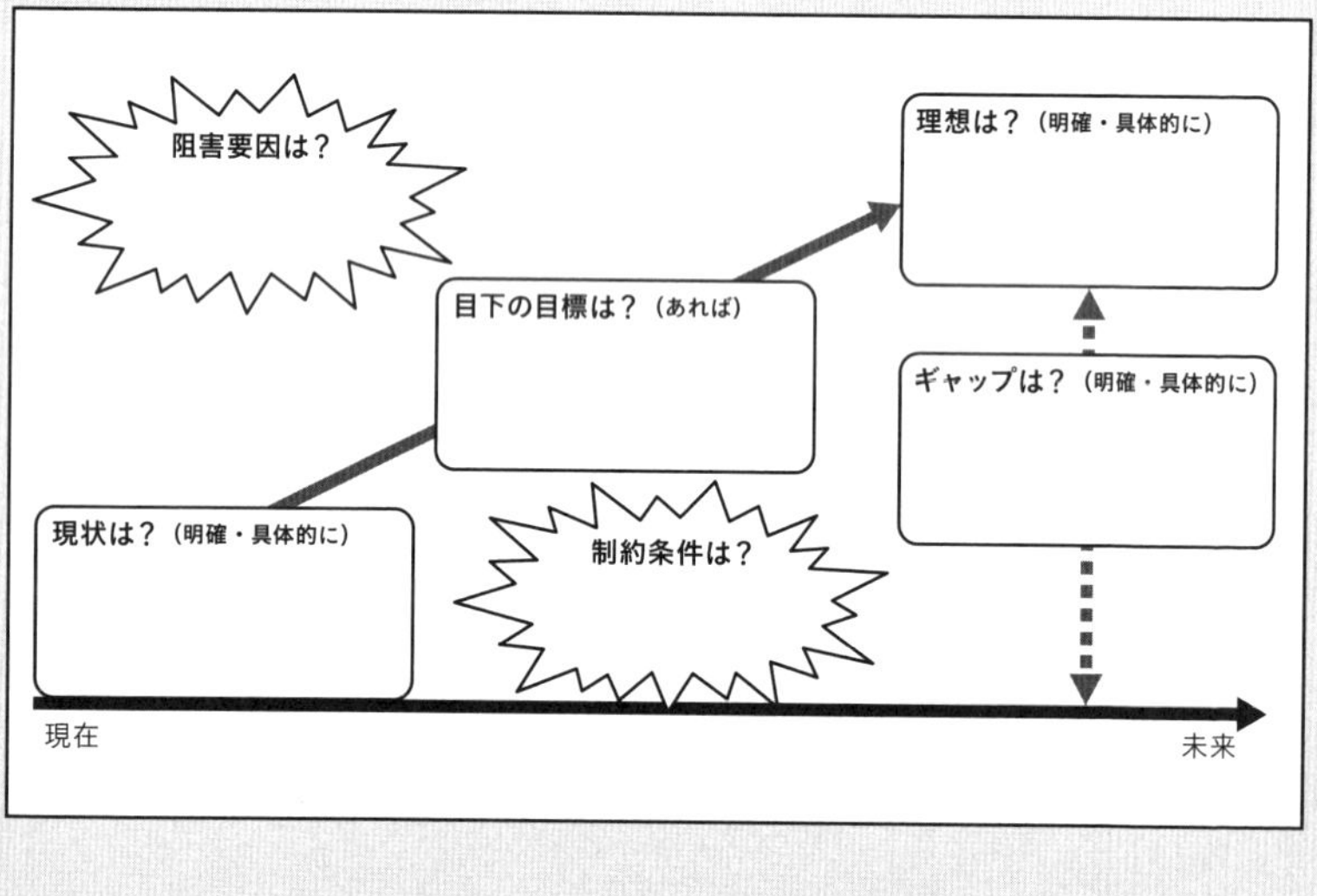

第9章

デザイン思考とイノベーション

習得する #Learning Outcomes

#design_thinking
デザイン思考の反復プロセスを実践し、製品・サービスの開発・改善を行う。

#innovative_mindset
イノベーションに重要な成功因子を理解し、イノベーティブな組織文化を醸成する。

?

本章を読み進める前に、あなた自身の体験に当てはめながら、次の問いに答えてみてください。

問

より良いデザインを考えよう

あなたが勤める組織や住んでいるコミュニティのなかで、「使い勝手が悪いな」「不便だな」と感じるツール、製品、システム、制度等を1つ思い浮かべてください。

- あなたのミッションはそれを再デザイン、再創造することです。
- どのようにこのミッションを遂行しますか？　実際に手を動かしながら、言葉やコンセプト図で考えをまとめてみてください。
- 本章を読み進める前に一度作業を行い、その後本章で得た学びをもとに、再度取り組んでみてください。アウトプットの質や作業プロセスにおいて感じる違いについて、自分なりの気づきをまとめてください。

イノベーションとは何か

　ここまで、システム全体の捉え方から自他を含む人間、チーム、問題に対する考え方を深めた後、いよいよその問題をどう解決するのか、つまりソリューションの考え方について扱っていきます。テーマは「イノベーション」です。

「イノベーション」というと、よく偉大な技術革新や斬新なプロダクト・サービスの発明といったことを想像しがちですが、実際にはそれだけではありません。イノベーションとは、組織が自身の存在意義（パーパス）を果たし、社会に対して価値を生み出し続けるために能動的に起こす新たな変革の取り組みすべてを広く指します。したがって、製品・サービスだけではなく、業務プロセスや組織の仕組みなど、組織の営みを支えるあらゆる要素を対象とします。

　またそのアプローチも、0から1を発明的に生み出す（例：蒸気機関の発明）ことに限らず、既存のものを漸進的に改良していく方法（例：家電製品の機能向上）、すでに存在する異なるアイデア同士を結合して新たな価値を作り出すというアプローチ（例：ガソリン駆動システムと電動モーターを組み合わせたハイブリッド車）まで様々です。イノベーションの父としても知られるオーストリアの経済学者ヨーゼフ・シュンペーターは、企業が行うイノベーションを次の5つに分類して提示しています。

❶ **プロダクトイノベーション**：新しい製品・サービスを開発する（例：iPhone等）

❷ **プロセスイノベーション**：新しい生産方式や業務プロセスを導入する（例：トヨタ生産方式等）

❸ **マーケットイノベーション**：新しい市場や消費者を開拓する（例：富士フイルムによる写真業界から化粧品・医療機器分野へのシフト等）

❹ **サプライチェーンイノベーション**：新しい流通・供給の仕組みを構築する（例：倉庫や配送センターにおけるオートメーション等）

❺ **オーガニゼーションイノベーション**：組織の構造や制度、カルチャーを改革する（例：社内ベンチャー制度やフランチャイズシステムの導入等）

「イノベーションは法務部である自分の仕事にはあまり関係なさそうなので……」という声を聞くことがありますが、ここでお伝えしたいのは、決してそんなことはなく、**どんな立場や役割であれ私たちの仕事の周りにはイノベーションの余地のあるモノやコトがたくさんある、**ということです。本章を読み進める際は、冒頭の問いに対する考察はもちろん、日々あなたが業務で使用しているものをいかにして再創造できるかという視点を持って、味わいながら理解を深めてください。

イノベーションを具体的に進めるデザイン思考

会社のなかで「新規事業開発」や「組織改革」など何かしら新規性の高いテーマを与えられ、役割としてイノベーションを起こすことに責任を負っている方もいるのではないでしょうか。「とはいえ何から始めて良いかわからない」という方や「なんとか形になったけど『何をどうした』のか、自分の中でも整理できていない」という方もいるかもしれません。

イノベーションという捉え所のない営みをわかりやすい具体的なステップで解説してくれるツールの一つが、デザイン思考です。

デザイン思考は、端的にいうと、**ユーザー（そのソリューションによって便益を得る人）視点で問題を捉え、解決策を模索する方法**です。このアプローチは、各ステップでの作業が実践的かつ具体的であることに加え、その一連のプロセスを絶えず反復することを重視しているため、仮説検証と改善を常に繰り返しながらソリューションを創り上げていくという点において非常に効果的です。

■人に寄り添う思考習慣

私たちが日常的に目にするあらゆるモノ・コトは、必ず人間との接点を持っています。どのよう

図 9-1 デザイン思考のプロセス

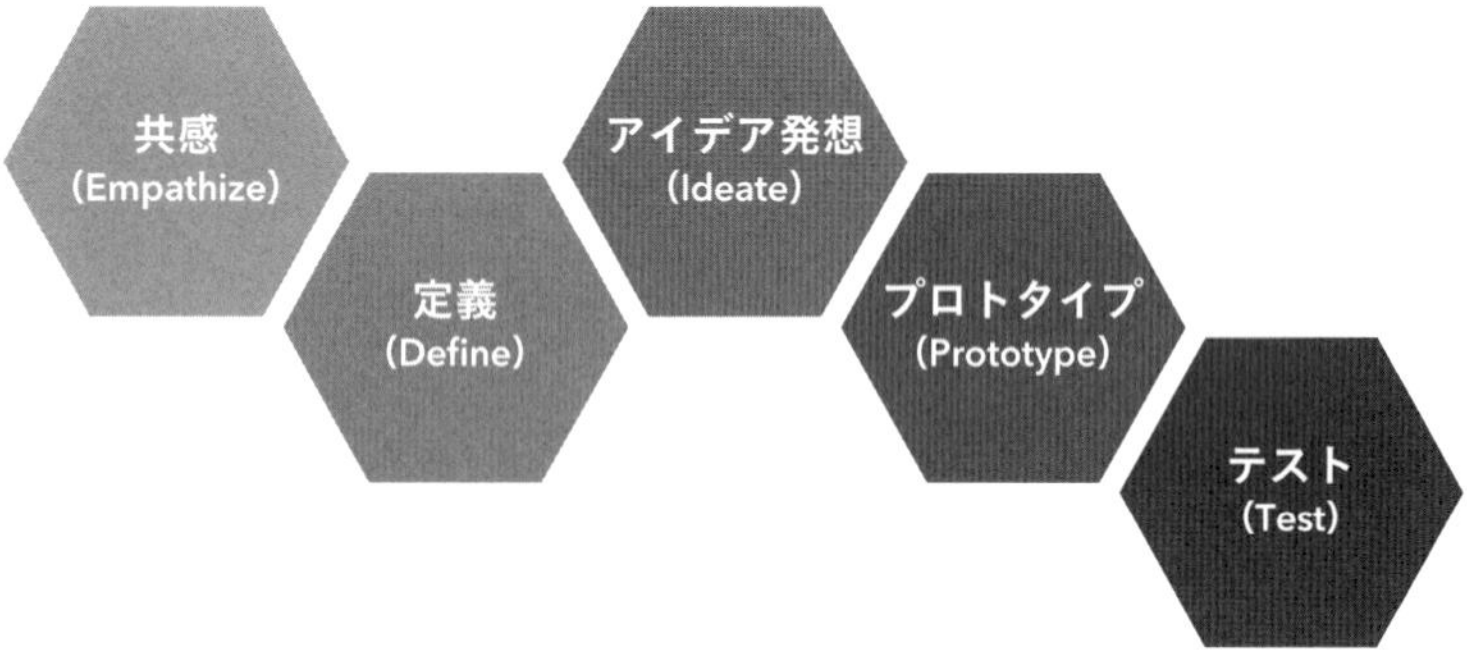

出典：Hasso Platner Institute of Design at Stanford

な製品やサービスであれ、人間がそれらに触れ、使用し、便益を得ます。そして当然、その関わり方は一様ではなく、個人の行動特性や思考性によって変化します。そのため、その関わり合いの中で発生する問題も様々で、かつ非常に人間臭いものでもあります。だからこそデザイン思考は、人（ユーザー）に寄り添います。複雑な環境下において人とモノとの間に起こる様々な問題に対し、ユーザーに徹底的に寄り添った観察から課題を抽出し、ソリューションを導きます。

デザイン思考はイノベーションを推進するためのある種、定型化されたプロセスではありますが、「ここまでやったら終わり」というような単純な作業ツールではありません。むしろ、反復しながら絶えず実践し続ける思考習慣であり、物事を捉える枠組みそのものとも言えます。その概要を見ていきましょう。

デザイン思考は、「共感」、「定義」、「アイデア発想」、「プロトタイプ」、「テスト」の5つのステップからなる一連の作業プロセスです。具体的なケースとともに、デザイン思考の各ステップの要点をご紹介します。

CASE

ある小さな町に、住民用の再生可能エネルギー関連設備のコンセプトをデザインすることになったとします。デザインの責任者としてあなたのミッションは、ユーザー（住民）が今よりも満足する設備デザインを作成することです。

■ステップ1：共感（Empathize）

まずは、このプロジェクトを通じて「誰に何を提供するのか」、「ユーザーは何を求めているのか」を深く理解しなくてはなりません。

デザイン思考の最初のステップは、問題の背景を深く理解し、そこに関わる人々に共感することです。このステップでは、ユーザーが置かれている状況、それぞれの行動、また、ユーザー同士の相互作用等を詳細に観察します。先入観やバイアスを極限まで排除して真摯に観察することで、**ユーザーの価値観、問題に対する既存の対処法、日々の習慣などを客観的に理解していく**のです。

たとえば、この町は現在どのようなエネルギー源に頼っているのか。彼らは現在の電力システムにどのような不満を抱いているのか。その不満の原因となっている電力システムの特徴はなぜそのようにできているのか。観察し、耳を傾けることで、**何の問題を誰のために解決しようとしているのか**を腹落ちさせます。これによって、しばしば陥りがちな問題に対する思い込みや**「ソリューションありきの問題定義」を回避する**ことがポイントです。

では具体的にどのような行動を通じてユーザーに共感するのでしょうか。

■観察する

ユーザーや問題の関係者がどのように振る舞っているかを第三者視点で観察します。この例で言えば、ユーザーは普段家ではどの部屋をどのような時間帯に一番頻繁に使っているか。発電所は町のどこに設置されているのか。その近隣住民と遠隔に住む住民との生活態様に何らかの違いはあるか。電力使用の習慣にパターンはあるか。家にいる時間が長いのか、外出を好むのか。世帯構成や季節による差はどうか。停電のときはどうしているのか。電気料金の支払いはどのように行っているのか等、様々な場面における彼らの行動を観察し、記録していきます。

このとき、「問題はここにあるだろう」という仮説思考をあまりに持ちすぎていると、本当に必要な情報を見逃してしまう可能性が大きくなります。したがって、何となく当たりをつけながらも、問題にあまり直接関係していないと感じられるような点にも関心を持って眺めてみることが大切です。

■内側に入り込む

文化人類学分野にはエスノグラフィーという調査手法があります。これは、対象者と一定期間生活を共にすることで、彼らの普段の環境や行動を観察するというものです。デザイン思考でも似たようなアプローチをとることがあります。

外側から見るだけでなく内側に入り込み、ユーザーと実際に交流・対話し、問題に関わる体験を共有する。このように距離感近くユーザーと向き合うことで、客観的な観察だけでは見えてこないユーザーの振る舞いが詳細に炙り出され、ユーザーの価値観や信念といった内面にまで深く洞察を得ることができます。ユーザーが現在抱えている問題や苦労だけでなく、関連して経験してきたこれまでの失敗や成功体験についても尋ねます。

ユーザーとの直接対峙にあたって、問いは事前に準備するとしても、一度やりとりが始まれば自然な対話を重んじましょう。彼らの言葉や話している内容だけにとらわれるのではなく、感情を表す、ちょっとした仕草やその他非言語表現にまで意識を向け、ユーザーの内的な動きに思いを馳せることが重要です。

■両方を組み合わせて行う

ユーザーに特定の行動をとってもらい、それを観察・記録する手法もあります。仮に食品がデザインのテーマであれば、実際に特定の商品を開封して食べてもらい、その様子を観察・記録する、ということになります。これにより、テーマに直接関係するユーザー行動を捉えることができ、かつ本人も意識していないような所作から第三者視点で重要なヒントを得ることができるようになります。このケースでは、ユーザーが自宅やオフィスで実際に電気を使う様子や、電気料金の請求書を確認する所作等を観察してみることも可能でしょう。行動観察を終えたら、なぜそのような行動をとったか実際に聞いてみることも重要です。

■ステップ2：定義（Define）

ユーザーの行動に関する詳細な生情報を手に入れたら、問題をあらためて明確に定義する必要があります。**デザイン思考においてはこの問題定義のことを、「point of view（POV）」＝着眼点と呼びます。**適切な問題の定義は、打ち手の方向性と満たさなければならない諸条件を明らかにしてくれます。ＰＯＶに決められた形式はありませんが、**「(ユーザー) は、○○する必要がある。なぜなら、△△（共感のステップで得たインサイト）だからである」**というシンプルな形式から始めるといいでしょう。以下では具体的なステップを見ていきます。

■ユーザープロフィールを作成する

誰のためにデザインしているのか、具体的にまとめてください。この例では、住民に再生可能エネルギーを供給するため、住宅と公共施設の両方の場にサービスを提供することが前提です。町全体のニーズは何でしょうか。どのような住民が暮らしているのでしょうか。誰が特に重要なターゲットでしょうか。彼らに共通している特徴は何でしょうか。ここでは、「共感」ステップを通じて得た具体的な情報を整理しながら、「ユーザー」像の原型を作成します。複数重要なユーザー像が浮かび上がる場合には、そのままリスト化しておくと良いでしょう。

■ 重要なニーズを言語化する

「誰のためにデザインしているのか」という問いは、「満たすべきニーズは何か」という問いに直結します。ほとんどの問題には、複数の相反するニーズが存在しています。環境的に最も配慮された解決策が何より重要であるとする声もあれば、費用対効果が優先されるべきだという声もあるでしょう。あるいは行政による一元管理を求めるのか、世帯ごとの裁量が望まれるのか。こうしたニーズのリストをできるだけ簡潔にまとめ、すべてに優先順位をつけておくことが重要です。そうすることで、取り得る選択肢の範囲が徐々に明確になってきます。

■ インサイトを整理・統合する

最後に、重要なインサイトを言語化・整理していきます。観察から得た特別な気づきは何でしょうか。それらは、前のステップで洗い出したユーザーのニーズにどのように影響を与えているでしょうか。たとえばこの事例で言えば、現地の天候や地理、建物の建築方式、都市計画、住民の電気使用に係る行動傾向、考え、気持ちなどが洞察すべき要素です。当然に思いつく論点だけでなく、ユーザーを深く観察したからこそ気づく些細な視点を大事にしましょう。

■「定義」に役立つギャラリーウォーク

これまでのステップで収集した情報があまりに多く煩雑で、インサイトの抽出に苦労しそうなときは、ギャラリーウォークがおすすめです。ギャラリーウォークでは主に、観察・インタビューした対象の客観的な事実（写真、歴史、行動、発言内容等）を、それぞれの対象ごとに模造紙に書き出し、壁中に貼り付けます。それらをグループで見て回りながら、各々に感じる気づきやその後の解決策にとって重要となりそうなポイントを付箋に書き出し、貼り付けていきます。その後、付箋に書かれたポイントを大きなカテゴリーに分けながら、問題定義と解決策のためのインサイトを要約・抽出していきます。この手法は、情報の偏った解釈やバイアスを排除し、全員で客観的事実を眺めながらグループとしての気づきをまとめていく上で、非常に有効なプロセスとなります。また、必然的にメンバー同士の対話も促すため、アイデア間の創発を刺激します。

■ステップ3：アイデア発想（Ideate）

問題が明確に定義されたら、打ち手のアイデアを考え始めます。ここが最も悩ましく、難しさを感じる部分かもしれません。

ここで重要なことは、実際にプロダクトを開発し、実装することの難しさは考えずに、**できる限**

り固定観念を外し、あらゆる可能性を念頭にオープンに取り組むことです。このフェーズで使える具体的な手法を次のとおり共有します。アイデア発想については非常に多くの研究や実践事例であふれています。ブレスト一つとっても様々なやり方が存在しますので、自分に合ったやり方を調べて取り入れてみてください。

■チームで協働する

まず、一人よりもグループで行う方が発想力は高まるでしょう。メンバーそれぞれの異なる視点や専門性を活かし、混ぜ合わせ、積み上げる意識が重要です。最初から意見を出し合うと誰かの強い声によって全体の意見が影響されてしまう可能性があるので、まずは個人で付箋などにアイデアを書き出し、それを全員でシェアしていく形がいいでしょう。

また、机に座って向き合うよりも、ホワイトボード等を使って立ちながら議論することをおすすめします。立って行うミーティングではより活発な意見交換が行われ、参加者同士がより協力的になるといった研究もあります。また、ホワイトボードを用いることで全員が自然と同じ方向を向くようになるため、文字どおりお互いの顔色を伺うことなく自由な意見表明が触発されます。

■制約を加える

ある程度アイデアが出たら、あえて制約を加えるというやり方があります。制約を加えることで選択肢の幅がぐっと狭まるため、ユーザーが最も叶えたいニーズの本質を捉えることができ、かつ、限られたリソースでクリエイティブにならざるを得ない状態を意図的に作り出すことができます。

このケースでは「既存の設備を用いなければならないとしたら」「〇〇のテクノロジーを使わなければいけないとしたら」「〇〇のスペースしか使えないとしたら」等の条件を加えることで、「それでもユーザーのニーズを叶えるとしたら何ができるだろう」というように、ユーザー視点の純度がさらに高まっていきます。気をつけなければいけないのは、あまり早い段階で制約を加えてしまうとアイデア発想自体が広がらなくなってしまうこと。ある程度自由なアイデアが出た後に行うのがおすすめです。

■ 環境からインスピレーションを得る

物理的な環境は我々が思っている以上に個人やグループの行動に影響を与えているということが様々な研究で明らかになっています。まず、いつもと違う発想を行いたいのであれば、いつもの会議室とは違う環境で対話するのが鉄則です。この他にも、自然光は創造性と生産性を高める、高い天井や広いスペースなどオープンな空間はオープンな議論を促す、緑や植物を目に見える場所に配置するとストレスを軽減し創造性を高める、自然音（波の音や鳥の囀り）はリラックス効果があり創造性を高める、壁にアート作品やインスピレーションを刺激する絵を飾ることで創造性が高まる等、様々な研究示唆が存在しており、これらを組み合わせることでグループのアイデア発想をサポートすることが重要です。

■ステップ4：プロトタイプ（Prototype）

1つまたは複数の「良さそう」なアイデアを選んだ後は、仮説を検証しながら最終版を作り上げていくための土台となる、プロトタイプ（試作版）を作ります。プロトタイプを実際にユーザーに触れさせることで、打ち手の精度を高めるためのフィードバックを得ることができます。したがって、プロトタイプは、最終版よりもとにかく小さく、速く、安い形で作ることが重要です。「最初からうまくやらなければならない」というプレッシャーはまったく不要、むしろ邪魔になります。複数のアイデアを素早く試し素早く切り捨てながら、最終的に最も適切な解に辿り着くことが重要なのです。プロトタイプを作るにあたり重要なポイントは次のとおりです。

■作り始める

今ある材料で、とにかくできるものを作り始めることが重要です。ワイヤーフレーム、スライド、ランディングページ、ブロックやストーリーボードなど、小さくて安価で早くできるものであれば、形式に決まりはありません。

■長い時間をかけない

目標は最初のテストで完全に満足させることではなく、可能性を感じるアイデアをいくつもテストし、改善を繰り返すことです。プロトタイプの作成には制限時間を設け、細部に執着し、その後の実現可能性を心配しすぎないことが重要です。

■ 変数を特定する

プロトタイプは本格的な最終版ではないため、すべての機能を最終版さながらにテストすることは困難です。テスト段階で実証したいポイントや変数をあらかじめ特定し、プロトタイプでそれをどのように測定するのかを決めておきましょう。

■ ユーザーを意識する

プロトタイプに触れるユーザーにどの側面を実感して欲しいのか。どのようなフィードバックが欲しいのか。具体的にどのように使ってほしいのか。こうした点から逆算してプロトタイプを作成することで、次のテスト段階がより的の絞られた生産性の高い内容になります。

■ ステップ5：テスト（Test）

ここでは作成したプロトタイプを実際に見せたり使ってもらいながら、ユーザーの反応を観察します。「テスト」は「共感」のステップと同様、さらなる観察を通じてインサイトを得る機会でもあります。このステップを通じ、打ち手の条件がまったく変わったり、あるいは問題の定義そのものが変わることもありえます。テストにおいて特に重要なポイントは次のとおりです。

■ **体験させる／説明しすぎない**

手とり足とりプロダクトの使い方を説明するのではなく、自然な形でユーザーがプロトタイプと触れ合えるような環境を作ることが重要です。しばらくはユーザーを一人にし、ユーザーの試行錯誤を観察するようにします。スライドなどでコンセプトを伝える際は、使用体験を想像できるようにストーリー仕立てにするなど、工夫を加えましょう。

■ **ユーザーに比較してもらう**

検証したいポイントや変数がしっかりと特定できているのであれば、可能な限り複数の選択肢を示し、それぞれに対するユーザーの反応・行動を観察します。その上で、何が良かったか、何に苦労したか、なぜそうだったかをインタビュー形式で掘り下げます。

■ステップ6：反復（Iteration）

デザイン思考の6番目のステップと呼んでもよいほど重要なのが、「反復」です。反復は、デザイン思考のすべてのプロセスに通底する重要な考え方です。テストを完了したらその結果を吟味し、プロトタイプの改良や問題の再定義に立ち戻りましょう。1回のプロセスで完璧に仕上がることはほとんどありません。満足のいく解決策を得るまで必要なステップを繰り返すことが重要です。どのステップを何度繰り返すか、決まったフローはありません。実践を繰り返しながら、自分なりにものにしていってください。

■デザイン思考をより効果的なものにする7つのステップ

バージニア大経営学教授のジーン・リエトカは、デザイン思考の最も重要なポイントは人間が持つ創造性をバイアスから解き放つことであるとして、デザイン思考を効果的に実践するための7つの具体的なステップを提唱しています。ここまでの議論を踏まえ、リエトカの7ステップがどのようにデザイン思考の各ステップに対応するのか、味わいながら理解を進めてください。

■カスタマーディスカバリー（顧客を理解する）

❶没入（Immersion） 伝統的なデータ重視の分析だけでなく、データに表れないユーザーの気持ちや感情を理解するために、開発者側が顧客体験をそのまま味わう。

❷意味づけ（Sensemaking） 没入の活動で収集した大量の情報に意味を見出すために、パターンを探す。先述のギャラリーウォーク等の手法を用いて、顧客にとって最も大事なポイントを探る。

❸すり合わせる（Alignment）「もしあらゆる選択肢が可能だとしたら」を前提に、具体的な打ち手そのものではなく、「打ち手が何を満たすことができれば理想なのか」という大きな指標と基準

をすり合わせる。

■アイデア発想

❹創発する（Emergence）　チームで擦り合わせたデザイン基準に沿って、まずメンバーそれぞれが個別に打ち手のアイデアをブレストする。その上でそれぞれのアイデアを持ち寄り、どれかを選ぶのでなく組み合わせながら、新たなアイデアを組み立てていく。

❺明確化（Articulation）　アイデアに潜む暗黙の前提を表面化させるために、自分たち自身に疑問を投げかける。確証バイアスやアンカリング等、特定のアイデアへの固執を明らかにするステップ。「うまくいくか、いかないか」ではなく、「このアイデアが機能するためには、何が当然の前提として条件になっているか」を探求する。

■経験から学ぶ

❻事前体験させる（pre-experience）　新しいソリューションをユーザーに「事前体験」させる。低コストで最低限の機能のみ備えた試作品（MVP: Minimum Viable Product）を作成し、ユーザーに触れてもらうことで、製品を擬似体験してもらう。作り込みすぎると確証バイアスによって修正を加えたくなくなるので、試作品は不完全であればあるほど良い。

❼動きながら学ぶ（learning in action）　事前体験の結果を観察することで打ち手案を評価し、改善させていく。変化に対する恐怖は動き出す前に最も起こりやすく、実際にその恐怖を打ち消すエ

ビデンスが現れるまでは抵抗者は納得しない。したがって、「まずはやってみる」という原則をチームでどれだけ共有できているかが重要。

リエトカ教授は、デザイン思考には「人間の創造性を最大限に引き出し、チームの士気を高めながら、組織の思考プロセスを根本的に改善する力がある」と主張しています。しかし同時に重要な点は、人間だからこそ陥るバイアスの罠を、デザイン思考の実践によって回避できるという点でしょう。プロセス全体を通じ、「我々に潜む思い込みやバイアスは何か」ということを常に意識しながらステップを進めることが非常に重要となるのです。

■拡散と収束を意図的に使い分けるダブルダイヤモンドのフレームワーク

集団が陥りがちなバイアスを回避するという点において、もう一つ関連する考え方を紹介します。デザイン思考に似たフレームワークとして、英国の公的機関であるDesign Councilは2005年に「**ダブルダイヤモンド**」を提唱しています（図9-2）。ユーザーのニーズを探究（Discover）し、問題を定義（Define）した後、打ち手を組み立て（Develop）、実装（Deliver）するという「ダブルダイヤモンド」の各ステップは、デザイン思考の本質と基本的に同じですが、ダブルダイヤモンドはその形状から、2つの重要な示唆を特に際立たせています。

図9-2　ダブル・ダイヤモンドのフレームワーク

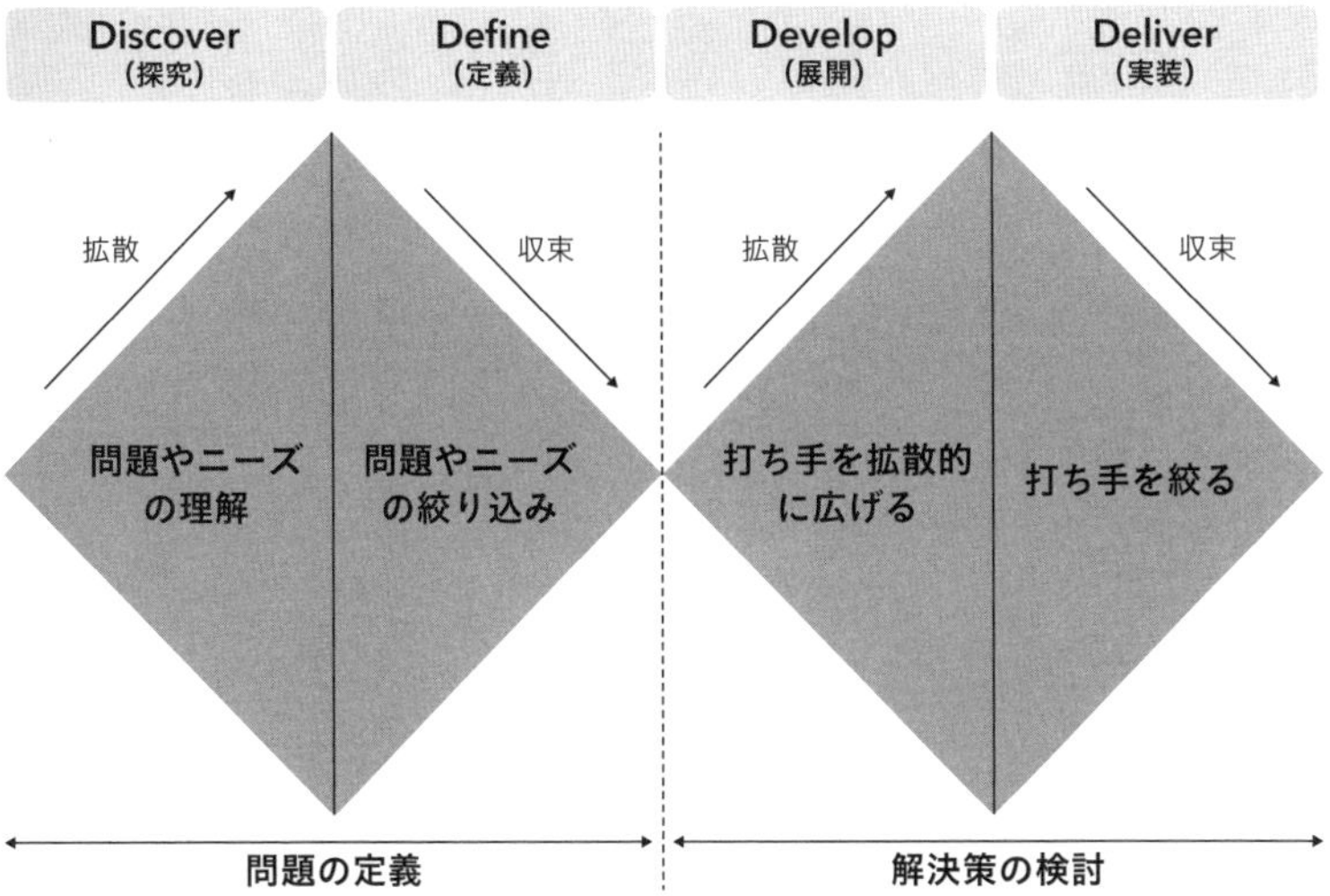

■問題の定義と解決策の検討を明確に区別する

問題を目にした瞬間に「どうやって解決すべきか」という発想に切り替わり、これまでうまくいった打ち手を優先して想起してしまう。その結果、そのアプローチにそぐわない問題の情報を無意識に排除してしまうことがあります。これは、経験豊富なビジネスパーソンであるほど陥りやすい罠です。まさにシステム1の作動→利用可能性ヒューリスティック→確証バイアスという典型的な認知ステップです。

ダブル・ダイヤモンドはこの認知の罠を回避するために、問題の定義と解決策の検討を明確に区別することを重視します。言い換えれば、**「問題の話をしているときに、解決策の話をしない」**ということです。

■拡散思考と収束思考を繰り返すが、決して

同時に行わない

ダブルダイヤモンドは、拡散と収束の繰り返しを重視します。つまり、問題について深く「探索」するフェーズでは拡散的な視点であらゆる情報を集め、いざ問題を「定義」する段階では情報を凝縮して収束をかける。そしてソリューションを「展開」する際はまた拡散的に様々なアイデアを出し合い、「実装」に向けて再度アイデアを収束させるという流れです。

この一連のプロセスが重視しているのは、「拡散」と「収束」を絶対に混ぜないということです。イノベーションが初期段階で失敗する多くの理由は、拡散と収束を同時に行ってしまうから、とよく言われます。「ブレストしましょう」と集まっているにもかかわらず、出てきた意見に対して「でもそれって予算的に……」「それ〇〇がすでにやってるよね」などと水を差すような意見がどこからともなく上がってくるシーンは、誰しも経験があるのではないでしょうか。ダブルダイヤモンドは、このアイデア・キリングというイノベーションの悪敵を極限まで排除するために、拡散・収束を区別するというマインドセットをプロジェクト参加者全員に強く求めています。

私自身の経験においても、拡散は収束に比べて難易度が高いという実感があります。それに比べて収束は、やろうと思えばすぐに着地する、というのが個人的な相場感です。

「今は拡散の時間です、好きなだけ拡散してください」とどれだけ言葉で伝えても、ブレスト参加者がそこに難しさを感じるのは、「こんなアイデア出していいんだろうか」という無知・無能の不安が多くのメンバーの無自覚な前提にあるからです。そのため、私がワークショップ等でブレストをファシリテートする際は、アイスブレイクやチーム・ビルディング等の土壌づくりにかなりの時間を割くようにしています。拡散に必要となるポジティブな雰囲気や心理的安全性が醸成されていなければ、なかなか期待したとおりの拡散は起きないからです。

■デザイン思考の本質

従来的なビジネスの考え方では、組織の成果を実現するためにはプロセスのばらつきをなくさなければならず、型化と効率性が重視されてきました。しかし今日の不確実・複雑な環境下において生き残るためには、組織内のばらつき、つまり人材の多様性を最大限活かすことが不可欠です。

デザイン思考は、明確なステップと構造化されたプロセスを示すと同時に、アイデアの多様性も最大限引き出すという点において、効率性と創造性の両面を実現するツールであるとも言えます。

また、ダブル・ダイヤモンドでも見たように、デザイン思考はよく見られる集団バイアスの罠を回避し、より良い意思決定のためにグループの力を活かす優れたツールでもあります。デザイン思考の意義は、プロダクトやサービス開発の観点から見ると「デザイン」行為自体に目が行きがちですが、より広い組織的な観点から見ると、**デザイン思考とはつまり「問題を正しく捉え、より良い選択肢を洗い出し、実践を通じて組織全体で学んでいく」いう意思決定のプロセスそのもの**であると捉えることもできます。

良いデザインの原則

　ここまで、デザイン思考の具体的なステップとその意義について理解を深めてきました。

　では、「良いデザイン」とは何でしょうか？　一般化して答えることは困難に思えるこのテーマについて、米国の認知科学者であるドナルド・ノーマンはその名著『The Design of Everyday Things』において、「人間中心のデザイン」の7つの原則を提唱しています。これから、ポイントをしぼって各原則の概要を紹介します。ここでもデザインとは何もプロダクトやサービスだけでなく、仕事や日常を支えるあらゆるモノ・コトに適用して考えることが可能である、ということを念頭においてください。そして、日々自分が扱っているものや、自社で提供しているプロダクト、さらには社内の制度やワークプロセス等を思い浮かべながら、各原則がどれだけ反映されているかを吟味しながら読んでみてください。

❶発見可能性（Discoverability）

　発見可能性とは、「ユーザーが対象物の扱い方や操作方法をどれだけ容易に理解できるか」という尺度です。

　たとえば電子機器のリモコンのボタンが、どのような機能を持つのか一見してわからなければ、発見可能性は下がり、ユーザーの認知負荷が高まります。機能や扱い方がわかりやすいほど、ユーザーは「次に何をすれば良いのか」を直感的に理解できるようになり、ユーザー体験が高まります。

❷アフォーダンス（Affordance）

アフォーダンスとは、「与える」「供給する」という意味を持つ「afford」に由来する言葉です。デザイン分野では対象物と人との関係性に着目する概念で、**対象物のデザインがユーザーの行動をどのように規定し、どのような形でそのものに触れさせたり、扱わせたりするのかを評価する尺度です。**

たとえば、PCマウスの左クリックのボタンは、手のひらで包みやすいプラスチックの殻の左上に配置することで、「人差し指で押す」という行為をアフォードしています。同様に、一般的な椅子は、ほどよい面積の平面とそれを支える4本の脚によって設計することで、ユーザーに対し自然と「座る」動作をアフォードしています。言うまでもなく、設計側の意図と、ユーザーが自然と促される動作が一致していることが重要となります。

❸シグニファイア（Signifiers）

シグニファイアは、アフォーダンスを補完する明示的な記号としての役割を果たします。

たとえば、最近多くのレストランで見られるタッチパネル式の注文タブレットでは、商品を選んだあと、最後に「注文する」というボタンをタップします。この画面上に現れるボタンは、四角で囲んで、背景色から際立たせることによって、「タップする」という単純な行動をアフォードしています。同時に、「注文する」という言葉を添えていることは、「最後に注文を決定するときに押す」という具体的なHowまで指し示すシグニファイアであると言えます。他にも、一般的に見るドアノブはそれ自体が「つかむ」という動作を促すアフォーダンスを果たし、さらに「押す」「引く」といった文字列でシグニファイアを追加することで、ユーザーはつかんだ上で何をすればいいのかさらに正確な行動を選択できるようになります。

❹マッピング（Mapping）

ユーザーが行う特定の操作とその結果とを因果関係でつなげて示す設計のことをマッピングと言います。マッピングは、直感的であるほどユーザーの理解度・満足度が高まります。

たとえばパソコンのキーボードにある「↑」を押すと画面上のカーソルが上に移動するという設計は、典型的なマッピングの例です。マッピングを実感するためには、操作と結果の物理的・時間的な距離をできるだけ近づけることが重要と言われます。一歳児でも、壁にあるスイッチを押したことと、その瞬間に天井の照明が明るくなることの関連性を直感的に理解できるのは、このマッピングの効果によるものです。

❺制約（Constraints）

制約とはその名のとおり、デザインに課せられた制約のことです。制約を課すことで、ツールの使用方法を明確にし、設計の意図が確実に達成されるようにユーザー行動を規定するのです。

たとえば、自動車のシートベルトは、特定の取り付けポイントとバックルの形状によって、正しい装着方法が制約されています。ベルトは一定の方向にしか引き出せず、バックルも決まった向きでしか固定できません。これによってシートベルトの安全性が確保され、使用者の誤った装着を防ぎます。他にも、新規に会員登録するＷｅｂサイトでのパスワード設定時に、大文字・小文字・数字・記号を含む8文字以上のパスワードを要求する制約が設けられているのは、アカウントのセキュリティを強化するという目的を果たすためです。

❻フィードバック（Feedback）

特定のアクションに対して結果何が起きたかという情報をユーザーに示すことで、操作体験をより円滑にするためのデザイン手法をフィードバックと呼びます。フィードバックには、音声、触覚、言語など、様々な種類があります。たとえばApple社のMacBook等で採用されているトラックパッドは、指を押し込んだ際の「カチッ」という音と感触によって正常にクリックされたことを示してくれます。

❼概念モデル

概念モデルとは、対象物がどのように機能するのかをユーザーに簡単かつ正確に理解させるための概念です。概念モデルは、ユーザーの経験や直感に近いほどより優れていると言えます。

たとえば、パソコンの「デスクトップ」は、実際の物理的な机の上を模したインターフェースです。実際のオフィス環境を模しているため、ユーザーは直感的にファイルやフォルダの操作方法を理解することができます。他にも、オンラインショッピングサイトでは、購入したい商品を「カート」に入れるというインターフェースが用いられます。実店舗での買い物経験に慣れているユーザーにとって使い勝手が良く、顧客満足度を高めてくれています。

ノーマンの人間中心のデザイン7原則は、いずれもユーザー体験の質を高める重要な要素です。デザイン思考を実践してソリューションを考えていく際には、打ち手がある程度の形になった段階で、これら7原則がしっかりと反映されているかを確認するといいでしょう。

また、先述のとおり、これらの原則は、何もプロダクトやサイト開発だけに関わるものではありません。**組織内の業務に関わるあらゆるモノ・コトにも応用可能です。**

「アフォーダンス」の観点で、あなたの組織では、新入社員が問題に直面したとき、手に取るべき情報や相談すべき窓口が直感的にわかるように設計されているでしょうか。部下への指示において、期待のズレが生じないように「制約」は毎回明示されているでしょうか。社員が行った業務に対し、定例の評価や口頭の「フィードバック」だけでなく、彼らのアウトプットが会社全体にどのようなインパクトを生んだのか理解できるように業務設計されているでしょうか。

7原則はこのように、私たちが日々発するコミュニケーションや組織内で生み出すアウトプットのすべてに当てはめて考えることができます。

イノベーティブな組織を作るために
リーダーが大事にすべきこと

本章の最後では、リーダーとしてイノベーティブな組織を作る上で大事にすべきことは何か？について考えていきたいと思います。

リーダーの立場になればなるほど、現場と近い距離でソリューション開発に直接携わる機会は当然徐々に減っていきます。**このときリーダーとして重要な役割の一つは、「イノベーションが起きやすい組織環境を整える」ということです**。これには、認知的多様性と心理的安全性が特に重要です（第6章参照）。ここでは、より具体的な観点から、デザインコンサルティング会社であるIDEO社が行った調査を引用しながら、イノベーティブな組織に大事な視点を解説したいと思います。

IDEO社が100社以上に行った調査によると、組織がイノベーティブであるためには、その組織の「適応力」が最も重要な要素であるとされています。IDEO社は、過去に手がけた様々なプロジェクトを精査し、特にイノベーティブで適応力のある企業に共通する6つの特徴を特定しました（図9-3）。

IDEO社は、調査対象の企業による成功事例をもとに、これらの6つの特徴に沿って組織が心得るべき点をいくつか提案してくれています。

図9-3 イノベーティブな組織に共通する6つの特徴

① 目的意識 (Purposefulness)：
単なる金儲けを超えた企業の存在意義やパーパスが明確に共有されている。

② 外部指向性 (Looking Out)：
組織の壁を超えて顧客を理解し、技術や文化の潮流を捉えようとする文化がある。

③ 実験思考 (Experimentation)：
新しいアイデアを試し、結果とエビデンスに基づいて前に進み続ける胆力がある。

④ 協働 (Collaboration)：
部署や機能を超えた連携が活発で、あらゆる角度から挑戦し新たなチャンスを求める。

⑤ エンパワーメント (Empowerment)：
不要な規則や制約をなくし、組織のあらゆる側面を「変える」ことができるという道筋が示されている。

⑥ 磨き込み (Refinement)：
ビジョンと実践がしっかりと結びついている。

あなたが職場に戻ってこれらの環境を整えるために何が始められそうでしょうか。あるいは何を止めるべきでしょうか。一つひとつについて自身の現状に当てはめながら吟味してみてください。

- 新規開発においては、リーンで無駄のないアプローチではなく、**複数のアイデア（5つ以上）**を出し、それらを反復試行する。チームが5つ以上の異なるソリューションを反復試行した際には、プロダクトのリリース成功確率が50%向上することが判明。
- チームのメンバーが**現状に満足せず、自ら挑戦できるような職場環境**を整える。リーダーが率先して取り組むことで、メンバーは自らの仕事に主体性を持ち、創造性を育み、職場の満足度を高めることができる。
- 組織を突き動かす**明確なパーパス**を立ち上げ、あらゆる取組みのベースとなる強固な足場を構築する。この基盤があるからこそ、チームは常に変化する時代のなかでも臨機応変に舵を取り、成功に向けて適応を続けていくことができる。

- チームメンバー間に**健全な隔たりを作る**。最も革新的な企業では、社員の25%から57%がリモート勤務であると判明。リモートワーカーを適切なバランスで配置することで、メンバー同士が情報共有や相互支援に、より意識的になることが判明。
- 毎週や毎月ではなく、**毎日、チームメンバーと状況を共有する**。継続的にコミュニケーションをとることで、職場の情報格差を解消し、安心感と主体意識を育むことができる。
- **リーダーの最優先の目標は、メンバーの業務の質向上を支援すること**でなければならない。アイデアを伝えて指示するのではなく、チームからアイデアを引き出すための積極的な働きかけを優先する。

■淘汰されずに適応する長寿企業の特徴

常にイノベーションと進化を繰り返し続ける企業は、環境に淘汰されることなく適応し、長寿を享受します。ロイヤル・ダッチ・シェルの調査研究ではこうした企業のことを自発的に適応する生命力を持つ生き物にたとえ、「リビング・カンパニー」（長寿企業）と呼びました。

ほとんどの企業が長くても数十年程度で寿命を終えるのに対し、日本の住友グループや森永製菓、スウェーデンの Stora 社のように創業後数百年間も存続している企業があります。調査では、これらの長寿企業に共通するいくつかの特徴を発見しました。

保守的な資金調達：長寿企業であればあるほど、財務的なリスクを取らない。余剰資金を蓄えることで、成長と変化対応のためのガバナンスをより強化している。

外部環境に敏感：長寿企業は事業環境や技術の変化を常にフラットに観察し、これまでのやり方に固執することなく適応の可能性を研究し続けている。

明確なアイデンティティ：長寿企業は、共同体としての強いアイデンティティを共有している。組織の成果を共に喜び、一体感を維持し続けている。

新しいアイデアに寛容：長寿企業は、実験的な取組みに前向きで、時代のニーズに応え、常に革新的であろうとする。製品・サービスが好調でも外部変化を謙虚に捉え、今は使えなさそうなアイデアでも将来の可能性を視野に入れる。

資産よりも人を大切にする：長寿企業27社の事業ポートフォリオを見ると、少なくとも一度は全面的に刷新されている。資産は収益を得る道具にすぎず、変わりゆくのが当然であり、それよりも社員の成長への投資が重視されている。

管理・統制を最小化する：長寿企業の従業員は、上からの管理や指示、懲罰への不安からある程度解放されている。自ら考え動く余白が認められ、マネジャーはそのために「寛容」を実践する。会社は一人ひとりにチャンスを与え、新しいアイデアの種を求めて未知の領域を探求する。

組織学習を重んじる：長寿企業は、チーム・ビルディングや人材研修等、社員が学ぶ機会を積極的に提供する。社員は学習機会を重んじ、研修や教材学習だけでなく業務経験や同僚からも貪欲に学ぼうとする。長寿企業では様々な相互扶助のコミュニティが形成され、変化適応力が高いレベルで維持される。また、組織はこうした動きを支援するための様々な仕組みを提供している。

人間社会を形成する：長寿企業は組織を存続させるのは人であることを深く理解している。そのため、顧客と社員を天秤にかけることなく、「人」として双方を満足させるというマインドを貫いている。

日々職場にいると、その環境がずっと続くかのような錯覚を抱きますが、生き物同様、組織にも終わりが来る方が自然です。あなたの職場は長寿企業の特徴をどれだけ備えているでしょうか。

もちろん、企業はとにかく長生きすればいい、というわけではありません。「キャリア・オーナーシップ」という言葉が急速に広まっているように、組織に忠誠を誓ったり、「組織を存続させよう」等というマインドはもはや時代にフィットせず、それよりも「組織を使って自分の人生をどう充足させるのか」という個人視点をより求める潮流を強く感じます。

しかしここで「パーパス」の観点に立ち戻って考えると、重要なのは、「組織を存続させる」ことではなく、「組織としての存在意義を果たし続ける」ことでしょう。「私一人」で世界に与えるインパクトというのはやはり限られる。だからこそ仲間とパーパスを共有し、「私たち」が世界に存在する意義を果たし続ける。それこそが組織が存在する理由です。

そう考えたとき、組織が環境に適応しながら新たな価値を創り続け、「社会にとってこの組織がなくてはならない」「ここで働き続けたい」という世界観を築き上げることにこそ、イノベーションの価値が裏付けられているのでしょう。

まとめ

デザイン思考とイノベーション

☑イノベーションは製品・サービスの新規開発だけでなく、業務プロセスや制度・仕組みなど、組織の営みを支えるあらゆる要素を対象とする。

☑デザイン思考は、曖昧模糊なイノベーションという営みを5つの具体的な作業ステップに落とし込むことで、創発性と効率性の両立を図る思考ツール。

☑デザイン思考の本質はデザインという行為そのものではなく、問題を正しく捉え、より選択肢を洗い出し、実践を通じて組織全体で学んでいくという意思決定のプロセスそのもの。

☑ノーマンの「人間中心のデザイン7原則」は、プロダクトやサービスについて考える際に押さえておくべき重要な観点を定義している。

☑「人間中心のデザイン7原則」は、プロダクトやサービスだけでなく、社員サポート、作業指示、評価制度など、組織の業務を支える様々なモノ・コトに対しても一貫した評価軸を与えてくれる。

☑イノベーションが起きやすい組織の特徴について先行研究は数多く存在するが、いずれにも大きく共通するのは組織が自発的に学習し、外部環境に適応を続けているという点。それを支える周辺条件として、明確なアイデンティティの共有、新たなアイデアへの寛容性、人の尊重等の基本的な土台がある。

?

本章を実践的に理解するための問い

この章で得た学びをあなた自身の実践につなげるために、次の問いに対する自分なりの考えをまとめてみてください。メモを取るなどして具体的に言語化した上で、次章に読み進めることをおすすめします。

■ 本章の導入で取り上げた問いをもう一度考えてみてください。あなたがその対象をなぜ「不便だ」と感じるのか、今度はノーマンの「人間中心のデザイン7原則」に沿って説明してみてください。

■ 本章の導入で取り上げた問いをもう一度考えてみてください。今回はその改善案を検討するに当たり、デザイン思考の5ステップに基づいて特に以下の点を思考・実践してください。

- **共感**：誰に共感する必要があるのか？　ユーザーはどのような問題を抱えているか？
  （実際に観察やインタビューができないとしても仮説を立ててみてください。どのような場面を観察すべきか、インタビューするとしたらどのような問いが必要かもシミュレーションしてください）

- **定義**：ユーザーのニーズは何か？　それはなぜか？（実際に観察・インタビューできそうであれば、そこから得たインサイトを基に作成してください）
- **アイデア発想**：自分以外の誰かと一緒にブレストできそうであればぜひ試してみてください。ある程度アイデアが出たら制約を加えてさらにブラッシュアップしてください。
- **プロトタイプ**：どのような形式が最もテストしやすそうか？　どの点をまずはテストして仮説検証すべきか？
- **テスト**：誰に対しテストすべきか？　どのような順番で試用→インタビューを行うべきか？　テストの結果はどのように記録できそうか？　定量・定性の変数は？

■デザイン思考は第3章で扱った「行動科学」や第5章で扱った「こころの知能指数（EQ）」とどのようにつながるでしょうか？　特に「共感」や「テスト」のなかで具体的に使えそうな思考ツールはあるでしょうか？

■デザイン思考は第6章で扱った「チームの力学」とどのようにつながるでしょうか？特に「アイデア発想」を効果的に行うために使えそうな思考ツールはありそうでしょうか？

■あなたの日々の仕事のなかで、「ダブルダイヤモンド」はどれだけ実践できていますか？　実際の業務を思い浮かべながら、「拡散」と「収束」のメリハリをさらに付けられそうなものはあるか、考えてみてください。

■あなたの職場は、本章で取り上げたイノベーティブな組織に共通する特徴をどれだけ備えていますか？　最も不足している要素は何でしょうか？　それを補うために、あなたの「力の源泉」(第6章参照)を駆使して何ができそうでしょうか？

■あなたがこれまで所属した組織で、これらの特徴をよく実践できていたチームはありますか？　そのチームは何が違ったのでしょうか？　現在あなたが所属しているチームや他のチームに応用できる点はありますか？

第 10 章

正解のない時代の意思決定と実践

習得する #Learning Outcomes

#decision_selection
意思決定のフレームワークとヒューリスティクスを活用し、課題を効果的に解決する。

?

本章を読み進める前に、あなた自身の体験に当てはめながら、
次の問いに答えてみてください。

問

意思決定の指針

■あなたがこれまでの仕事人生において行った大きな意思決定は何ですか?
■そのとき直面していた状況、検討した選択肢、決断にあたって考慮した事柄、相談した相手、意思決定の結果起きた現実等、できるだけ事細かに、そのときのことを思い出して書き出してください。できれば、同じように大きな意思決定をした出来事を合計2~3挙げてみてください。
■その上で、あなたが大きな意思決定を行う際に共通して最も重視するポイントを3つ挙げるとしたら、それは何ですか?

ここまで複雑なビジネス環境を生き抜く適応型リーダーとは、どのような思考法に基づいてどのように振る舞うべきなのかを考えてきました。

システムとは何か。森を見て木を見るとはどういうことか。人はなぜ行動するのか。なぜ間違うのか。自分は何者なのか。私と組織のパーパスはどう繋がるのか。他者に共感するとはどういうことか。なぜそれが大事なのか。立場にとらわれず自分が持つ力を用いてチームにどう貢献できるのか。問題はどう定義すればいいのか。打ち手はどのようなステップで考えることができるのか。

様々な問いを立て、世の賢人が示してくれた叡智を参照しながら、そして、最も重要なことに、あなた自身の体験と解釈を土台として、リーダーシップという人間の総合的な営みについて理解を深めてきました。

この10章ではいよいよ最後の問いを扱います。**それは、「私たちはどう決めるべきか」**というテーマです。

冒頭の問いに対し、あなた自身が意思決定をする際に重視しているポイントを抽出してもらいました。本章の目的は、このポイントをさらに増やし、重要な意思決定を行う際の視点と思考の引き出しをさらに拡張することです。

複雑性に応じた5つの意思決定フレームワーク

「意思決定」や「決断」というと、非常に重たく高次元の事柄のように感じますが、決してそんなことはありません。ケンブリッジ大学バーバラ・サハキアン教授の研究によると、私たちは、言語、食事、交通といった事柄だけでも、小さなものを含め1日で平均2万回以上も何かしらの選択や決断を行っているそうです。これに、歩く、座るといった身体の使い方や会社や自宅で行っている決断まですべて含めると、最大で3万5000回に及ぶそうです。

スティーブ・ジョブズが不必要な意思決定の数をできるだけ減らすために毎日同じ服装を選んでいた、というのは有名な話です。これは、決断の数が増えれば増えるほど脳の負荷が高まり、人間の意思決定能力が低下するということの証左とも言えます。

数多ある意思決定について、経営コンサルタントのデイブ・スノーデンはその難易度や複雑性に基づき5つの大きな分類に整理しました。これを「**クネビン・フレームワーク**（**Cynefin Framework**）」と呼びます。クネビン・フレームワークは、組織や個人が直面する意思決定や問題解決の状況を理解し、それに応じた適切なアプローチを考えるためのツールです。要点をしぼって紹介します。

❶明白・単純な問題（Obvious／Simple）

【特徴】

- 単純で何度も繰り返される因果関係が存在する
- 既知の解決方法やベストプラクティスが存在する
- 手順に従って行動することが求められる
- 観察・分類・対応で解決できる

【具体例】

工場の生産ラインでの品質管理。生産ラインで不良品が発生した場合、既定のチェックリストや手順に従って問題を特定し、解決する。不良品が特定の機械の故障によるものであれば、その機械のマニュアルに従って修理することができる。

❷複合的な問題（Complicated）

【特徴】

- 因果関係が複雑であるが、専門知識を持って分析すれば理解できる
- 複数の正解や最適解が存在する場合がある
- 観察・分析・対応で解決を試みる

【具体例】

企業のＩＴインフラの導入。新しいシステムの設計、適切なハードウェアとソフトウェアの選定、既存システムとの統合、セキュリティ対策の実施など、専門家の知識と詳細な分析が必要となる。たとえば、クラウドのデータ管理システムの導入に際しては、システムの安全性、アクセスの効率性、コストの最適化など多岐にわたる要素を考慮し、最適な解決策を導き出す必要がある。

❸複雑な問題（Complex）

【特徴】
・因果関係が明確でない、あるいは不安定で変化するため、予測が困難
・新たな方法や創造的なアプローチが必要
・問題の探究・実験・試行錯誤を通じて解決策を見つけていく必要がある

【具体例】

組織文化の変革。組織文化は多くの要因が絡み合うため、その変革には試行錯誤が不可欠となる。問題を深く探究し課題を設定したら、リーダーシップのスタイルを変える、稟議制度を変える、新たなコミュニケーション・ツールを導入する、意識改革のための研修を行う等、様々な取り組みを試し、その効果を観察しながら適応していく必要がある。

❹混沌とした問題（Chaotic）

【特徴】
・因果関係が認識できず、予測不能
・緊急対応が求められ、即時行動が必要
・迅速な行動・学習・対応が求められる

【具体例】

自然災害による緊急対応。地震や洪水などの災害が発生した場合、まずは人命救助や安全確保のために即座の行動が必須となる。具体的には、避難指示の発令、救助隊の派遣、被災者の一時避難所の設置など、迅速かつ決断力のある対応が求められる。その後、状況が安定してきた段階で、より詳細な分析や計画を立て、秩序の回復が図られる。

❺無秩序な状態（Disorder）

【特徴】
・❶〜❹のどの分類に属するかさえ不明確な状態
・状況を理解し、まずは適切な分類に整理することが必要

【具体例】

未曾有の感染症拡大に対する対応。拡大の規模・スピードも不明なため、行政や同業他社の対応も見極めながら自社の対応を検討していくしかない。現場ビジネスにどの程度の影響が現れるかも確かな予測ができず、効果的な打ち手を決定しきれない。顧客、従業員、社会全体の反応を見つつ、短期・中期・長期に分けて問題の性質を整理し、対応策を検討していく。

ＶＵＣＡ時代に直面するのは、「正解のない意思決定」、すなわち❸の「複雑な問題」が中心になります。❷の「複合的な問題」についても、必ずしも予測できる変数ばかりではないため、範囲に含まれると言えるでしょう。

実際に日々の様々な課題に向き合っていると、このように綺麗に分類して戦略を練るというのはなかなか難しいかもしれません。しかし、次々と起こる問題や複雑な状況に対しその都度一貫した指針なく闇雲に意思決定しようとしていると、決断の認知負荷が高まり、意思決定の質は低下していきます。

その結果、本当は検知できたはずの創発現象に対応しきれないといったリスクを抱えることになります。最も気をつけなくてはならないことは、**❸のように複雑性が高く実験や試行錯誤を要する問題であるにもかかわらず、あたかも❶の単純な問題であるかのように扱ってしまうこと**です。

「この新規事業でいくら儲かるの？」「このリーダーシップ研修を導入したら、売上にどのように影響を与えるの？」といった質問が時折なされるのは、意思決定の複雑性を捉えきれていない証左だと言えるでしょう。意思決定の複雑性とそれに対して必要な思考的柔軟性は比例します。リーダーとして、意思決定を求められている問題のプロファイリングを少なくとも自分のなかで整理しておくことは極めて重要なことだと言えます。

■「正しかった意思決定」はあるが、「正しい意思決定」はない

複雑な世界では何が起きるか完璧に予測することは不可能です。そのため、複雑な問題において「この意思決定をしたら、必ずこうなる」と断言することも保証することも不可能です。スタート・ポイントとしてこれは非常に重要な点です。

私がアメリカの大学院で組織論を学んでいたとき、ある教授から言われた**「『正しかった意思決定』はあるが、『正しい意思決定』はない」**という言葉を今でも鮮明に覚えています。

つまり、**結果として物事が意図したとおりに運んだので「あの意思決定は正しかった」と振り返ることはできるが、その決断の瞬間に「この意思決定は正しいです」と断言することは複雑系システムにおいては不可能に近い、**という意味です。これは本当にそのとおりだと今でも思います。

しかし、かといって行き当たりばったりで、直感のみにしたがって闇雲に決断すればいいわけで

はありません。教授の話は続きます。

「しかし、『良い意思決定』は可能だ。自分の認知の範囲を広げ、知覚しえる範囲でその意思決定をめぐるあらゆるファクターを謙虚に考慮し、善意を持って最良の意思決定を下そうとするのは、リーダーの役割である」

本章においても、このことを大前提に置きたいと思います。結果としてどうなるか、最後は予測できない。しかしその**「わからなさ」の中においても、適応型リーダーとしてより良い意思決定を下すためには何を考慮すればいいか？**　ここからはその問いについて見ていきたいと思います。

本書のここまでの#LOの理解が総合的に試される内容です。立ち止まり、読み返し、記憶を味わいながら読み進めてください。

意思決定の最大の敵、バイアスに対処する思考ツール

やはり意思決定の最大の敵となるのは、ここまで何度も登場しているバイアスです。確証バイアスをはじめ、様々な認知バイアスが私たちの意思決定の質に影響を与え、本来考慮すべき情報や視点を意識から排除してしまう原因となるのです。ここでは、あらためてバイアスの作用と対処方法について見ていきたいと思います。

デューク大学のソル教授はハーバード・ビジネス・レビュー誌への寄稿において、私たちは「未来のシナリオ」「意思決定の目的」「選択肢」の3点について考える際、無意識のうちに思考を狭めてしまいがちであるとして、そのバイアスの主な原因は、直感の過信と推論の誤謬の2つであると主張しています。

■直感の過信

私たちの直感は経験則等を頼りにした脳のシステム1によって発動します。厄介なことに、直感は「過去もうまくいった」という成功体験の蓄積によって生まれるため、直感が湧き起こる瞬間というのはそれを疑うことが非常に難しくなります。

情報を論理的に吟味しようとせず、過度に直感に頼りすぎると、意思決定の質は低下します。未来が予測できない以上、直感が間違う可能性は十分にありえるからです。結果として正しい判断になったとしても、これでは本章が目標とする「より良い意思決定」とは呼べません。良い意思決定を導くためには、思考の範囲を拡大して頻繁に検証を繰り返すことが重要であり、そのためには、あえて直感に反する思考を行ったり反証的な問いを投げかけてみたりすることも重要です。

■推論の誤謬

あらゆる情報をしっかり処理しようと脳のシステム2思考を働かせたとしても、誤謬は起こります。システム2は基本的に怠け者で、常に稼働しようとするとすぐに疲労が起こります。結果として、様々な理由をつけて物事を単純化し、必ずしも正しくない情報を検討の前提としたり、本当は重要な情報から注意を背けたりするような現象が起こります。

とりわけ我々は疲労やストレスを感じているとき、あるいはマルチタスクをこなしているときに、バイアスの影響を受けやすいと言われています。精神的、感情的、肉体的なプレッシャーは、意思決定に必要な認知体力を消耗し、慎重な推論を妨げる傾向があります。このようなとき意思決定はより速く、よりシンプルになりますが、質は低下しがちです。自分にとって馴染みのない分野が意思決定のテーマとなっているとき、この傾向はさらに強まります。

■未来、目標、選択肢の3つの柱でバイアスへ対処する

過去の経験や認知負荷の影響に加え、私たちのバイアスを強化する背景に個人の「動機」があります。

たとえば、あるプロジェクトに多大な時間と労力を費やしたものの、実際にその成功が見込めなくなったとき、あなたならどう判断するでしょうか。早期にあきらめて次に進めればより良い機会に恵まれるかもしれませんが、「絶対に成功させたい」という人間の純粋な欲求が往々にしてそれを阻みます。

強い欲求と目標にとらわれるとき、私たちの意識は過剰な集中状態に陥り、より広い可能性に目を向けなくなってしまいます。これは本来、自然なことでもあります。不確実な環境下で様々な可能性を常に検討するのは、多大なエネルギーと精神力を要するものだからです。

そのため、**私たちは単一のシナリオ**（未来は○○になるから）、**単一の目標**（○○しなくてはならず）、**単一の選択肢**（そのために○○という打ち手が必要）**にのみ意識を集中させ、単純化された図式のなかでその是非を検討しようとします。**しかしこのような視野狭窄が進行すると、やがてシステム1思考が支配的に作動し、自分の直感が「正しい」という錯覚とともに意思決定の質が低下し始めるのです。

そのため、**より良い意思決定を行うためには、未来、目標、選択肢の3点についてより柔軟に幅**

広く考えていくことが重要になります。

未来・目標・選択肢を幅広く柔軟に捉えることは、バイアスへの有効な対処法となります。第8章でも解説した「ヒューリスティックの能動的な活用」に近い話です。つまり、焦点を意図的に固定することで、検討の範囲を強制的に拡張していくという手法です。ソル教授他の解説をもとに、特にバイアスと関係のある❶「未来のシナリオ」❷「目標」❸「選択肢」の3つの柱で、視界を広げるための思考ツールを見ていきたいと思います。

❶未来のシナリオを広く捉える

「来年までに新型の機器をマーケットに投入すれば、年間10万台〜12万台の販売が期待できます」

「X年後のマーケットにおけるAI普及率はX％になると言われています。これを踏まえると、来年までに既存製品の機能拡張を行う必要があります」

こうした発言に見られるように、我々は非常に多くの場面において、前提となる未来のシナリオを非常に狭い幅で考えがちです。前向きな思考で最良のシナリオを想定する人もいれば、悲観シナリオを立てて準備する人もいます。

しかし残念ながら、多くの予測ははずれます。米国で行われたある調査によれば、経験豊富なCFO数百名に対し、今後9年間のS＆P500の年間リターンを80％の幅を持たせて予測させたところ、正しく予測できた者は全体の1／3に満たなかったという結果が出ています。企業経営や財務ポリシーに経験豊富なグループでさえ、このように非常に低い正答率だったということです。

それほどに「予測」というのは難しいということでもあります。ましてやこれが自社の、あるいは自分が直接取り組むプロジェクトに関する予測になれば、「動機」が一層強く作用し、認知バイアスを駆り立ててしまうのは想像に難くありません。

未来シナリオを考える際のこうした誤謬を回避するために、いくつかできることがあります。

- **幅を持たせるのではなく、低・中・高と独立した3つの見立てを持つ。**「10万台〜12万台の販売」等のように予想値の前後幅を補う思考ではなく、考え得る最下限と最上限を分けて考えることで、より広いシナリオを検討の余地に含めることができ、両極端の事象に対応するための議論と準備が可能になります。
- **2回考え、2回予測し、その平均をとる。**人は同じ決断について2回以上考えるとき、異なる視点・基準で重要な検討要素を追加しようとします（メリットに気をとられて前のめりになっていたとしても、時間をあけてあらためて考えるとリスクが同時に見えてくるという経験は誰しもあると思います）。未来について1つの予想を立てたら、一息ついて（できれば一晩休んでから）、前回の予想を参考にせずまったく新たな未来予想を試みてみるといいでしょう。「考慮できていない材料があるとすれば何か？」という問いを持つことが重要です。
- **プレモーテム（Pre-Mortem）する。**ラテン語で「モーテム」とは「死」を意味します。プレモーテムとは、いわば生前葬です。まだ起きていない未来の失敗を想定し、「この事業／取り組みはなぜこれほど失敗したのか」という仮定の問いで、その原因探究を試みる思考作業です。

プレモーテムは、楽観思考と現実的なリスク評価のバランスをとりながら、プロジェクトの成否に決定的な影響を与える因子を洗い出し、バックアップ計画や出口戦略の検討を促します。リスク因子についてチーム共通の認識があるだけで、その回避や即時対応にスピードと余裕が生まれます。

- **第三者の視点を持つ。**「自分がまったくの部外者ならどうアドバイスするか？」という視点をとり入れるのも有効な思考アプローチです。内部にいればいるほど「成功願望」が強くなり、事業リスクについて客観的に評価する視点を持ちにくくなります。あえてまったく部外者の考えを持ち込むことで、主観的な予想に反証的視点を持ち込み、よりフラットな評価が可能となります。

❷目標を捉え直す

私たちはしばしば、意思決定をただ1つの目標に紐付けて考えがちです。しかし、その目標は元々どこから来たものでしょうか？

「結局は何を実現したいのか」というより高次のニーズから発想することで、それを満たす様々な目標を水平的に考えることができ、その結果、優先順位をつけて複数の目標に取り組んだり、最も

重要な1つの目標に絞り込んだりすることが可能となります。

たとえば、あるスタートアップの経営者が「製品Aの顧客満足度を向上させなければならない。そのために製品の機能拡張を行うべきか否か」という意思決定に悩んでいるとします。このとき「顧客満足度向上」という目標にとらわれず、組織全体としてのそもそもの高次なニーズ（たとえば会社が掲げるビジョンの達成等）にまで目を向けて考えると、売上向上、新規事業開発、プロセス効率化など、今取り組むべき他の目標選択が可能性として浮上することがあります。こうした考え方を行うためには、以下を試してみるといいでしょう。

- 自らの目標設定をその理由も含めて言語化し、周囲に説明する。そのなかでアドバイスを求め、「他の目標設定はありえるか」について明示的に意見を求める。
- 直感で「これが実現できれば」と結論を急ぐのではなく、高次のニーズを叶えるためにありえる目標を一つひとつ順番に上げていく（例：会社の業績を高めるためには売上向上もコスト削減も目標としてありえる）。その際、予算や外部環境による制約条件等は一旦保留する。

❸選択肢を柔軟に捉える

選択肢についても視野を広げて考えることで、より良い意思決定の可能性が高まります。

まず最も避けたいのが、1つの選択肢の是非だけにとらわれる意思決定です。精神的な重圧下にあるときや損失回避バイアスが発動している場面で特によく見られます。目標に対し、最初から予断せず可能なかぎり多くの選択肢を洗い出し、その中から**最低でも3〜5つの候補にしぼるぐらいの心づもり**がいいでしょう。その際使えるいくつかの思考ツールも紹介しておきます。

- **「A or BでなくC」** 最初の選択肢を考える際に重要なことはとにかく視野を広げることです。二者択一は私たちが最も陥りやすい思考パターンですが、「AかBか」となっている自分に気づいたら、まずは「他に選択肢はないか」と自問してみましょう。
- **「A or BではなくA and B」** 二者択一マインドに陥っている時にもう一つ考えるべきは、「AもBも少しずつできないか」という発想です。意外に角度を変えてみるとリソースの簡単な振り分けで両方実現可能であることに気づく場合もあります。また、「両方少しずつ」を前提とすることで、目標に対して重要な本質は何かを考えやすくなります。
- **合同評価する。** いざAかBかを選ばなければいけないときは、両方の比較情報を同じ視界に並べて評価する「合同評価」が有効です。それぞれを別々に評価比較する「単独評価」では、それぞれの目立った特徴に注意を奪われてしまい、安易な印象や直感が勝ちやすくなります。合同評価を行うことで、片方に決断する際に発生する細かな機会費用が明らかになり、トレードオフの構造をより正確に捉えることが可能となります。
- **選択肢消失テスト（Vanishing Option Test）** ある程度選択肢が絞られてきた段階で、「それらの選択肢がなくなったらどうするか」を考えてみます。これにより、選択肢そのものではなく、「それによって何を達成しようとしているのか」という本質に立ち返ることができ、別のクリエイティブな代替案を導き出すヒントとなります。

・**トリップワイヤーを定める。** その後長期的な取組みが予想される意思決定（例：事業投資や事業開発等）を行う場合には、エベレスト登山家が用いるような「トリップワイヤー（仕掛け線）」を意識します。特に埋没費用効果、損失回避バイアス、あるいは現状維持バイアスなど、取組難航により成功が見込めなくなった際の「損切り」を阻害するバイアスに対し、有効な思考ツールとなります。トリップワイヤーを決めるときは、「心に決める」のではなく周囲に宣言する、仲間に共有する、あるいはモニタリングの仕組みまで決めておくことで、いざその瞬間を迎えたときにバイアスが入り込む余地をなくしておくことが重要です。

意思決定の質を高めるWRAPモデル

意思決定の質を低下させる最も危険な兆候は、視野が狭くなることです。そして、そのリスクに対抗するのが、見るべき視点を強制的に生み出し固定する「ヒューリスティック」の積極的な活用です。ここまで紹介したいくつかの思考ツールに加え、最後に「WRAPモデル」という便利なヒューリスティックを紹介したいと思います。

スタンフォード大学ビジネススクール教授のチップ・ハースと彼の弟であるダン・ハースによって提唱されたWRAPモデルは、WRAPの頭文字をとったもので、大きな決断を下す際に押さえておくべきポイントを示唆してくれています（図10－1）。

では、具体的に見ていきましょう。先述のソル教授他が提案するフレームワークと多くの共通点があることにも着目してください。実践にあたっては、問うべき視点をリスト化して、大きな決断の際にはチェックリスト的に上から潰していくというのがおすすめです。

図10-1 WRAPフレームワーク

W	R	A	P
Widen Your Options	Reality-Test Your Assumptions	Attain distance before deciding	Prepare to be wrong
選択肢を広げよ	前提を現実的に検証せよ	決断の前に距離をとれ	間違いに備えよ
狭い枠にとらわれず、様々な可能性を検討幅に含める	思い込みを排除し、自身の確証バイアスと戦う	一時的な感情に流されず、目の前の意思決定による結果や影響を見極める	決断を過信せず、失敗を事前に想定して対処法を考えよ

■選択肢を広げよ
(Widen Your Options)

・相談する

似たような境遇や直接の利害関係者だけでなく、考えや立場がまったく異なる知人、あるいはテーマとなっている分野において造詣の深い関係者に意見を聞きましょう。自分がすでに思いついている選択肢とは別の視点からアドバイスをくれそうな人を選ぶのがおすすめです。

・機会費用を検討する

投資しようとしているヒト・カネ・モノ・時間を他の用途に投じるとしたら何ができるか、という観点で発想を変えましょう。新たな営業ツールや内部システムへの投資を検討しているとしたら、この金額で新たな営業担当や業務委託をどれだけ雇えるだろうか、という問いに転換して効果を比較衡量します。プライベートで10万円のテレビを買うか否か迷っているとしたら、その10万円で他に何ができるか、何をしたいかを自問します。テレビの購入によって満たそうとしている目的に対して他の手段が見つかるかもしれませんし、そもそもその目的以外に今実現すべきことに気づくかもしれません。

- **楽観（Promotion）と悲観（Prevention）の発想**

「制約条件」だと思い込んでいる変数を上下にシミュレーションして選択肢の幅を拡大発想します。もし今ある予算が25％増えたとしたら何ができそうか？・(Promotion)　もし25％減少したとしたらどのような選択肢が残るか？・(Prevention)
リソースの増減に合わせて選択肢の内容が変わるとしたら、そこに共通するエッセンスは何かを考えることで打ち手の本質を掴むヒントが得られます。また、もし投資するリソースを少し上げれば格段に良い打ち手が視野に入るのであれば、「制約条件」としてあきらめず、どうしたらリソース確保が可能となるかさらに検討を重ねます。

- **同じ問題を解いた人間を探す**

まずは30分間でいいのでネットで自分の境遇を象徴するキーワードを打ち込んで検索しましょう。原因不明の症状に悩んだときにまず検索するのと同じで、意外と多くの場合において解決へのヒントが見つかるものです。

次に、知人5名に連絡してみます。このとき、近しい友人や距離の近い同僚はできるだけ避けるようにしましょう。自分が知らないネットワークや知見に出会うことが狙いです。本人自身に答えはなくても、「あの人なら」という紹介が紹介を呼んで貴重なアドバイスに辿り着くことがあります。

■前提を現実的に検証せよ（Reality-Test Your Assumptions）

・選択肢を反証する

検討中の有力な選択肢を反証するような理由を探します。たとえば、採用においてAという人物が最終候補まで残っている場合、「なぜその人物がフィットしないか？」という問いで理由をいくつも挙げてみます。あらゆる面で魅力的だと感じるマーケットへの進出を決断する前でも、「なぜこのマーケットに進出すべきでないか？」を考えてみます。

こうした反証の問いはタイミングが重要で、検討の初期からあまり強調しすぎるとポジティブな発散思考を殺してしまうことになります。**グループ全体が同じ選択肢に対して偏った意見や雰囲気を持ち始めていると感じるときこそ、こうした反証が価値を生みます。**このような問いは、特にグループ内で議論しているときは「空気を読めない」と思われてしまう恐れから声を上げにくいものです。だからこそリーダーが率先して行う、あるいは普段からこうした会話をしやすい土壌を醸成しておく心がけが重要となります。

・**建設的な反対意見を生み出す**

自分の意見に反対してくれる関係者を見つけます。周囲に尋ねる際は、自分の意見に懸念をあげてもらえるように問いを工夫しましょう。「どう思う？」「このアイデア、いいと思う？」では無意識の同調や忖度を生む可能性があります。「この案を実行するとしたら最大の障害は何だと思う？」「今話した内容に思い込みがあるとしたら何だろう？」「失敗するとしたらどのポイントだろう？」等、問いを工夫して相手が意見を述べやすいように心がけます。

・**ズーム・アウトする**

今手元にある選択肢の是非のみに意識をとらわれていると、視野狭窄に陥ります。新たに事業を始めようとしている場合、自分のノウハウの有無や予算だけに検討項目を置くのではなく、業界全体のトレンド、需給の推移、そして同じ分野で過去に成功・失敗している人の経験を調査することで、自分の案に潜む思い込みや見えていなかった重要事項に気づけるようになります。

・**少しずつ試す**

自分の前提を最も正確に検証する方法は、実際に試してみることです。「この層にはきっと響くはず」という仮説があるのであれば、まずは簡単なプロトタイプでテストしてみます。「自分の英語能力を活かして英会話教室を開きたい」と考えているのであれば、まずは生徒を1人見つけて実践してみる、といったように、現実からのフィードバックを得てアイデアを洗練させていくことが重要です。

■決断の前に距離をとれ（Attain Distance Before Deciding）

・視点を変える

時には自分の主観的利害から離れて考えてみることも重要です。

「もし親友がこの意思決定を行おうとしているとしたら、自分は何とアドバイスするだろうか？」

「もし明日、私が退任するとしたら、後任はどうするだろうか」「自分が最も尊敬する先輩ならどうするだろうか」等、人格を変えて再検討することで違った視点を得られます。

・コアとなる優先順位を明確に決めておく

自分にとって、あるいはこのチームやプロジェクトにとって最も優先されるべきことは何か？

軸となる指針を最初に関係者間で決めておくことで、不測の事態においても意思決定を行いやすくなります。

・バイアスを意識する

大きな意思決定の際には特に「現状維持バイアス」と「損失回避バイアス」が大きく作用しがちです。何かを失うことへの抵抗感があるときは、「これを失うことによって得られるものは何か？」「今なんでも選択できるとしたら、これ（失う対象）を再び得ようとするだろうか？」といった質問を投げかけることで、それらのバイアスを回避することができます。

・10-10-10ルール

システム思考で扱った「魚の目」、すなわち創発現象の視点を意図的に持つことも重要です。「この意思決定の結果、10日後、10ヶ月後、10年後に何が起きているだろうか？」を具体的に想像して書き出します。その際、自分の変化だけでなく、同僚や組織、家族といった幅広い周囲への影響についても具体的に想像します（鳥の目）。その変化が、「コアとなる優先順位」に沿っているか否かを評価することで、より重層的な検討ができるようになります。

■間違いに備えよ（Prepare To Be Wrong）

直面する意思決定についてW、R、Aを用いて総合的な検討を行ったら、最後は「決断の先に失敗が待ち受けている」という可能性を検討・準備します。悲観的な発想ではありますが、これによって決断を取りやめるという趣旨ではなく、あくまで自信過剰を避け「備える」というマインドで行うことが重要です。

・プレモーテム（Pre-mortem）とプレパレード（Pre-parade）を行う

プレモーテムは先述のとおり、この決断が大失敗に終わるとしたらどのような要因がありえるかを洗い出す手法です。主な要因を洗い出したら、その要因が表面化する「要注意の兆候」は何か？ まで決めておくといいでしょう。反対にプレパレードは、「この決断が大成功したとしたら何が良かったのか」を仮説的に検証する手法です。これによってプロジェクト期間中も意識を集中すべき論点を取りこぼさないようにすることができます。

・トリップワイヤー

既出のトリップワイヤーですが、設定の仕方は他にもいくつかあります。

❶特定の状態、事象、数値等を完全撤退ラインとあらかじめ決めておく。周囲に宣言しておくことで、さらに効果的に説明責任を果たすことができる。

❷定期的（時間、週、月ごと）に必ずアラートを出して取り組みの進捗が想定どおりかをチームで振り返る。いざ取り組みが始まると没入して自動運転状態になることを防ぐ。

❸アクションを起こす基準を決めておく。「撤退」だけでなく、「この事態になったら必ずこのアクションを起こす」という重要な行動指針をいくつか決めておく。

・安全率を設定する

自ら立てた計画やアイデアは過信しがちであるという前提に立ち、予算やスケジュールにはバッファを持たせて計画します。たとえば最低限必要な作業日数が1週間だとすると、30％程度の幅を持たせて9～10日を期限とします。

ソルやハースが提案する意思決定のフレームワークは、つまるところ意識と仕掛けの問題です。自分にとって重要な意思決定になればなるほど、私たちは感情的になり、広い視野で捉えることができなくなります。だからまずは「意識」が大事になります。習慣的に一歩立ち止まって素面の状態で物事を観察し、WRAPを思い出して一度思考を整理できるかが鍵となります。

しかしバイアスを完全に排除できる人はいないように、意識には限界があります。そのとき、いかに自分の視点を強制的に変えるきっかけをくれる「仕掛け」をおいておくことができるかが次のポイントになります。あなたが今決めようとしていること、あるいは決めてすでに走り始めていることについて、どのような意識と仕掛けが可能でしょうか。ぜひ自身の現状に沿って考えてみてください。

「覚悟」を持って決断するとは、どういうことか

経営幹部の育成という目的でリーダーシップ研修を行っていると、特にこの「意思決定」の文脈において「覚悟を持って決める」とはどういうことか？　という話題になります。

月並みの表現になるかもしれませんが、私が数多くのリーダーの皆様とクラスを囲んで議論するなかで見えてきた答えは、**「最善を尽くす。事前と事後で」**ということです。

決断の事前に最善を尽くすとは、その問題に誠心誠意向き合って深く考察することです。問題を局所的に捉えるのではなく、システム思考で全体を眺めながら、空間と時空を行き来して関連する要素を洗い出す。様々なステークホルダーの利害や心情に配慮しながら情報収集を徹底する。その上で、最後は問題を理想・現状の観点から徹底的に分析し、固定された観念にとらわれることなく目的思考でソリューションを洗い出す。そして、WRAP等のツールを用いて選択肢を複眼で考察した上で、最後は自分や組織のパーパスを信じて決め切る。この一連の行為が、「事前に最善を尽くす」ことだと言えるでしょう。

事後に最善を尽くすとは、その決断が「正しかった」と振り返られるように、試行錯誤を尽くすということです。決断が計画どおりに運ぶことは、ほとんどありません。次々と起こる不測の事態

に対し、その都度問題を分析し、関係者を巻き込み、コミュニケーションをとり、時には大きく軌道修正をしながらいかに課題を乗り越えていけるかが重要となります。本書で解説してきたすべての#LOを総動員しながら成果を達成していくことが、「事後に最善を尽くす」ということでしょう。ある教授の言う「正しい意思決定はないが、良い意思決定と正しかった意思決定はある」という言葉の意味は、まさにここにあると言えます。

■最後はパーパスが大事

悩みに悩み抜いても確からしい答えなど見つからないとき、単純な損得や駆け引きではなくその瞬間に湧き起こる、自分自身の声をいかに大事にできるかが、意思決定において重要な勇気であると感じます。当然これは、行き当たりばったりや、勘頼りというニュアンスではまったくありません。

むしろそうならないためにも、本書で議論してきた様々な思考ツールを用いて、意思決定を考え抜くことが重要であるとあらためて強調しておきたいと思います。その上で、**最後は「想い」を大事にする。** そうすることによって、自分自身の腹落ちにつながりますし、困難なときにも「最後まで最善を尽くす」という胆力につながるのだと思います。

■心理的「抵抗」を起こしているのは自分自身

自分の価値観やパーパスに沿って新たな一歩を踏み出すとき、様々な問題が発生します。急に現業が忙しくなって時間を取れなくなった。多くの人に反対された。仲間が離れていった。やっぱり失敗した……、など例を挙げればきりがありませんが、自分にとってまったく不可抗力に感じる出来事が次々と起こり、「あぁ、やっぱりやめておけばよかった」「やっぱり諦めたほうが良いかもしれない」と感じてしまいます。

こうした現象のことを、「抵抗」が起きている、といいます。抵抗を起こしているのは何か？　それは自分自身です。

大きな決断と大きな挑戦は、自分にとっては本来居心地が悪いものです。新しい事業を起こす、起業する、組織の構造にテコ入れする、チームの関係性を高めるためカルチャー改革に乗り出す等、人によって行動の形は様々ですが、このとき深層で起きていることは、メンタルモデルのシフトでもあります。日々の忙しさに追われていると、行動や打ち手だけに意識がとらわれてこのことに気づきにくいですが、例に挙げた「カルチャー改革」1つとっても、「チームの関係性なんて結局パフォーマンスに関係ない」というメンタルモデルから、「チームの関係性こそがパフォーマンスにとって重要」というメンタルモデルへのシフトが根底で起きている（起こそうとしている）のです。

しかし、メンタルモデルは行動と違ってなかなか簡単に変えられません。「チームの関係性なんて結局パフォーマンスに関係ないよ」というメンタルモデルは、挑戦を始めようとしてもしばらくは腹の底に残り続けます。このとき何が起きるか？　**人間は、結局居心地が良い、古いメンタルモデルに自分を引き戻そうと、その理由をわざわざ見つけにいこう**とします。

これがいわゆる「抵抗」の現象です。現業の忙しさも、誰かの反対も、日々起きている有象無象の現象の一つに過ぎないのですが、自分の中にある古いメンタルモデルが、引き戻しに使えそうな現象をわざわざ選択して知覚させているのです。

このことは、私が外務省を辞めるときにも起きました。外務省での仕事はどれも本当にやりがいを感じるものでしたが、私は「仲間と一緒に人生のチャレンジをしたい」という想いで組織を出て起業する決断をしました。

決断したはいいものの、尊敬する先輩や親友には反対される、親にも反対される、妻にも反対されるという逆風の連続で、自分自身も「これまで積み上げてきたものがすべてなくなる」「これからは社会的にも何者でもなくなってしまう」「不安定な職業で人生やっていけるのか」等と不安に駆られ、やっぱり辞職を取りやめる方が賢明ではないかと相当揺れ動く時期が続きました。

今思い返すと、これも「社会的な地位が高いほうが良い」とか、「安定性が大事」「世間体を守らなければ」といった自分のメンタルモデルが、現状を維持させようと様々な理由をわざわざ見せる「抵抗」を起こしていたのだと解釈することができます。

この「抵抗」の概念はあくまで解釈です。挫けそうになる自分の背中を後押しするための思考ツールとも言えます。反対に、本当は「止まれ」のサインであるにもかかわらずそれらを「抵抗だ」と見なして無理に事を進めようとする理由を自分に与えてしまうリスクもあります。結局これらに正解はありません。「こういうときは抵抗であると捉え、こういうときは本当に止めるべき」という一般的な基準があるわけでもありません。

しかし重要なポイントは、**周囲に流されて自己選択感を失うことのないように、問題を解釈している自分をメタ観察しながら、自分自身が納得する良い意思決定を行うこと**です。自分の想いに真摯に耳を傾け、周囲の声や仲間への影響にも心を配りながら、時には大きく軌道修正する余地も残しつつ、最後は自分で選択して、一歩一歩前に進む。こうした姿勢が、まさに「最善を尽くす」という良い意思決定の核心を捉えているといえるのではないでしょうか。

まとめ

正解のない時代の意思決定と実践

☑クネビン・フレームワークは、複雑性のレベルごとに意思決定の種類を5つに体系化。
☑意思決定は、数が増えるほど、また、複雑性のレベルが高いほど認知負荷が高まり、決断能力は低下する。
☑複雑性が高い問題を単純な問題かのように扱うと、意思決定を誤る危険性が高くなる。
☑「正しかった意思決定」はあるが、「正しい意思決定」はない。心がけなければいけないのは、「良い意思決定」を行うこと。
☑複雑性の高い意思決定において最大の敵となるのは、バイアス。直感に頼りすぎるとシステム1が発動してバイアスにつながる可能性があり、システム2で思考しても推論の誤謬が起きる。
☑バイアスに対処するためには、「未来のシナリオ」、「目標」、「選択肢」を複数考えておくことが重要。
☑選択肢がある程度絞られて決断を行う段階になったら、WRAPモデルを用いてさらに複眼で観察することで、意思決定の質を高めることができる。
☑決断の覚悟とは、意思決定の事前と事後両方において「最善を尽くす」ということ。そのために、本書で学んできた#Learning Outcomeが役に立つ。
☑答えの見つからない意思決定において最後の基準となるのは、パーパス。しかし重要な決断ほど、心理的な「抵抗」現象が発生する。

?

本章を実践的に理解するための問い

この章で得た学びをあなた自身の実践につなげるために、次の問いに対する自分なりの考えをまとめてみてください。メモを取るなどして具体的に言語化した上で、次章に読み進めることをおすすめします。

- 冒頭の問いに対するあなたの答えを見直してみてください。これまであなたが重視してきた意思決定のポイントは、本章の内容とどのようにつながりますか？ 本章から得た学びを用いて、あなた自身の意思決定能力をどのように補強することができそうですか？
- あなた自身の過去の経験や職場において、クネビン・フレームワークのいう「複雑な問題」を「明白・単純な問題」かのように扱っている事例はありますか？ 具体的に挙げてみてください。
- そのように扱ってしまうのはなぜでしょうか？ 「システム思考」、「行動科学」、「チームダイナミクス」、「問題分析」等、ここまでの学びを活かしながら原因を分析してみてください。

■あなたの組織では一般にどのようなルールで意思決定が行われていますか？　その仕組みは、何を重視した結果生まれたものでしょうか？

■あなたの組織で通常行われている意思決定のプロセスにＷＲＡＰモデルの各要素を導入するとしたら、どのように実践できそうでしょうか？　実際に普段行われている意思決定のステップを思い起こしながら、書き出してみてください。

■あなたの組織のパーパスは重要な意思決定においてどの程度考慮されていますか？　十分に考慮されていないと感じる場合、どのように改善できそうでしょうか？

■あらためて、第４章で作成したあなた自身のパーパスとバリューを見返してください。あなたがこれまで行ってきた重要な意思決定は、あなた自身のパーパスやバリューとどのようにつながっていますか？　これらをどのような形で今後の重要な意思決定に組み込むことができそうですか？

■本章のテーマ「意思決定」と第２章のテーマ「システム思考」はどのように接続されますか？　「システム分解」や「創発現象」など、具体的なキーワードを思い出しながら接続点を考えてみてください。

■本章のテーマ「意思決定」と第６章「チームの力学」はどのように接続されますか？　「力の源泉」や「心理的安全性」など、具体的なキーワードを思い出しながら接続点を考えてみてください。

第11章

すべての土台となる ラーニングアジリティ

Live as if you were to die tomorrow. Learn as if you were to live forever.（明日死ぬかのように生きよ。永遠に生きるかのように学べ。）

マハトマ・ガンジー

第10章で扱った「意思決定」は、「Managing Complexity」プログラムにおいて最後の単元として扱うテーマです。システム思考に始まり、自分や他者への向き合い方から課題の考え方まで、本書ではここまで適応型リーダーシップに求められる一連の思考習慣を議論してきました。

本書の最後に、どうしても触れておきたいのが、本章のテーマであるラーニングアジリティ（Learning Agility）です。私は、このラーニングアジリティこそが、適応型リーダーシップをあらゆる面から高める上で一貫して重要な根本要素だと強く感じています。

学習的生き方を選択する

ラーニングアジリティとは、直訳すれば「学習の俊敏性」。すなわち、「素早く学ぶ力」です。

ここでいう「学ぶ」とは、複雑な理論を理解したり、何か具体的なスキルを身につけたりするということだけを指すものではありません。むしろ、**環境の変化や問題の性質に合わせて素早く新たな考えを取り込み、しなやかに自らを変容させ、新たな行動を起こしていく、そしてその結果からさらに不断に学び続けていくという「学習的生き方」そのもの**を表しています。

私はこの力のことを、**「面白がり力」とか「味わう力」、「知的謙虚さ」**といった言葉で言い換えることがあります。ラーニングアジリティの高いリーダーは、教材からであれ、他者との議論を通じてであれ、新しい知識や考え方に出会うたびに「へぇそんな考えがあるのか」「面白いなぁ」と純粋な興味を示して学びます。

また、そうして得られた新たな知識をベースに、「自分の過去はどうだっただろうか」「現在地はどう評価できるだろうか」というように、自分自身の体験までを教材として味わい、学びを深めます。そして、物事をさらに良くするために「自分の考えや行動をどう進化させる必要があるだろうか」と謙虚に自問し、まずは小さな行動からとにかく実践に移そうとするのです。

さらに実践は、成功・失敗を問わず、経験という新たな学びの材料をもたらしてくれます。ラーニングアジリティの高いリーダーは、この結果を教材としてさらに学び、自己変容を繰り返しながら実践に変えていくことができます。

このように考えていくと、**Learning=学習とは、まさに適応のサイクルそのもの**であるということに気づきます。

「複雑な時代にこそ必要な適応型リーダーシップ」という大きなテーマで始まった本書ですが、突き詰めていくと、それは「学び続ける」という最も根本的な土台の上に構成される一連のスキルであるような気がします。そしてそれらのスキルは反対に、意識して実践し続けることで思考習慣となり、「Learning Agility」という土台をさらに強化してくれる関係にあるのだと思います。

２０２４年10月現在、「Managing Complexity」プログラムを日本で展開し始めてからすでに３年が経ちました。プログラムには、これまで約45社５００名近くの受講者に参画いただきました。いずれも日本経済を牽引する錚々たる企業から、将来の経営幹部候補として派遣された優秀なリーダーの方々です。プログラムを通じてそのような企業リーダーの皆さんと関わるなかで、強く思うのは、**「この人と働く同僚やメンバーは幸せだろうな」と唸るような偉大さを感じてしまうリーダーの方々には皆、このラーニングアジリティが備わっているということ**です。

ある総合商社の受講者の方は、「共感力を意識して、苦手な上司の声に耳を傾けてみました。その人のバックグランドや大事にしていることが少し理解できた気がして、いつもより関係性を深められた気がします」とうれしそうに話してくれました。

あるコンサルティング企業の百戦錬磨のマネジャーは、チーム力学について学びながら、「私はこれまで自分の手柄を重視しすぎるあまりチームへの配慮に欠けていたようです。どのようにして共感を得ながらチームメンバーを巻き込めるか、やり方を根本的に変えていかなければいけないです」と自己開示とともに吐露してくれました。

また別の、私より一回りほど上のある企業の事業幹部は、「プログラムの最終課題として検討している組織の問題について悩んでいることがあり、一度壁打ちに付き合ってくれませんか」と虚心坦懐に相談してくれました。

こうした声はどれも非常に力強く、その人の奥から自然と滲み出る懐の深さと知的謙虚さを感じずにはいれません。こうしたシーンに出くわすたびに、月並みながらも「学び続けることに年齢も経験も関係ない」と感じます。そして、その瞬間、他の誰でもない私自身が非常にエンパワーされていることに気づきます。

一方で、ごくたまにですが、こんな声が受講者から聞かれることもあります。

「すでに知っていることばかりでした」

「事前に読み込んだ教材内容が授業の議論に出てこなかったので不満だった」

「結局議論に答えがないので学びが深まらない」

プログラムを届ける側として、運営の細かな点を改善し続けなければならないのは当然のことですが、こういった声を聞くたびに、その背景にある「学習」というテーマに根深く残る社会的なメンタルモデルを強烈に感じます。代表的なメンタルモデルには、次のようなものが挙げられます。

- 学習とは知識や理論を理解して記憶することであり、学習の成果とはその記憶を示すことで優秀な試験成績を収めたり、受験に合格したりすることである。
- 学習するテーマに対しては、必要な情報を最低限、効率的に取り込むべきである。
- 問題には正解が存在し、それは学習の「提供側」によって示されなければならない。

こうした考え方は、いずれも決して間違いではありません。むしろ私を含めほとんどの人が昔から慣れ親しんできた学校教育のあり方ですし、今も多くの教育現場において合理的に採用されているアプローチであると思います。

しかし、いつの間にか「ＶＵＣＡ」と呼ばれる環境が当たり前の所与の条件となり、そのなかで私たち大人が日々悪戦苦闘しながら適応を繰り返して行かなければならなくなった今、「学習」そのものに対する考えを適応させていかなければならない時代に来ている、と日々多くの企業リーダーと接するなかでますます感じるのです。

「学習」＝「理解」＋「思考」＋「実践」

私は、ラーニングアジリティの観点から理想とする学習のプロセスを、次のように定義しています。

「学習」＝「理解」＋「思考」＋「実践」

すなわち、**不確実性の高い時代において私たちが身につけなければならない学習力とは、「理解力」、「思考力」、「実践力」の統合であり、これらの反復によって学習者の進化と適応が実現される**という構造です。

それぞれの要素について噛み砕いて解説していきたいと思います。

■ 理解力

まず理解力とは文字どおり、様々な知識や理論の意味を整理して理解する力です。「なるほどシステム思考とはこういう考え方なんだな」「人間のモチベーションはこういうステップで形成されるんだな」というように、情報として納得するレベルまで自分の中に落とし込むプロセスです。これは、私たちが学校教育を通じて鍛えてきた読解力や認知スキルに近い性質の能力かもしれません。この理解力は、当然幼少期からいかに「読み書き、算数」といった基礎学習に取り組んできたかにも左右されるでしょうし、大人になった後も、日頃からの読書量を増やしたり、分野の違う様々な知見に触れたりすることで高められるスキルだと言えるでしょう。

理解というステップにおいて重要なのは、そのテーマの本質を捉えるような良質な情報にまとめて触れるということです。たとえば「システム思考」に関する言説や書籍は世にあふれるほど存在しますが、そのなかでも「この考えとこのポイントを最低限押さえておけば」というように**本質的な情報からいかに手をつけていけるかが特に重要**となります。

「はじめに」でお伝えしたように、「Managing Complexity」プログラムで教えているテーマは、いずれも世の中においてすでに広く知られているものばかりです。しかしこのプログラム、そしてミネルバという教育機関の強みの一つは、教材のキュレーション力にあると言えます。各テーマの本質に迫る情報を要点に絞って抽出し、それらを理解の最も進みやすい順番で構成し、カリキュラムを設計するというミネルバの技術の高さは、これまでの受講者の学習効果や満足度を見ていても強く感じます。

■ 思考力

「理解」を学習そのものだと勘違いしてしまうと、試験で高得点を取ったり合格したり、または、大量の本を読んで知識を増やすこと自体が目標となってしまいます。その結果、学習と日々の実践が完全に切り離され、「自分は仕事で忙しいから学んでいる暇などない」と学習自体が仕事を含む生活から離れていってしまいます。それ自体を否定するわけではありませんが、適応型リーダーとしての学び、そして「学習的生き方」は次のステップへと続きます。

思考力とは考える力を指します。この「考える」には2つのステップがあります。いずれも、特定のテーマに関する理論やセオリーをある程度「理解」した後に、あるいは理解する過程のなかで発生するステップです。

思考のステップ1は「理解」した知識を使って過去〜現在の自分の体験を紐解き、再解釈する作業です。たとえばモチベーション理論をテーマに学習しているならば、理論を念頭に過去の体験を思い出しながら、「今まで最も自分のモチベーションが下がったのはいつだったか？　その体験を要素分解すると何が見えてくるだろうか？」と自分に問いを立てることが重要です。「あのとき、あの職場でまったくやる気が湧かなかったのは、完全に上司のせいだと思っていたけれど、『自己決定理論』の観点から見ると、自分は第二段階・第三段階程度に留まっていたということなんだな」というように経験の棚卸しと再解釈を行うのです。

同じようにコミュニケーションについて学んでいるときは、「打ち合わせや商談がいつもふわっとした状態で終わってしまうのが悩みだけど、そもそも自分のなかで『3つの視点での目標』を明確に設定できていなかったな」と体験を理論に紐付けながら咀嚼することです。

この作業の繰り返しによって、「調べれば誰でも知ることのできる知識」が「自分の知恵」、すなわち思考習慣に変わっていくのです。知識はそれについて考えれば考えるほど記憶に深く刻み込まれる、という脳の特性があるからです。

思考のステップ2は、理解した知識と再解釈した体験を踏まえ、「じゃあ次はこうしてみよう」と仮説を立てることです。過去の経験や日々まわりに起きていることに意識を向け、棚卸しし、解釈し直すという作業は、新たな視点で自分自身と向き合うプロセスでもあります。そのプロセスのなかで私たちは、自分に不足している部分、あるいはもっと発揮できる強みや可能性に気づいていきます。その上で、「来週予定されている部下との1on1ではこれを試してみよう」というように、次のステップ「実践」につながる発想を行っていくのです。

思考のプロセスで特に重要となるのは良質な問いです。ただテーマに対する漠然とした「理解」を進めるだけでは、生きた知恵を生み出すための「思考」にはつながっていきません。だからこそ、教材や書籍を読み進めるにあたっては明確な問題意識を自分の中にセットすることが鍵となります。また一とおり理解し終えた後も、その理解をさらに深掘りし身に刻み込むような問いを自分に突きつけ、自分なりの解を導き出すことが必要となります。

多くの社会人受講生の方々と接していて感じるのは、この「問いを立てる力」が不十分なために、「理解」が「思考」につながっていかない、結果として本当の意味での学習が行われないという問題です。これは私たちが幼少期から行ってきた学習の方法、つまり「問い」は先生や学校側が与えてくれるものであり、私たち生徒の役割は「正解」を出すことであるというアプローチの弊害であると言えるかもしれません。

「Managing Complexity」プログラムは、すべての授業を反転学習で行います。受講者は、必要な知識インプットをすべて授業前に済ませておくことが求められており、そのために緻密に編集された教材と「思考」を深める問いが事前に課されます。受講者は「理解」と「思考」まで完了させた上で自分自身の解を持って授業に臨み、授業中は社内や異業種の他の受講生とのディスカッションを通じ、お互いの「思考」をぶつけ合い、さらなる学びを作っていく時間となります。

書籍だけでは他受講生とのディスカッションまで再現することはできないのですが、内容を通じた自己との対話は十分に可能です。こうした点も踏まえ、本書では単元ごとに、「思考」を働かせるような問いを意図的に散りばめてきました。そしてこうした問いは、あなたの中に自分ならではのさらなる問いを触発することを意図してデザインされています。

■実践力

「次にこうしてみよう」という「思考」が定まったら、あとはそれを「実践」するのみです。ほんの少しでも、どんな小さな形でも「実践」に移すことができれば、その結果として得られる体験をさらに教材としてテーマの「理解」・「思考」を深め、さらに改善された「実践」を繰り返していく……という反復プロセスに入っていきます。

「Managing Complexity」プログラムでは、その日の授業でそれぞれが得たインサイトを次回までに必ず何らかの形で実践に移すという課題が課され、次回授業ではその体験を全員で振り返るところから学習がスタートします。このため、受講生は実践を伴う学習ループに半強制的に組み込まれます。これによって知識を「生きた知恵」に転換していくわけです。

では、読書という学習媒体を通じてどこまで「実践」できるか？　といった問いが湧いてきます。学びへのコスパやタイパを求める昨今の状況において、そのような時間を要する学習方法はなかなか人気がないかもしれません。

しかし、本書のテーマはあくまで「適応」であり、適応とは実践の連続そのものです。実践を伴わない状態で「適応」というテーマを学習できたということにはなりません。**複雑系システムにおいては、結局「やってみないとわからない」**のです。本書をここまで読み進められた皆さんには、ぜひここまでの各テーマを一度は実践に移していただきたいと思いますが、その際のTipsをいくつか紹介しておきます。

- 実践がどんなに小さくとも気にしないこと。とにかく前進を作り出すことが重要。
- 「実践する場がない」という言い訳はしないこと。たとえばデザイン思考でもすべてのプロセスを用いて新たな物をデザインする必要はなく、「観察」という手法だけを取り出して日々の業務や生活に取り入れてみることは可能。
- どうしても実践が思いつかない場合は、その内容を（「思考」プロセスで得た自分の気づきを含めて）人に教えるだけでもＯＫ。
- 実践した結果は必ず言語化して残しておくこと。相手の反応や自分の中に起きる変化を具に観察しておく。それが成功であれ失敗であれ、人に話して体験をさらに消化する。

Learner is Leader.
学習者こそがリーダーである

ラーニングアジリティは、知識を思考習慣に変える原動力です。また、新たな環境において素早く学び、しなやかに自己を変容させ、力強く適応するための土台です。教育の領域でよく「『わかる』と『できる』は違う」と言いますが、この両者間のシフトを起こすのがまさに「学習」なのだと、本書をまもなく閉じる中で確信的に感じています。

「Managing Complexity」プログラムの日本語Webページには、トップ画面に「Learner is Leader.」という大きな標語を掲げています。これはプログラム立ち上げの当初、事業のコンセプト案について仲間たちと議論を重ねるなかで、「やっぱり偉大なリーダーっていつも真摯に自分を見つめながら学び続ける人が多いよね」という話から始まった言葉でした。プログラム自体はリーダーシップスキルを届ける内容なのですが、その根底に流れる「学習」という営みへの真摯な向き合い方こそが、これからの時代を生きるリーダーにとって重要だ、というのが事業創業メンバーの総意だったのです。

さらに、そのままフレーズに落とし込むのであれば「Leader is Learner.」(リーダーは学習者だ)という語順が自然ではあるのですが、この「学習」という言葉の重要性をさらに際立たせるために、

「学習者ってもはやそれ自体がリーダーシップを体現しているよね」という意図を込めて、「Learner is Leader.」という語順に入れ替えたのでした。

私は今も、このフレーズに確信と誇りを感じています。

ここまで本書で学んできた#LO、そして各単元でお渡しした問いの一つひとつをあらためて、丁寧に味わいながら、あなたのこれまでの人生と体験を棚卸ししていただきたいと思います。そして自分自身の明日の行動につなげてほしいと、切に願います。私も同じように、自分自身のラーニング・ジャーニーをゆっくりと創り上げていきます。

そしていつの日か、実際のプログラムのなかでお互いの体験を持ち寄って議論し、皆さんと一緒にさらに大きな学びを紡ぎあげられる日が来ることを心から楽しみにしています。

?

本章を実践的に理解するための問い

この章で得た学びをあなた自身の実践につなげるために、次の問いに対する自分なりの考えをまとめてみてください。メモを取るなどして具体的に言語化した上で、次のアクションを考えてください。

■ここまで学んだテーマにおいて、最も心に残っているキーワードを5つ書き出してください。#LO単位でも、他に登場したキーワードでも構いません。その5つは、あなた自身の考え方や日々の実践にどのようなインパクトを残しましたか？　その結果、仕事や周囲との関係にどのような変化（またはその兆し）が現れていますか？

■反対に、自分の中にあまり残っていない、あるいは実践しきれていないテーマは何でしょうか？　もう一度最初からページをめくりながら、記憶から抜け落ちていた重要なキーワードを5つほど書き出してください。それらを今後2週間のうちに実践するとしたら、どんなことができそうでしょうか？　どのような小さな形でもいいので、すべてについて行動レベルで書き出してみてください。

■第1章で紹介したトレース他の提唱する「適応型リーダーシップ」の定義を覚えていますか？　これまで学んだ各#LOは、この適応型リーダーシップのN、E、W、Sの各側面にどのように当てはまるでしょうか？　自分でマップ図を描きながら整理してみてください。その上で、あなた自身が最も秀でている側面と、最も改善の余地のある側面を特定し、後者についてまずは何をすべきか、行動レベルで言語化してください。

■本書の内容を人に教えるとしたら、誰に伝えたいですか？　最低3名の顔を思い浮かべながら、①どのテーマを、②誰に伝えるか、③それはなぜかの3点から考えてみてください。

図11-1　「適応型リーダーシップ」4つの資質

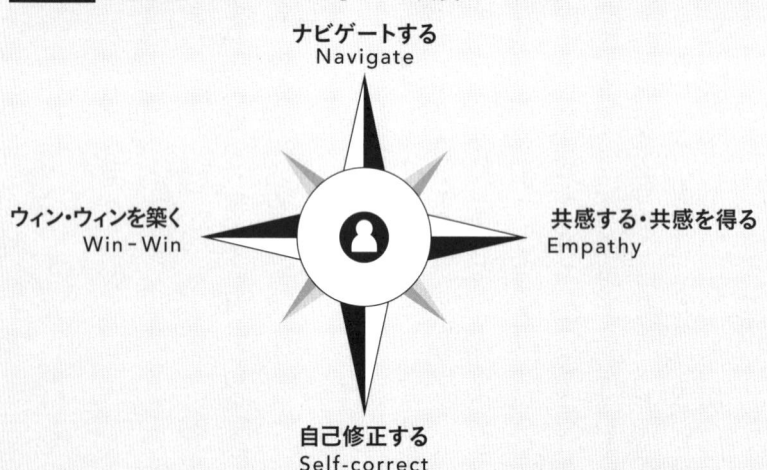

ボストン・コンサルティング・グループのトーレス他が発表した「アダプティブ・リーダーシップ」より作成

おわりに

本書を通じてここまで実践的学習を重ねられた皆様に、まずは心からのお礼と祝福をお伝えします。

本書はミネルバ式リーダーシップ開発プログラム「Managing Complexity」をベースに、単なる読書による知識獲得ではなく、思考実践を通じた「生きた知恵」の醸成を狙ってお届けしてきました。あなた自身のこれまでの読書体験と比較して、少しでも異なる良質な学びを作り出せたことを心から願うばかりです。

■この後の本書の使い方

その上で、この期に及んで意地悪な質問をいくつかお渡ししたいと思います。

- 複雑系システムを観察・分析する際に重要となる3つの「目」とは何でしたか？
- 人間の行動を形成する「3つの要素」とは何でしたか？
- EQの根幹である「共感」を3つのレベルで実践するとはどういうことでしたか？

・システム思考は問題分析にどのように役立ちますか？
・コミュニケーションにおいて事前に意識すべき重要な要素とは何でしたか？

すでに忘却の彼方に行ってしまった知識もあるのではないでしょうか。

しかし、それでも大丈夫、まったく問題ありません。まずはそれぞれの問いについて、30秒ほどご自身の記憶をたどってみてください。その上でどうしても思い出せなければ、ページをめくって理解を上書きしてみてください。

ミネルバの学習科学の一つに、「Generation Effect～思い出そうとすればするほど記憶は定着する～」という原則があります。つまり、この思い出そうとする行為自体に学習の意味があるのです。

ここまでせっかくお読みいただいた本書ですが、「読了」として本棚にしまうのではなく、できればご自身のデスク上の目につく場所、手が届きやすい場所に保管しておいてください。

そして、ふとした瞬間に、各章の末尾にある「実践的に理解するための問い」を見返しながらご自身の理解と記憶を試してみてください。仕事の合間やお昼休憩後、ものの15分でかまいません。この「忘れてた」という実感と「思い出し」の行為こそがあなたの実践的理解をさらに深めてくれるはずです。そして、あなたが今後仕事や人生で複雑な問題に直面するたびに、「あ～確かこの問題で使えそうな思考法が載ってなかったっけ？」と思い出しながら、ページを再びめくっていただきたいのです。

■あるプロジェクトとの出会い

2023年8月、ある企業の新規事業担当者から私の元に一通のメールが届きました。それは、都内に小学校低学年向けの新しい民間学童を立ち上げるので、カリキュラムの作成を一からサポートしてほしいという依頼でした。私自身、それまで社会人向けの人材育成には携わってきましたが、初等教育にはほとんど直接の経験がなく、子どもの未来に直接影響を与えるような大きな責任ある仕事をいい加減に引き受けるわけにはいかないという思いで、最初は丁重にお断りしました。しかしありがたいことに、その後も担当者始め経営幹部の方々から熱烈なご要望をいただき、「自分も一から学習するつもりでご一緒しよう」と最終的に決心したのはその数週間後のことです。

関連の書籍を貪るように読み漁り、自分自身の教育体験や成人教育での経験と紐づけて再解釈しながら、「この学童に来る子どもたちにどんなふうに育ってもらえると最高にうれしいか」と関係者と議論を続ける時間は本当に楽しく、心踊る体験でした。

そして、渾身のプログラムとして完成したカリキュラムは、「世界は、本当は変えられる」という大きなテーマのもと、奇しくも本書で皆様にお伝えしてきた内容と非常に似たものになりました。子どもが自分を取り巻く世界に関心を持ち、問題を見つけたら、理想を掲げて現実を見つめる。

どうすればゴールにたどり着けるだろうかと仲間と話し合いながら、仮説を基にまずは小さな一歩を踏み出す。その結果からさらに学び、自分を変容させていく。このシンプルかつ未知を生き抜くための強力な思考習慣を、楽しみながら子どもたちにも伝えていきたい。そんな私たちの想いがたくさん詰まった、大人顔負けのカリキュラムが完成したのです。

2024年4月に外苑前に開校した「クレイバーキッズ」という学童では、まだ少人数ながら子どもたちが日々楽しく、未来を自ら創り上げるための学びを重ねています。

■本書に込める2つの願い

私が日々の事業や本書を通じて「適応型リーダーシップ」の考え方、そして「ラーニングアジリティ」の重要性を日本の企業リーダーを中心に伝えている根底には、2つの願いがあります。

まず短期的には、私たちが出会うリーダーの方々がしっかりとビジネスの成果を出し、より良い人生を生きてほしいという願いです。伝えたいのは、分野や時代に左右されるいわゆる「Perishable Skill」（短期的なスキル）ではなく、**どんな環境においても習慣的に引き出して使うことができる「Durable Skill」（永続的・汎用的スキル）**です。中長期的にはその成果が個人から染み出し、企業や組織が強くなり、さらに会社という枠を超えて日本社会全体のリーダーシップが底上げされていくことを心から願っています。

2つ目はさらにその先を見据えた願いです。私たち大人が、これからの時代に必要となるリーダーシップの要素を具体的な言葉で語ることができるようになり、そうした考えを軸に組織が採用活動や育成を行うようになる。すると、今度は高校や大学などの教育機関がこれに反応し、子どもたちへの教育のあり方がより良い方向に変わっていくのではないか、というのが私の仮説でありもう一つの強い願いです。

こうした想いも踏まえ、ミネルバとのリーダーシップ開発事業を中心におく私たちの事業では、「日本の学ぶ力の再創造」をパーパスに掲げています。

学童のカリキュラム監修という私にとっての大きな挑戦は、今の日本社会を作り上げていく私たち大人に必要な学び、これからの未来を作り上げていく子どもたちに届けたい学び、そして微力ながらその現場に携わる私自身の願いとをリンクさせてくれる貴重な体験になりました。

■あなたへの最後のお願い

この2つ目の願いは壮大な「創発現象」でもあります。先述のような教育への変化が実際に現れ出すのは数十年先かもしれません。それが「学習」や「教育」のスタンダードになっている未来には、私もあなたもすでに存在していないかもしれません。

しかし「創発現象」とは時にそういうものだと思いますし、その成果を直接享受できないかもしれない人間がそれでも遠くの未来に願いと意図を込めたとき、日々の行動により変化を引き起こすことができるものだと強く信じます。

そして本書で述べたとおり、複雑系システムにおける創発現象は、たった一人の行動で直線的に起こすことはできません。システムを構成する様々な要因が互いに意図を持って相互作用しながら、直接・間接的にその出現を後押しするものです。

本書を執筆した大きな理由がまさにそこにあります。

この本を手に取ってくれたあなたが、本書をベースに学習的実践を重ね、私たちが未来に残すリーダーシップの変容の一端を担ってくださるのであれば、こんなにうれしいことはありません。

この本はすでに私とあなたというシステム構成要素の相互作用を生み出しているわけですが、私はわりと「ウェットな」人間を自称していますので、近い将来、「Managing Complexity」のクラス、あるいは私たちがオフィスを構える福岡県糸島の海のそばで、互いの学びを交換しながら語り合える日が来ることを心から楽しみにしています。

本書の企画・立案から校了に至るまで、絶えず穏やかな笑顔と時にスパイシーな指摘で私の執筆を鼓舞し続けてくださったディスカヴァー・トゥエンティワン編集者の伊東佑真さんに、心から感謝申し上げます。

また、本書の出版を全力で祝福・応援してくれた、幼少期からの親友でもある弊社の共同代表全員に感謝します。

そして、執筆作業の追い込みで家庭のことが疎かになりがちな私を温かく見守り、支えてくれた妻、本書の執筆を通じて私自身や事業のパーパスを改めて考えさせてくれた3人の子どもたちに感謝します。

from https://thesystemsthinker.com/what-is-your-organizations-core-theory-of-success/.
• アダム・グラントによる「ギバー」「テイカー」「マッチャー」の概念
Grant, A. (2013). Give and Take: Why Helping Others Drives Our Success. New York: Viking.

第7章

• アリストテレスの弁論術
Aristotle. (2007). Rhetoric (W. Rhys Roberts, Trans.). New York: Cosimo Classics. (Original work published ca. 4th century B.C.)

第9章

• ヨーゼフ・シュンペーターによるイノベーションの5分類
Schumpeter, J. A. (1934). The Theory of Economic Development: An Inquiry into Profits, Capital, Credit, Interest, and the Business Cycle. Cambridge, MA: Harvard University Press. (Original work published in 1911)
• デザイン思考について
Shanks, M. (n.d.). Design Thinking. https://web.stanford.edu/~mshanks/MichaelShanks/files/509554.pdf.
• 参加者が立ちながら行うミーティングではより活発な意見交換が行われ、より協力的になるという研究
Knight, A. P., & Baer, M. (2014). Get Up, Stand Up: The Effects of a Non-Sedentary Workspace on Information Elaboration and Group Performance.
• 物理的な環境が個人やグループの行動に影響を与えるという研究
Dijksterhuis et al (2009). LEF: The recipe for success
• ジェーン・リートカによる、デザイン思考を実践するための7つのステップ
Liedtka, J., & Ogilvie, T. (2011). Designing for Growth: A Design Thinking Tool Kit for Managers. New York: Columbia University Press.
• ノーマンの『Design of Everyday Things』
Norman, D. A. (2013). The Design of Everyday Things: Revised and Expanded Edition. New York: Basic Books. (Original work published in 1988)
•IDEO社による調査（Schwab 2017）
「IDEOが100社を対象にイノベーションを調査―その結果とは？」『Fast Company』. https://www.fastcompany.com/3069069/ideo-studied-innovation-in-100-companies-heres-what-it-found.
• ロイヤル・ダッチシェルの調査（デ・グース 1997）
De Geus, A. (1997). The Living Company: Habits for Survival in a Turbulent Business Environment. Boston: Harvard Business School Press.

第10章

• バーバラ・サハキアンによる研究
Sahakian, B. J., & Labuzetta, J. N. (2013). Bad Moves: How Decision Making Goes Wrong, and the Ethics of Smart Drugs. London: Oxford University Press.
• クネビンフレームワーク
Snowden, D. J., & Boone, M. E. (2007). A Leader's Framework for Decision Making. Harvard Business Review, 85(11), 68-76.
• ソル教授のバイアスについての寄稿
Soll, J. B., Milkman, K. L., & Payne, J. W. (2015). Outsmart Your Own Biases. Harvard Business Review. https://hbr.org/2015/05/outsmart-your-own-biases.

第1章

• ボストン・コンサルティング・グループ トーレス他 「アダプティブ・リーダーシップ」
https://web-assets.bcg.com/img-src/japan-pub-12feb2013_tcm9-44968.pdf

第3章

• マズローの5段階欲求説（1943）
Maslow, A. H. (1943). A Theory of Human Motivation. Psychological Review, 50(4), 370-396.
• ハーズバーグの二要因理論（1959）
Herzberg, F., Mausner, B., & Snyderman, B. B. (1959). The Motivation to Work. New York: John Wiley & Sons.
• マクレガーのX理論・Y理論（1960）
McGregor, D. (1960). The Human Side of Enterprise. New York: McGraw-Hill.
• デシとライアンの自己決定理論（1985）
Deci, E. L., & Ryan, R. M. (1985). Intrinsic Motivation and Self-Determination in Human Behavior. New York: Plenum.
• バンデューラの自己効力理論（1977）
Bandura, A. (1977). Self-Efficacy: Toward a Unifying Theory of Behavioral Change. Psychological Review, 84(2), 191-215.
• フォッグによるB=MAPモデル（2007）
Fogg, B. J. (2019). Tiny Habits: The Small Changes That Change Everything. Boston: Houghton Mifflin Harcourt.

第4章

• パーパスとエンゲージメントに関する調査
https://hrnote.jp/contents/news/wantedly-engagement-230224/
• パーパスとイノベーションの相関関係を示す調査
https://hbr.org/resources/pdfs/comm/ey/19392HBRReportEY.pdf
• マーシャル・ローゼンバーグ氏が提唱するNVC
https://nvc-japan.net/nvc/

第5章

• ピーター・サロイとジョン・メイヤーが提唱した「EQ」の考え方
Salovey, P., & Mayer, J. D. (1990). Emotional Intelligence. Imagination, Cognition, and Personality, 9(3), 185-211
• ターシャ・ユーリックの自己認識についての研究
Eurich, T. (2018). What Self-Awareness Really Is (and How to Cultivate It). Harvard Business Review, 95(1), 60-67.
• コングルトンが提唱した「emotional agility」
David, S., & Congleton, C. (2013). Emotional Agility: How Effective Leaders Manage Their Thoughts and Feelings. Harvard Business Review, 91(11), 125-128.

第6章

• 多様性と業績への貢献についての調査
https://dhbr.diamond.jp/articles/-/5274
• エドモンドソンによる心理的安全性の定義
Edmondson, A. (1999). Psychological Safety and Learning Behavior in Work Teams. Administrative Science Quarterly, 44(2), 350-383.
• ダニエルキムによる「成功の循環モデル」
Kim, D. H. (1997). What Is Your Organization's Core Theory of Success? The Systems Thinker. Retrieved

ミネルバ式 最先端リーダーシップ
不確実な時代に成果を出し続けるリーダーの18の思考習慣

発行日　2024年11月22日　第1刷
　　　　2024年12月13日　第3刷

Author　黒川公晴

Book Designer　山之口正和+永井里実+齋藤友貴（OKIKATA）

Publication　株式会社ディスカヴァー・トゥエンティワン
〒102-0093　東京都千代田区平河町2-16-1 平河町森タワー11F
TEL　03-3237-8321（代表） 03-3237-8345（営業）
FAX　03-3237-8323
https://d21.co.jp/

Publisher　谷口奈緒美
Editor　大田原恵美　伊東佑真

Store Sales Company
佐藤昌幸　蛯原昇　古矢薫　磯部隆　北野風生　松ノ下直輝　山田諭志
鈴木雄大　小山怜那　町田加奈子

Online Store Company
飯田智樹　庄司知世　杉田彰子　森谷真一　青木翔平　阿知波淳平　大﨑双葉
近江花渚　徳間凜太郎　廣内悠理　三輪真也　八木眸　古川菜津子　高原未来
子　千葉潤子　藤井多穂子　金野美穂　松浦麻恵

Publishing Company
大山聡子　大竹朝子　藤田浩芳　三谷祐一　千葉正幸　中島俊平　伊東佑真
榎本明日香　大田原恵美　小石亜季　舘瑞恵　西川なつか　野﨑竜海　野中保
奈美　野村美空　橋本莉奈　林秀樹　原典宏　牧野類　村尾純司　元木優子
安永姫菜　浅野目七重　厚見アレックス太郎　神日登美　小林亜由美　陳玟萱
波塚みなみ　林佳菜

Digital Solution Company
小野航平　馮東平　宇賀神実　津野主揮　林秀規

Headquarters
川島理　小関勝則　大星多聞　田中亜紀　山中麻吏　井上竜之介　奥田千晶
小田木もも　佐藤淳基　福永友紀　俵敬子　三上和雄　池田望　石橋佐知子
伊藤香　伊藤由美　鈴木洋子　福田章平　藤井かおり　丸山香織

Proofreader　文字工房燦光
DTP　アスラン編集スタジオ
Printing　日経印刷株式会社

ISBN978-4-7993-3105-7
Minerva-shiki Saisentan Leadership by Kimiharu Kurokawa